U0812076

DANGDAI GAODENG JIAOYU YANJIU QIANYAN LUNCONG

当代高等教育研究前沿论丛

丛书主编◎周作宇

高等教育入学机会分配中的政府角色研究

GAODENG JIAOYU RUXUE JIHUI FENPEI ZHONG DE ZHENGFU JUESE YANJIU

杜瑞军◎著

北京师范大学出版集团
BEIJING NORMAL UNIVERSITY PUBLISHING GROUP
北京师范大学出版社

图书在版编目(CIP)数据

高等教育入学机会分配中的政府角色研究/杜瑞军著.—北京:北京师范大学出版社,2013.7
(当代高等教育研究前沿论丛)
ISBN 978-7-303-15283-4

Ⅰ.①高… Ⅱ.①杜… Ⅲ.①高等教育-升学-机遇-行政干预-研究-中国 Ⅳ.①G649.1

中国版本图书馆 CIP 数据核字(2012)第 189504 号

营销中心电话 010-58809014
北师大出版社教育科学分社网 http://jykx.bnup.com
电子信箱 jiaoke@bnupg.com

出版发行:北京师范大学出版社 www.bnup.com
北京新街口外大街 19 号
邮政编码:100875
印 刷:北京东方圣雅印刷有限公司
经 销:全国新华书店
开 本:170 mm×230 mm
印 张:17.5
字 数:269 千字
版 次:2013 年 7 月第 1 版
印 次:2013 年 7 月第 1 次印刷
定 价:36.00 元

策划编辑:何 琳 责任编辑:何 琳
美术编辑:纪 潇 装帧设计:国美嘉誉
责任校对:李 菡 责任印制:陈 涛

版权所有 侵权必究

反盗版、侵权举报电话:010-58800697
北京读者服务部电话:010-58808104
外埠邮购电话:010-58808083
本书如有印装质量问题,请与印制管理部联系调换
印制管理部电话:010-58800825

总 序

谁的高等教育质量观？

高等教育质量是一个普遍的世界性的永恒话题。在高等教育规模小、受众人数少、在经济社会的整体结构中的地位比较有限、对市民社会影响不大的情况下，质量问题似乎不太突出。因为能够接受教育的毕竟是少数，而这少部分人又是经过大浪淘沙、千挑万选出来的，高等教育的精英性质掩盖了质量问题。当知识经济兴起，高等教育大众化到来，传统上高等教育所承载的集政治、文化、科技于一体的精英属性被稀释，世俗生存和生活的经济性和工具性价值现形，甚至被放大，尤其是在民办教育加盟下，高等教育迅猛扩张，当高等教育就读机会像“菜篮子”“自来水”和“天然气”一般不可或缺且容易购得，乃至成为民生的重要构成的时候，人民的满意不满意就与基础阶段有所不同。面对毕业后收益对投入的简单运算，满意的内容更加丰富了。如果说基础阶段民间对教育的评价还是一种近视的、直接的、简单的、可测量的学业成绩和升入下一级教育的资质，那么，在高等教育阶段，老百姓开始从对过程的关注中解放出来，质量问题交由抽象的公众，尤其是公共知识分子去议论，个人对教育的注意力暂时休息或者关闭，直到毕业的新重要关头开关才再度打开。就业是大学生个人的事，但是在毕业的时候家长们义不容辞地披挂上阵，发动新一轮经济资本和社会资本的运作。在升学率获得“指标化”地位的情势下，高等教育机构也在自我觉悟后或外力驱动下，将广开“产品销路”、提高就业率纳入责任范围。当往年的大学毕业生尚未完全就业，新一批已经加入了竞争行列，就业率就像是股市一样低迷，选择什么样的高等教育自然成为家长们新的席上和茶余的谈资。与此同时，国际高等教育在金融危机的重创下，一些昔日执守“象牙塔”精神、展现“仙风道骨”魅力、不肯沾染世俗尘埃的世界名校，现在也不得不回到人间，为了生存，将国际留学生作为“现钞母牛”，其注意力投向国外的富人或中产阶级。至于一些本来就没有多少国际学术资本的教育机构，更是抓住后发国家的“留学妄想症”和“看西洋镜”心理，向国外居民的腰包伸手。在这样的大背景下，一波又一波适龄学生放弃祖国的教育系统远渡重洋求学寻梦，带走了举家多年的积蓄，留下了对国家教育自信的反讽。老百姓如何选择不是高等教育界应该回答的问题，高等教育应该回答的问题是“我们怎么才能影响老百姓的选择”，“我们怎样才能不辜负老百姓的选择”。换句话说，高等教育要反躬自问，如何才能做到“让四方来贺”，而不是为别人“作嫁衣裳”？显而易见，这涉及自身的质量问题。对高等教育质量的评价有许多观察角度。任何评价都不可能是纯粹的客观白描，而是特定角度下的特定价值观体现。高等教育体积庞大，系统复杂，不可能从实体上穷尽质量问题。现场的真实的质量状态需要走实证和田野的路线才可获悉。但是，如果没有在思想层面的“先见”扫描和梳理，就会将质量的“常识”当作知识。依靠停留在与现实同一层面的认识而指望获得质量的升级，无异于提着自己的头发上天。“我思故我在”。作为对高等教育质量的观察者和实践者，我们无法把握现实完满的实在，但是可以把握我们的“思想”。从“思”的层面切入质量问题，对“书斋研究”而言，是一种必不可少的方法。高等教育质量观是人们对高等教育质量的一种看法。其中，人们、高等教育、质量是三个关键词。以往的讨论对高等教育和质量这两个关键词关注较多，但是，对“人们”或有所忽略，或重视不够。事实上，从认识上讲，站在不同的层面和角度看到的问题的性质和程度是不同的。从实践或行动上看，在高等教育这个大系统中，不同的角色、职务和行为对这个系统的影响也有很大差异。所以，无论是从学理上界定高等教育质量观，还是从实践上检讨质量观，都需要将人的因素考虑在内。从而，“谁的”“什么高等教育”的“什么质量”的观念，如果不是简单的文字游戏或同义语反复，就是对高等教育质量观的界定。这就需要对观念主体的梳理和界定。

从观念主体看，“谁的”范围非常广，所有的高等教育的利益相关人都是观念主体。对公立教育而言，鉴于高等教育的公共性，确切地说，所有社会成员都是高等教育质量的观念主体。除非将高等教育看成是“私人物品”，否则这个命题就是真的。这种“泛主体主义”的认识看上去有失笼统，但是，忽视民间观念，漏掉日常生活中重要的主体，恰恰是高等教育观念形态中的一种似非而是的“慢性病”。普罗大众具有双重身份，既是高等教育的供给者，也是高等教育的需求者。作为供给者，有义务、有责任、有权利关注高等教育的质量并且为保证质量而发挥作用；作为需求者，有权利要求获得高质量的高等教育。尽管如此，人们的注意力是有限的。每个人的“关注范围（圈）”和“影响范围（圈）”是不同的。关注圈反映的是注意力的广度和深度；影响圈是个体的言行对其他人或事态在思想或行动上发生作用的广度和强度。关注圈只限于个人；而影响圈则关涉个人选择的外溢效应，与其相关的事态或他人发生关系。除极少数位高权重的人外，一般而言，关注圈的半径大于影响圈的半径。二者之间的差反映了个人的能动性和主动性之间的差别。在同一个关注圈内，从静态上看，有的人影响圈大，有的人影响圈小；从动态上看，有的人影响圈越来越大，有的人影响圈越来越小。将影响圈和关注圈作为两个参照，对讨论高等教育质量观是有益的。无论是怎样的主体，都要从两个圈子的状态和动向上观察其与高等教育质量的关系。从实践的角度看，三方力量支撑高等教育的运行：政府、社会和高校。由这三者构成的循环三角关系，在不同的国家和地区以及同一国家同一地区的不同历史阶段表现出不同的特征。从对高等教育的影响上看，三者都是重要的“观念主体”。三个主体在对高等教育质量的关注圈和影响圈上存在差别，这种差别或因系统、组织、个人角色分工使然，或因个体认识和解释的偏向使然。按照高校外部力量的控制或影响程度划分，存在“强政府弱社会、强政府强社会、弱政府强社会、弱政府弱社会”等几种不同的状态。外部力量介入高校的强弱有法定、惯例或执行裁量三方面的界定依据。是不是主体越强，影响就越大？不一定。这取决于从法定地位到执行裁量的距离。从对高等教育微观行为的影响程度上看，高校是观念主体的内核，政府是硬壳，社会是外场。高校是高等教育最基本的执行机构。如果没有高校自身的观念裁量和行动执行，从法律或政策意义上看，外部力量再强大，其影响也渗透不到圈子的核心，或止于圈子之外，或在圈子里产生“形式化”的表浅作用。站在高等教育宏观系统的结构看，政府是观念主体的内核。在政府的视野里看到的不是一个机构，而是大大小小、类型不同、各具特色的机构；有教育系统内的，也有系统外的。政府是高校和社会之间发生关系的间接桥梁。政府是高等教育的提供者，代表国家和公民约定社会契约，通过将国家和社会的需要进行信息加工转化为法律或政策，形成“外部压力”向高校传递。作为观念主体，政府乃是宏观层面的主体。它的影响力对法规、政策和宏观决策职能而言是直接的，对高校则是间接的。社会作为观念主体，其范围很广。相对某一所高校而言，组织外的企业、事业、非政府组织以及系统内的其他机构，都是实体性的社会机构。在公民社会不断形成的过程中，尤其是网络环境下，现实或虚拟空间自发形成的社会网络构成社会的非实体松散组织。社会是高等教育的“利益相关人”。社会观念是分散的、分割的、分化的观念形态。社会对高校从正面提出要求、期待和信息反馈。因为高校在解释和转化为决策行动的过程中，构不成必须应对的信息，这种影响往往是弱影响。社会还通过媒体从负面对高校施加一定的压力。典型的情境是社会媒体将高校事件（尤其是一些学术丑闻）的信息源扩大化，造成广泛的社会影响，对学校产生强烈冲击。这种影响比较强烈。无论是正面的还是负面的，现实社会或虚拟社会负载的高等教育质量观客观存在，是重要的观念主体。

高等教育质量观是一种思想或知识存在。知识论乃是西方哲学史上历久弥新的主题。随着当代自然科学成熟，形而上学受到挑战，“我们关于外部世界的知识”的思想开始分化，科学知识成为人类知识的典范。围绕科学究竟是什么、能够做什么的问题，出现了科学学、科学哲学、科学社会学等新兴领域。在科学哲学领域，涌现出波普尔、库恩、拉卡托斯、费焉阿本德等著名学者，讨论范围涉及科学进化、科学范式、科学纲领、科学方法等问题。以波普尔的科学知识进化论和库恩的科学知识革命论，形成相对竞争的理论。客观知识、猜想、范式、科学共同体等概念的出现，丰富了人们对科学本质的认识。波普尔将世界三分化，世界 I、世界 II 和世界 III。世界 I 是客观世界；世界 II 是人们的主观世界；世界 III 是客观知识（近似于“形式知识”）的世界。作为世界 III 的客观知识是人们长期积累起来的关于世界的认识成果，通过书面语言和其他形式的符号外化而形成的知识体系。客观知识是人类的创造产物，由于其“物化”，具有和主体相对分离的特性。人的主观世界是一个内外信息交互作用的由“知、情、意”等元素构成的复杂世界。世界II以人为载体，是知识产生的“黑箱”。它本身是否为知识的有机构成？波兰尼提出“缄默知识”（有人译作“暗默知识”）概念，打开了黑箱的盖子，使知识的另外一个形态曝光。缄默知识也是一种知识形态，但是没有进入波普尔的世界III的范围。它体现在人们的日常行为和活动中。通过行为你可以观察和识别，但是你无法通过严格的语言进行描述和阐释。虽然只可意会，但是它确实在实践中发挥作用。缄默知识将古今中外长期争论不休的“知行矛盾”调和起来。缄默知识是知和行之间的一块儿“知识飞地”，它不是人类主观世界中杂乱信息的汇总，而是对合目的的实践活动“管用”或“有效”的“窍门”。缄默知识保持“沉默”，但是它作为特殊的知识影响行动。科学哲学借哲学的方法归纳出知识的不同形态，发掘出“范式”“缄默知识”等有用的概念。与此同时，文化人类学、管理学、心理学也从各自不同的学科视角，通过不同路径揭示了人类超越“客观知识”的复杂的知识构成。诸如戈尔茨（C. Geertz）的“本土知识”、薛恩（D. Schŏn）的“反思性实践者”、布鲁纳（J. Bruner）的“民间心理学”、阿基里斯（C. Argyris）的“声称的知识”和“使用中的知识”，这些指向实践知识的来自不同学科的概念，揭示了一个共同的事实，人是全身心学习和思考的认识者，除了大脑这个心理活动的“机器”，人还“通过身体思考”。人的认识成果附着在自己的神经系统“缄默存在”，也可能通过语言外化成为“客观存在”。鉴于知识形态的多样性，考察高等教育的质量观，需要既研究缄默的质量观，也分析客观的质量观。

从观念主体的认识动机、认识方法、认识成果、认识影响几个方面看，还存在着官方知识、组织（机构）知识、学术知识和民间知识之间的差别。官方知识的认识动机是解决国家或者区域普遍性问题。认识方法有调研、座谈、会议讨论、“封闭制定”等手段。认识成果是以国家和政府文件（包括法律文件和政策文件）或官方身份发表的领导讲话。认识影响是相关范围内“舆论环境”“制度环境”“资源环境”的建立、变化或革新。官方知识的话语体系和修辞手法具有鲜明的特点。“讲形势、定原则、立规矩、提要求、下指示”是基本的语言特征。组织知识属于“知识管理”的话语范畴。知识管理是管理学发展的一个新趋势。企业界将知识管理界定为“将个人的知识和企业知识资产有组织地集结、共享，并借此提高效率，生产价值，以及以此为目的而开展的框架构建和技术应用。”① 知识管理不仅仅适应于企业界。任何组织都存在知识管理的问题。一般地看，知识管理涉及组织内对洞见、经验的确认、创造、表现、扩散和促进应用的过程，是从挖掘到应用知识过程的一系列战略规划和实践活动。知识管理包括建立知识库、建立尊重知识、创新知识、分享知识、应用知识的内部环境，将知识作为资产加以管理，其目的是实现组织目的，提高组织绩效。组织知识就是在知识管理框架内一个组织所拥有的知识容量。这里的知识不是泛指的知识，而是可以用来提高组织绩效和“生产力”的知识。组织知识的载体为个人或机构，按照竹内弘高和野中郁次郎的模型，组织通过“共同化、表出化、联结化和内在化”② 实现暗默知识和形式知识的转化来创造和利用知识。在这个过程中，观念主体的认识动机、方法、成果和影响结合在一起，融为一体。学术知识是从学术的立场出发，通过严格的科学或其他学术性方法对对象进行研究，发现新的事实，或对既有事实进行新的解释或分析，最后得出相对客观的认识成果，发表后首先对学术界产生可能的影响，并通过向实践的转化而获得实践影响。民间知识是和人们日常的个人或集体行为一体化的认识，通过习俗传承、传统仪式接触、社会学习等方式习得，表现为个人旨趣、集体规范、民约、禁忌或其他的行为指令。民间知识存在于民间，是最广泛的一种知识存在形式，它本身在不断变化，同时也可能向官方知识、组织知识和学术知识转化。在

① 野中郁次郎，绀野登．知识经营的魅力［M］．赵群译．北京：中信出版社，2012. 3.

② 共同化（socialization），从个体到个体，从暗默知识到暗默知识，通过直接体验分享和创造暗默知识。表出化（externalization），从个体到团组，从暗默知识到形式知识，通过对话和反思将暗默知识表述出来。联结化（combination），从团组到组织，从形式知识到形式知识，对形式知识及信息进行系统化并且加以利用。内在化（internationalization），从组织到个体，从形式知识到暗默知识，在实践中学习和获得新的暗默知识。参见：竹内弘高，野中郁次郎．知识创造的螺旋［M］．李萌译．北京：知识产权出版社，2006. 8－10.

讨论高等教育质量观的过程中，需要从官方、民间、组织和学术几个方面考察人们的观念。这需要持续的耐力和漫长而艰苦的工作。

作为“学术知识”的探索者和创造者，在高等教育质量观进而一般的高等教育问题上，高等教育研究者承担着重要的使命。学术研究应该将一切关于高等教育的知识形态纳入视野，通过多重方法进行挖掘提炼，将个人的思考和缄默知识“表出化”，提供“形式知识”或“实践知识”供学术共同体和实践分享批评。为此我们选了一系列高等教育领域的学术成果陆续结集出版。第一期包括《大学理性研究》（张学文）、《变革时代大学的核心价值》（马凤岐）、《大学特色发展的比较研究》（单春艳）、《高等院校组织趋同机制研究》（王占军）、《高等教育入学机会分配中的政府角色研究》（杜瑞军）、《大学课程知识选择的实践逻辑研究》（李庆丰）、《基于学生增值发展的教学质量评价与保障研究》（章建石）和《中国高等教育评估管理机制研究》（张红伟）。学术共同体是一个开放系统，知识的创造如波普尔所言是一个猜想和反驳循环进化的过程。我们希望这个系列能够为学术同行和实践领域的读者提供一个靶子，使它能够引起注意并且经受一波一波的批判和考验，既不被历史遗忘，又能成为别人前行的一块垫脚石，哪怕，质材还须进一步锻砺。

周作宇

2012 年 11 月 26 日于新疆师范大学

前言

高等教育入学机会不仅关涉个体向上流动的可能性及其在未来社会中的处境，而且关涉社会的民主与进步。在现代社会，高等教育越来越被看成是推进社会平等的工具。然而，全球高等教育入学规模的扩张——1970 年大学注册人数为 2800 万，2005 年达到 1.5 亿人——并没有有效缓解人们在获得教育机会时面临的歧视和不公正现象，那些在政治、经济、文化等方面处于不利地位的群体在获得高等教育入学机会上可能遇到更大的障碍。因此，如何确保高等教育入学机会分配的合理性与公正性成为世界各国政府迫切需要解决的难题。各国政府在不断增加教育供给，扩大教育规模的同时，都在积极建构社会改革方案，以弥合人们在高等教育机会获得方面的鸿沟。但是，任何一项改革或社会方案的提出或实施，都必须立足于对本国国情具体分析的基础之上，一种“最佳的做法”在一个国家取得成功，并不意味着在其他国家也同样会成功。一种社会改革方案只有对一个体系的性质进行反复的思考，才能在这个体系范围内发挥有效的作用。基于这样的认识，本书把研究重点转向本土，从历史变迁的角度，对新中国成立以来不同时期的高校招生政策，以及这些政策出台时的历史背景进行梳理，以此来透视高等教育入学机会的分配机制，勾勒出不同时期政府在高等教育入学机会分配中的“实然”角色。

目前，国内外对中国高等教育入学机会分配的研究主要集中在两个方面：其一，有关高等教育入学机会分配现状的实证研究；其二，有关中国教育政策变迁的研究。从已有的文献资料来看，有关高等教育入学机会差异的实证研究对于我们发现和认识存在的问题不无裨益，但这些研究是一种“横截面”式的研究，在揭示了“是什么”的问题后，并没有解释“为什么如此”的问题，研究者并没有把高等教育入学机会的分配政策置于特定的历史场景中进行分析。而有关中国教育政策历史变迁的研究和分析，缺乏对新中国成立以来 60 年教育政策整体性、连续性的发展路径及价值取向的梳理和分析。另外，研究者一般采取政治、经济、精英教育、大众教育等二分法来进行比较和分析，或者把“毛泽东时代”的教育政策和“后毛泽东时代”的教育政策相割裂，国外研究者多侧重从权力斗争的视角分析中国的政策变迁。事实上，中国教育发展的两种策略从来都不是完全对立的，它们之间互相包含共同的因素。历史是具有连续性的，“毛泽东时代”和“后毛泽东时代”是一个连续而非断裂的关系，要摆脱非此即彼的思考方式。因此，就存在着对中国高等教育入学机会分配机制，背后的价值、理念，以及在高等教育入学机会分配机制中政府角色的历史变迁和实践逻辑进行重新认知和解释的必要。

本书着重研究以下三方面的问题：(1) 从历史的视角归纳和阐释新中国成立以来普通高等教育入学机会分配机制呈现出哪些基本特征。在不同时期，高等教育分配机制具有不同的特征，本书依据高等教育入学机会的分配标准，将新中国成立以来高等教育发展划分为三个阶段。第一个阶段，主要按照政治标准和学术标准来分配高等教育入学机会（大致对应1950—1957）；第二个阶段，政治标准成为主导（大致对应1958—1976，不包括调整时期）；第三个阶段，学术标准被重新确立并且逐步向多元化标准转变（大致对应1977年至今）。(2) 探究不同时期高等教育入学机会分配政策及其背后的价值、理念，力图通过历史事件和历史事实来分析和比较“毛泽东时代”与“后毛泽东时代”的社会历史背景，揭示不同时期高等教育的制度建设，以及高校招生政策背后的价值、理念的差异及其之间的关系。(3) 透过历史事件分析国家、高校、社会、个人之间的动态关系。高等教育入学机会的分配既体现着国家的意识形态导向，学校的使命和办学理念，社会与市场发展的需求，同时还体现着民主化进程中个体的权利诉求，存在诸多方面错综复杂的关系。这就需要通过研究进一步厘清彼此之间的关系，在此基础上进一步勾勒出不同时期政府在高等教育入学机会分配中的“实然”角色。

基于这样的目的，在研究视角方面，本书更强调历史性的研究，强调真正关心一个具体的国家——在本书中就是指中国——这一意义上，政府在分配高等教育入学机会方面实际的实践活动。遵循这一研究视角，本书主要采取文本分析法辅之于少量的访谈法开展研究。在文献整理方面，以近60年的《人民教育》《人民日报》文献资料为核心，结合不同时期领导人文集、各类回忆录、档案、统计年鉴等资料开展研究，尽可能比较详细地了解不同时期的背景、理念和制度设计，克服研究者“不在场”所产生的偏见和误读。

本书以高等教育入学机会的分配标准为切入点，将政府在高等教育入学机会分配中的角色厘定为三类：作为标准制定者的政府角色；作为资助和补偿者的政府角色；作为供给者的政府角色。对不同阶段政府角色的认知基于以下逻辑：首先，阐释不同时期的高等教育的使命和任务。不同的使命和任务必然体现为不同的制度设计。对高等教育使命和任务的分析不仅有助于认识不同时期分配标准选择的价值基础，而且有助于认识不同时期高等教育的制度设计。其次，梳理不同时期高等教育的管理和办学体制，包括高等院校的层次和类型结构。这关涉政府提供了一个什么样的高等教育体系。最后，对不同时期的分配标准以及由此产生的结果进行解释和分析，并由此认识作为资助和补偿者的政府角色。

纵观新中国成立以来60多年的历史，中国高等教育发展的各个阶段是一个连续而非断裂的过程。在其发展历程中，根据不同时期的历史要求而被赋予新的职能，从总体趋势而言，它从服务于政治、服务于经济，到目前服务于人的发展的职能逐渐凸显。伴随着这一变迁过程，高等学校、国家、市场之间的关系必然面临新的调整，这一调整过程也是各个主体利益不断厘清的过程。总体而言，政府在高等教育入学机会分配中的角色总体趋势是逐渐从控制走向协调。高等教育入学机会由政府垄断供给、独家经营的局面逐步走向多元化（供给主体多元化，分配标准多元化，资助主体多元化）。当然，这一过程伴随着踯躅与徘徊，矛盾与冲突。在整个发展历程中，政府的角色不断被调整和修正，每一次都面临着对权力的重新界定，对责任的重新划分。在面对现实和未来不确定的矛盾和冲突过程中，政府角色的调整和修正将会一直持续下去。

目录

第一章

绪 论

历史研究的意义在于，如果你想知道你要去哪儿，它帮助你了解你曾去过哪儿。

——[美]哈罗德·珀金

我们决不可能按照自己的意愿改造社会。即使我们能说服大多数同胞跟随我们的行动，恐怕也没有任何可能使一项“社会方案”得以实施。只有对一个体系的性质进行反复的思考，人们才能在这个体系范围内发挥有效的作用。这个道理说来简单，其实不然。人们对社会的本来面目总是不加顾及，而热衷于炮制各种毫无可能实施的“社会方案”，因为这些方案对人类各种体系的复杂活动和真实的社会结构一窍不通。

——[法]米歇尔·克罗齐埃

一、公平之困——增长的限界

现代社会，能否获得一定程度的高等教育不仅关涉个体向上流动的可能性及其在未来社会中的处境，而且关涉社会的民主与进步。20 世纪 60 年代以来，是世界高等教育的大发展时期，高等教育被看成是推进社会平等的工具，并被期待能够打破历史遗留下来的阶级界限，为全体人口创造更大的机会。①然而，无论是过去还是现在，知识的掌握都和一大堆不平等现象、排斥现象以及社会斗争如影随形。在过去的几十年中，全球范围内接受高等教育的人数在急剧增加，从 1970 年到 1990 年，高等教育注册人数增加了一倍，大学生从 2800 万增加到 6900 万，到 2002 年达到了 1.22 亿，估计到 2025 年可达到 1.5 亿。②但是，高等教育入学规模的扩张并没

① [美]克拉克·克尔.高等教育不能回避历史——21 世纪的问题[M].王承绪等译.杭州:浙江教育出版社,2003.48.

② 联合国教科文组织世界报告.从信息社会迈向知识社会[M].联合国教育、科学及文化组织出版,该书为网络版,2005.19,92.

有有效地克服或缓减人们在获得教育机会时面临的歧视和不公正现象。①中国也存在类似的情况。自1999年实行“扩招政策”以来，我国高等教育的规模和入学人数不断攀升，截止到2010年，我国高等教育在校生人数已达2300万，高等教育的毛入学率达26.5%。②但是，越来越多的研究表明，我国城乡、区域、阶层差异与高等教育机会的获得之间有很大的关联。那些在政治、经济、文化等方面处于不利地位的群体在获得高等教育入学机会上可能遇到更大的障碍。沃尔特斯称之为“增长的限界”，在他看来，单纯的教育扩张本身不一定会改变各社会群体在“教育队列”中的相对位置。教育机会的获得依然与家庭背景顽固地缠结在一起。精英阶层总能做到通过接受比竞争者更多的（或更珍贵的高档次的）教育而排列在教育队伍的最前列。教育扩张实际上成为在国家政策试图缩小教育不平等的情况下，社会上层维护自身在教育上享有优越地位的一个“安全阀”，为精英阶层提供了规避改革的工具。因此，在一定意义上而言，教育扩张可能起到一种反改革的作用，抵消旨在通过改变教育机会分配规则实现消除社会不平等现象的外在干预。为此，他指出，除非我们同时关注教育体系中教育机会的分配问题，否则我们就不能认清教育扩张的原因及其造成的后果。这就需要研究者关注教育体系中规模增长与机会分配这一双重过程，避免出现非此即彼的倾向。③事实上，各个国家在不断增加教育供给、扩大教育规模的同时，都在积极建构社会改革方案，尽量弱化入学机会与家庭背景之间的关系，以弥合人们在高等教育机会获得方面的鸿沟。

然而，任何一项改革或社会方案的提出或实施，都必须立足于对本国国情具体分析的基础之上，根本不存在放之四海而皆准的“最佳做法”。伍尔考克和普里切特强调，“最佳做法”这种心态经常产生功能失常，一个在世界某个地方很成功的做法会立即被广泛宣扬，成为一个让世界其他

---

① Tristan Mccowan. Expansion without Equity: An Analysis of Current on Policy to Access to Higher Education in Brazil. Higher Education, Institute of Education, University of London, 2007, (53): 579 - 598.

② 董洪亮，肖思圆. 我国高等教育毛入学率达26.5%［N］. 人民日报，2011-03-29.

③ ［美］帕梅拉·B. 沃尔特斯. 增长的限界——历史视角中的教育扩张与改革［A］. 莫琳·T. 哈里楠. 教育社会学手册［C］. 傅松涛等译. 上海：华东师范大学出版社，2004. 318，333，338.

地区仿效的典范。成功的项目通常是特定的，涉及詹姆斯·斯科特所称的“因地制宜”，即使用当地的知识解决当地问题的能力。这就促使我们把研究的视线投向本土，从历史变迁的角度，对新中国成立以来不同时期的高校招生政策，以及这些政策出台时的历史背景进行梳理，以此来透视高等教育入学机会的分配机制，及其在不同历史时期背后的价值、理念，进而分析在不同时期，政府实际充当了一个什么样的角色，它与学校、社会之间处于一种什么样的关系之中，其实践逻辑是什么，产生了什么效果，能带给我们一些什么样的经验和启示等问题。

在新中国高等教育发展史上，发生过两个重要的历史事件，它对个人、社会、国家产生的影响，是如何评述都不为过的。其一是在1966年夏，实行多年的高校招生制度，由于被看作“分数挂帅”，产生修正主义的祸根，而被扔入历史的垃圾堆；①其二是1977年冬天，被诸多评论家称之为“一个国家和时代的拐点”的高考制度的恢复。这两件对中国教育和社会产生重大影响的历史事件，在诸多影视、文学、报道中都有所闻。然而，进行严肃的反思仍然是非常必要的，它会让我们突破常识的迷雾去思考：作为个体是如何被卷入或抛弃的；作为国家，为什么会产生如此大相径庭的运作方式；作为一段“已经过去的”的事件，我们应当如何去看待与评述？任何简单的肯定或否定都不是一种理性和客观的评价。从现有的文献来看，多数学者对“文化大革命”时期“自愿报名、群众推荐、领导批准、学校复审”（“十六字方针”）持否定的态度，认为这一制度是导致社会不公正、教育质量下降的根源。刘道玉通过对天津和北京的顺义区的调查指出，广大工农子弟不怕考试，“十六字方针”是走后门的方针。周雪光的研究印证了这一点，他指出，1972—1976年间，70%通过推荐上大学的学生是干部子女或者有政治背景。②然而，当我们想尽量忘却“文化大革命”那段历史的时候，国际社会（国际组织如世界银行以及一些发展中国家）却试图从中寻找所谓“中国经验”。因此，去了解过去的历史就显得非常必要。哈罗德·珀

① 社论.彻底搞好文化革命，彻底改革教育制度[N].人民日报，1966-06-18.

② 查全性.直言恢复高考，邓小平当场拍板赞成[EB/OL].荆楚网 http://news.tom.com/2007-01-31/002D/20974214.html.2007-01-31；刘道玉.大学校长口述——高考在1977年恢复[N].新京报，2007-03-13；李毅.中国社会分层的结构与演变[M].美国大学出版社，第四章第六节，该书为网络版.

金指出，历史研究的意义在于，如果你想知道你要去哪儿，它帮助你了解你曾去过哪儿。①

二、高等教育入学机会分配现状及政策变迁的历史检视

（一）高等教育入学机会分配的现状

国内学者对高等教育入学机会问题的关注开始于20世纪90年代初期。在学术期刊网（CNKI）上，以“高等教育机会”为关键词检索，最早论述有关高等教育机会的文章发表于1992年，②事实上，教育机会与社会分层问题一直是社会学研究的核心问题，但在我国，对于这一问题的讨论却是一个禁区。③随着我国改革开放政策的不断深入，随着社会成员在经济、政治以及文化等方面的差异开始凸现，高等教育入学机会问题以及由此引发的社会分层问题逐步进入研究者的视野。近年来，由于社会阶层差距的进一步扩大化，人们对自身权利的关注以及对社会公平的诉求使这一问题日益成为高等教育领域研究的热点。目前对高等教育入学机会分配问题的研究主要关注高等教育入学机会的差异，具体体现在以下几个方面。

1. 高等教育入学机会的城乡差异

研究者通过实证研究，指出我国高等教育入学机会在城乡之间存在很大差距，体现在城乡学生高等教育的升学率方面。赵叶珠对一些综合大学学生家庭背景的抽样调查结果表明：来自大城市的大学生占15%，来自地、县级小城市的大学生占41%，来自乡镇的大学生占15%，来自农村的大学生占28%。按照城乡人口折算，20世纪80年代城市青年接受高等教育的机会是乡村的9.6—12.8倍，90年代城市青年接受高等教育的机会是乡村的5.8倍。④高等教育入学机会在城乡间的巨大差异，还体现在城乡学生对不同层次高等教育机构的选择方面。曾满超对来自城乡的大学生在不同层次高校之间的分布情况作过统计，结果表明，城乡大学生在就读高校的

① ［美］伯顿·克拉克．高等教育新论——多学科的研究［M］．王承绪等译．杭州：浙江教育出版社，2002.49.

② 姜相志．社会分层对子女接受高等教育机会的影响［J］．青年研究，1992，（12）：28－31.

③ 雷弢，戴建中．当今中国社会阶层研究构想［J］．北京社会科学，1986，（4）：110－116.

④ 赵叶珠．家庭背景对高等教育入学机会的影响［J］．青年研究，2002，（3）：30－36.

层次上也存在明显差别。另外，根据2000年第5次人口普查数据表明，城市本科生是农村的281倍。清华大学、北京大学、北京师范大学等国家重点大学，自20世纪90年代以来，农村学生的比例呈下降趋势：清华大学在2000年是17.6%，比1990年下降4.1个百分点；北京大学在1999年是16.3%，比1991年下降2.5个百分点；北京师范大学在2002年是22.3%，比1990年下降5.7个百分点。而唐山学院、华北煤炭学院等非重点大学，2002年农村学生的比例高达63.3%，比2001年高出7.9个百分点。①

高等教育层次越高，农民子女获得高等教育就读的机会就越少，在部属院校、地方本科院校和高等专科学校的三分结构中，农民子女在专科层次就读的比例是最高的。②城乡高中生对高等教育有着同样强烈的需求，但学生的城乡背景与影响高等教育需求的人力资本和社会资本因素之间存在交互作用：当高等教育预期收益率较低时，农村学生比城市学生更希望接受高等教育；当高等教育预期收益率较高时，城市学生比农村学生更希望接受高等教育。当家庭网络资源比较少时，农村学生比城市学生更希望接受高等教育；当家庭网络资源较多时，城市学生比农村学生更希望接受高等教育。农村低社会经济地位的学生对高等教育的旺盛需求表明，接受高等教育几乎是他们改变其不利社会地位、实现流动的唯一渠道。③

2. 高等教育入学机会的地区差异

高等教育的地区差距主要体现在高等教育机构的布局、发展规模以及招生政策等方面。由于历史的原因，我国高等教育的分布极不均衡，高等教育高度集中在少数几个甚至一个最大型的城市，在个别省的地级市甚至没有高等教育机构。全国600多个县级市中，300个左右没有高等教育机构。④李文胜把每百万人拥有的普通高校数定义为RA（Relative

① 曾满超. 教育政策的经济分析［M］. 北京：人民教育出版社，2000. 264；施芳. 我国高等教育城乡差距在缩小［N］. 人民日报，2005-02-16.

② 王英杰，刘慧珍. 2005年中国教育发展报告：高等教育的发展、问题与对策［R］. 北京：北京师范大学出版社，2005. 196.

③ 雷万鹏，钟宇平. 中国高等教育需求中的城乡差异——人力资本与社会资本理论的视角［J］. 北京大学教育评论，2005，（7）：48－57.

④ 薛颖慧，薛澜. 试析我国高等教育的空间分布的特点［J］. 高等教育研究，2002，（4）：44－49.

Abundance)，用来表示各省高校的相对丰富程度。结果发现，1998 年的 RA 数在各省之间有很大的差异。在北京，这个拥有最丰富高等教育资源的城市，每百万人所拥有的普通高等院校数，即 RA 数接近于 5；而相反地，在四川省这个人口大省，RA 数只有 0.50 。天津和上海的 RA 数也高于其他省份，分别是 2.07 和 2.71 。除了四川省以外，山东、河南和安徽三省是高等教育资源最不丰富的三个省，RA 数分别是 0.55、0.54 和 0.54。尽管最近几年中国高等院校招收的新生数增加很快，但是在各省之间的分布却非常不平衡。①也有研究者按照高等教育在校生数进行高等教育规模分级，第一级（10 万人以上）的城市有北京、上海、南京、武汉、西安；第二级（7 万—10 万人）的城市有哈尔滨、长春、沈阳、天津、重庆、成都、广州。从高等教育规模绝对量的分布来看，东部沿海地区高等教育规模较大的城市非常密集，中部地区次之，西部地区最为稀疏。全国范围内高等教育集中于人口规模大的大型城市。②另外，全国高等学校招生数相对人口比例来说，在不同省区之间的分布也有较大差距。云南和四川最低，分别为 0.54 和 0.57；上海、北京和天津最高，分别为 2.62、2.28 和 2.08。由于受高等教育招生配额的影响，出现了在全国统一高考的情况下，不同地区学生上大学的分数差距显著的情况。③

由于我国高等教育发展极不均衡，各地区人口享有高等教育资源的差异很大，导致高等教育入学机会的获得方面极不均等。在优质高等教育入学机会的区域差异方面，当前优质高等教育入学机会的区域分布状况是西部民族地区（西藏、青海等）和部分直辖市占有明显优势，而人口大省和部属普通高校较少的省份则处于十分不利的地位。造成这种状况的原因是

① 李文胜，黄潞. 中国高等教育资源分布研究[J]. 首都经济贸易大学学报，2004，(4)：71－73.

② 转型期中国重大教育政策案例研究课题组. 缩小差距——中国教育政策的大众命题[R]. 北京：人民教育出版社，2005，25；谢作栩对 1978—2000 年各省、市、自治区高等教育发展的绝对差异的统计表明，各省、市、自治区每万人口大学生的标准差从 1978 年的 3 上升为 2000 年的 38.5 。见谢作栩. 中国高等教育大众化发展道路研究[M]. 福州：福建教育出版社，2001. 214.

③ 转型期中国重大教育政策案例研究课题组. 缩小差距——中国教育政策的重大命题[R]. 北京：人民教育出版社，2005. 25，275.

优质高等教育资源布局不均衡、国家对民族地区和西部地区的优惠政策以及各地人口和历史发展不平衡等。①高等教育扩张使高等教育机会总量迅速扩大，较大程度地降低了总体性的机会不平等，但是个别省份之间的两极分化加剧也是明显的事实。刘精明把全国划分为五个区域：直辖市；东部省份；中部地区；西部地区（1）包括内蒙古、陕西、重庆等；西部地区（2）包括广西、四川、云南、甘肃等。其中，西部地区（2）与直辖市相比较，高等教育机会两极分化在明显加剧。②

3. 高等教育入学机会的阶层（父母职业背景、文化背景以及经济承受力等）方面的差异

研究者分析了父亲职业与高等教育入学机会、学生所学专业与学生录取分数之间的关系③，以及家庭文化背景与受高等教育机会的差距。④研究表明父母职业背景对子女受教育机会的影响，是社会自我复制的表现。另外，研究者也从高等教育辈出率的角度，分析社会阶层对高等教育入学机会的影响，⑤那些在高等教育机会的竞争中具有绝对优势的社会成员，在文化分层和职业分层上可能是同一批社会成员。高等教育机会在文化分

① 乔锦忠.优质高等教育入学机会分布的区域差异[J].北京师范大学学报(社会科学版),2007,(1):23－28.

② 刘精明.扩招时期高等教育机会的地区差异研究[J].北京大学教育评论,2007,(4):142－155.

③ 谢维和,李雪莲.高等教育公平性的调查与研究报告[A].曾满超.教育政策的经济分析[M].北京:人民教育出版社,2000.268.刘宏元.努力为青年人创造平等的受教育机会——武汉大学1995级新生状况调查[J].青年研究1996,(4):7－11.孟东方,李志.学生父亲职业与高等学校专业选择关系研究[J].青年研究1996,(11):24－29;余小波.当前我国社会分层与高等教育机会探析——对某所高校2000级学生的实证研究[J].现代大学教育,2002,(2):44－47.

④ 吴德刚.中国全民教育问题研究[M].北京:教育科学出版社,1998.丁小浩.对中国高等院校不同家庭收入学生群体的调查报告[J].清华大学教育研究,2000,(2):102－108.杨东平.高等教育入学机会:扩大之中的阶层差距[J].清华大学教育研究2006,(1):19－25.卢乃桂,许庆豫.我国90年代教育不平等现象分析[J].华东师范大学学报(教育科学版)2001,(4):7－16.

⑤ 谢作栩,王伟宜.高等教育大众化视野下我国社会各阶层子女高等教育入学机会差异的研究[EB/OL].http://guancha.gmw.cn.2007-03-28.

层上的差距可能在相当程度上是与职业分层差距相重叠的。①随着高等教育成本分担机制的实施，家庭经济能力成为影响高等教育入学机会的重要影响因素。高校收费对于扩大教育资源、加速教育发展产生了巨大作用，但也对教育公平构成了威胁。家庭经济能力对高等教育入学机会的影响主要体现在两个方面。其一，不同收入阶层家庭子女获得高等教育的机会不同，低收入阶层的子女获得高等教育的机会不到中等收入阶层的1/2，优劣势明显。 但是并非家庭经济收入越高，子女进入高等学校的机会就越大，而是呈现一种两头低中间高的正态分布状态。②具体而言，家庭文化资本和经济资本占有量位居前列的优势社会阶层，其子女接受的教育层次主要为高等教育；而文化资本和经济资本占有量均处劣势的社会阶层的子女，接受的主要是中等教育和初等教育。另外，家庭文化资本对子女高等教育机会获得的影响明显大于家庭经济资本。③其二，不同收入阶层的子女在进入不同层次和类型的院校上也存在差异。学生选择的学校和专业，与其社会经济地位存在着显著的关系。收入较高家庭的子女在高层次院校中的比例明显高于收入较低家庭的子女。④

关于高等教育入学机会差异的实证研究对于我们了解目前高等教育入学机会的现状，以及这些差异具体体现在哪些方面具有重要的意义。但

① 转型期中国重大教育政策案例研究课题组.缩小差距——中国教育政策的大众命题[R].北京:人民教育出版社,2005.32.

② 姜相志.社会分层对子女接受高等教育机会的影响[J].青年研究,1992,(12);转型期中国重大教育政策案例研究课题组.缩小差距——中国教育政策的大众命题[R].北京:人民教育出版社,2005.33.266－268.需要指出的是,在经济杠杆还没有成为调节高等教育入学机会分布的重要经济因素的90年代初期,那些在制度转型初期“先富起来”的阶层的经济财富尚没有转换成文化资本上的优势。

③ 郭丛斌,闵维方.家庭经济资本和文化资本对子女教育机会获得的影响[J].高等教育研究,2006,(11):24－31.

④ 钟宇平,陆根书.收费条件下学生选择高校影响因素分析[J].高等教育研究,1999,(2):31－42.郭从斌,闵维方.家庭经济和文化资本对子女教育机会获得的影响[J].高等教育研究,2006,(11):24－31.转型期中国重大教育政策案例研究课题组.缩小差距——中国教育政策的大众命题[R].北京:人民教育出版社,2005.269.谢作栩,陈小伟.中国大陆高校学费对不同社会阶层子女的影响——实证调查与分析[J].教育与经济,2007,(2):12－15.

是，需要澄清的是，城乡、区域、阶层是影响高等教育入学机会的重要因素，并且是一种刚性的影响因素，即它们具有很大的稳定性。并且可以假设，在其他变量不会改变（如不会进行结构性的机会分配调整），教育资源还未达到极丰富的情况下，它们将会一直发挥作用。但本书的侧重点不在于此，即重点不在于考察什么因素影响高等教育的入学机会，以及影响了什么样的入学机会，而是试图探讨这些因素在多大程度上是由于政府干预直接或间接造成的，进一步分析政府干预的缘由问题。这就是对高等教育入学机会分配机制的研究。

4. 影响高等教育入学机会的制度因素研究

随着对高等教育入学机会分配差异实证研究的深入，研究者也越来越关注导致高等教育入学机会区域、城乡和阶层差异的制度因素，并把研究的视角投射到社会历史的变迁之中。

教育资源配置的不均衡是导致高等教育区域之间、城乡之间差异的主要原因。区域教育资源配置是与区域经济发展紧密联系在一起的。1978 年以前，我国采取区域均衡发展战略，区域高等教育发展水平差异较小。1978 年以后，伴随着区域经济非均衡发展，高等教育的区域均衡发展局面被打破，逐步转变为非均衡发展的态势。1990 年以来，区域经济与高等教育发展不平衡问题日益突出，地区之间的绝对差距在不断扩大。我国高等院校主要集中在东部经济发达地区以及直辖市和省会城市，呈现东西部之间、城乡之间、中心城市和地方之间的实际差距。①具体体现在高等教育布局、规模、质量和教育经费投入方面。导致区域、城乡高等教育入学机会差异的另一个主要制度安排是高考和高校招生制度。我国现行的高考统一招生制度，具备了形式上的公平——分数面前人人平等。但实际录取学生采取的是分省定额，划线录取的办法。各地录取定额并非按照考生数量平均分配，而是根据各地高等教育资源的状况进行分配。因此出现各地录取率、录取分数上的极大差异，这就加剧了地区和城乡间原本就存在的不

① 转型期中国重大教育政策案例研究课题组. 缩小差距——中国教育政策的大众命题[R]. 北京：人民教育出版社，2005. 275. 杨东平. 影响接受高等教育机会不均的制度性因素探析[J]. 中国高等教育，2006，(6)：28－29.

平等。①尽管政府在主动采取措施，如采取西部人才开发战略，实施针对少数民族的优先照顾政策，但是，由于区域经济发展的不平衡，以及教育经费向优质高等教育的倾斜，区域高等教育入学机会的差异还将在很长一段时间内存在。

对于城乡高等教育入学机会的差异，除了高等学校布局不均衡外，还有一个主要的原因是新中国成立以来，在城乡二元结构与特定的户籍政策影响下，我国教育政策表现出明显的城市偏向，教育资源配置严重向城市倾斜。这一政策导致教育资源配置有利于城市，不利于农村；有利于发达地区，不利于落后地区；有利于强势人群，不利于弱势人群；有利于重点学校，不利于薄弱学校。②研究者进一步分析了“城市偏向”影响下教育资源配置的具体机制，指出，教育制度安排上的“分级办学”，实际上意味着在义务教育阶段将城乡进一步分割。③也就是说，农村地区的办学经费由县和乡镇、村支付，而城市的办学经费由城市政府支付。但是对于财源稀缺的中国农村而言，承担大部分甚至全部的义务教育经费确是勉为其难。相对而言，城市由于政府保障，办学条件较好，重点中小学也主要集中在城市，这就导致城乡义务教育的巨大差距，事实上，城乡之间接受高等教育机会的不均等在很大程度上是由于基础教育发展不平衡造成的。

尽管现代教育系统的选拔过程似乎是以能力标准为主，但许多研究发现，非能力的身份性特征仍然对人们的受教育机会产生重要影响，尤其是家庭出身与教育获得之间的联系，几乎跨越国界地普遍存在。④在我国，家庭背景（社会资本、政治资本、文化资本、经济资本）对于个人教育获得的影响在不同时期具有不同的表现。以家庭成分（政治资本）为例，20世纪50年代初，家庭成分对个人教育获得的作用不显著，20世纪六七十

① 杨东平.影响接受高等教育机会不均的制度性因素探析[J].中国高等教育，2006,(6):28－29.张玉林，刘保军.中国的职业阶层与高等教育机会[J].北京师范大学学报(社会科学版),2005,(3):25－31.

② 刘复兴.教育改革的制度伦理:教育公平与政府责任[J].人民教育,2007,(11):2－5.

③ 张玉林.中国城乡教育差距[J].战略与管理,2002,(6):55－63.

④ [美]帕梅拉·B.沃尔特斯.增长的限界——历史视角中的教育扩张与改革[A].莫琳·T.哈里楠.教育社会学手册[C].傅松涛等译.上海:华东师范大学出版社,2004.334.

年代，家庭成分对教育获得的影响呈明显的正向作用，即家庭成分好的人享有更多的受教育机会。不过并不是家庭成分最好的人受最多的教育，而是家庭成分中等的人（知识分子、职员、中农等）受教育最多。这可能是政治选拔机制与教育选拔机制交互作用的结果。这充分体现了政府政策及意识形态变化对教育机会分配机制的强烈影响。①有研究者进一步把家庭背景置于特定的社会背景，构建了文化再生产模式、资源转化模式和政策干预模式三种理想类型，用以分析不同时期教育不平等的产生机制、具体的制度设计和社会状况三者之间的关系（见表 1-1）。

表 1-1　家庭背景影响子女教育获得的理想类型

		“文化大革命”时期	1977 年—1991 年	1992 年—
教育制度及变迁		政治标准（非绩效主义）	恢复高考（绩效主义）	市场化冲击下的教育产业（绩效主义，但被侵蚀）
社会分化程度		低	低，但有所增加	高
主导模式		政策干预模式	文化再生产模式	文化再生产模式和资源转化模式并存
研究假设	教育不平等情况	低	高	高
	家庭教育背景作用	低	高	有所降低
	家庭阶层背景作用	低	低，但有所增加	高

资料来源：李煜. 制度变迁与教育不平等的产生机制——中国城市子女的教育获得（1966—2003）[J]. 中国社会科学，2006，(4)：97－109.

另外，制度分割，如户籍制、单位制对个人教育机会的获得也产生重要的影响。非农户口的人享有比农业户口的人更多的教育机会。在前 30 年间，由于政府采取把教育向农村普及的同时有意识地向农民提供一些中高等教育机会的政策，户籍身份对个人教育获得的影响在逐步下降。到 20 世纪 80 年代和 90 年代，由于城乡差距（包括教育资源的差距）有所拉大，导致户籍身份对个人教育获得的影响逐步增强；就单位制而言，全民所有制单位、党政机关及国有事业单位和行政级别较高的公有制单位往往控制

① 李春玲. 社会政治变迁与教育机会不平等——家庭背景及制度因素对教育获得的影响（1940—2001）[J]. 中国社会科学，2003，(3)：86－98.

较多的社会经济资源，从而能向其工作人员提供较多的教育机会，尤其是能提供更多的获取中高等教育学历学位的机会。①

自1977年恢复高考以来，随着高等教育管理体制改革的不断深入，社会主义市场经济的发展，人们越来越关注高等教育扩招政策、教育成本分担政策对不同阶层教育机会获得的影响。高校扩招、教育成本分担政策对于扩大高等教育机会具有积极的作用，在这一方面，研究者已取得共识。②但大家注意到，目前高等教育私人成本水平，对于低收入家庭，已经成为一个相当重的负担。③由于我国当前针对学生的资助政策尚未完善，加之，由于教育经费向优质教育资源倾斜，在一般院校存在着“高收费+低资助”的状况，而这一类院校又是低收入、低社会阶层家庭子女较多的院校，这就导致学费对入学机会的负面影响要大于学生资助的正面促进作用。④

另外，由于高等教育入学机会在我国历来是一个非常稀缺的社会资源，远远不能满足社会的需要，加之，社会诚信制度和监管制度尚未完善，导致在获取教育机会方面存在腐败行为，并越来越严重地侵蚀着教育公平和社会公正。具体体现为高考过程中的集体舞弊行为以及招生腐败行为，特别是在招生过程中获取“保送生”资格和“机动指标”方面。高校内部存在着的“行业性福利”，以及掌握资源的特权阶层通过“隐性”排斥，获取这一部分高等教育机会，加剧了高等教育入学机会的不公平和差异。⑤

---

① 李春玲.社会政治变迁与教育机会不平等——家庭背景及制度因素对教育获得的影响(1940—2001)[J].中国社会科学,2003,(3):86－98.

② 汤敏.关于扩招的几个问题[J].北京大学教育评论,2006,(2):62－71.陈锡章.高等教育大众化与教育机会均等[J].中国高教研究1999,(1):44－46.刘精明.高等教育扩展与入学机会差异:1978—2003[J].社会,2006,(3):158－179.丁小浩.规模扩大与高等教育入学机会均等化[J].北京大学教育评论,2006,(2):24－33.

③ 杜屏,李宝元.中国高等教育的成本分担与机会均等[J].北京师范大学学报(社会科学版),2007,(1):11－16.张民选.理想与抉择——大学生资助政策的国际比较[M].北京:人民教育出版社,1999.301,363.

④ 李文利.高等教育财政政策对入学机会和资源分配公平的促进[J].北京大学教育评论,2006,(2):34－45.

⑤ 转型期中国重大教育政策案例研究课题组.缩小差距——中国教育政策的大众命题[R].北京:人民教育出版社,2005.272.

以上对影响高等教育机会制度因素的研究，有利于我们进一步认识各种制度设计，以及这些制度设计产生的实际效果和存在的问题。然而，这些制度安排并不是孤立存在的，对它们的认识不应仅仅局限于当下，而应置于更广阔的历史背景之中。这就需要对我国社会变迁以及相应的教育政策变迁进行深入的了解。

（二）新中国成立以来高等教育入学政策的历史变迁

对新中国成立以来教育政策的变迁和发展，国内外研究者有基本的共识，即认为，中国自 1949 年以来，教育面临着两种不同的发展策略，而在不同的发展策略下，高校的招生标准存在明显的差异。在“大跃进”以及“文化大革命”时期，高校招生标准侧重政治标准，强调家庭成分、实践经验和工作经历；而在 20 世纪 50 年代早期（1950—1957），60 年代初期以及“文化大革命”后，高校招生标准虽然也对政治表现（共青团员）有所考虑，但学术标准和专业标准基本占据主导地位。但是，不同研究者对教育发展的两种策略在理解和分析上存在一定的差异。

罗伯特·泰勒（Robert Taylor）认为，之所以出现完全不同的两类入学标准，是由于刘少奇和毛泽东在发展社会主义的道路上，在有关教育平等的倾向上存在差别而导致的。他通过详细的统计资料分析了两种标准下，不同时期进入第三级教育机构以及其他各类学校的妇女比例以及不同家庭背景的比例，同时对各个时期的招生政策下，不同阶层获得高等教育机会的差异进行了分析并指出，在实行推举入学的制度下，高干—— 一旦他们的政治问题获得解决——典型的做法是设法操纵有利于其子弟的入学方式，但是对于知识分子，由于他们缺乏必要的地位优势和好的阶级出身，他们的子弟在推荐制度下似乎是失败者。①许美德（Ruth Hayhoe）认为，1949—1976 年间，中国共产党内对如何建设社会主义持有不同的看法，并且为此进行着尖锐的斗争，“文化大革命”时期这一冲突到达极点。“文化大革命”的目的在于用非正规教育代替正规教育，废除精英教

① Robert Taylor. China's Intellectual Dilemma. Politics and University Enrolment, 1949—1978 [M]. Vancouver: University of British Columbia Press. 1981. 又见[美]R. 麦克法夸尔，费正清. 剑桥中华人民共和国史（1966—1982 年）[M]. 北京：中国社会科学出版社，1992. 601.

育，为广大工农子女打开高等学校的大门。①

乔（Jan - Ingvar Löfstedt）把领导者和不同的政治集团的政治选择看作决定中国各个时期社会发展策略和教育政策的主要因素。指出在1949—1979年间，中国存在相互对立的两条发展策略，一个是通过建立先进的技术和工业来巩固和发展社会主义经济；另一个是在民众中普及社会主义伦理和价值观，并且强调工人阶级的利益。前者在20世纪50年代早期一直到1958年成为主导。而后一条路线，即所谓红色路线，在“大跃进”时期以及“文化大革命”中占主导地位。但是他提醒大家，不要把这两条路线割裂开来看待。因为，有些政策是一直持续着的，如普及教育和“扫盲”运动持续了三十年。他指出陈赐恩（Theodore Hsi - en Chen）区分了两种模式（“学院模式”和“革命模式”），并认为这种两种模式是随着两条路线的斗争交替出现的，但其实并非如此。从来没有一条路线在其发展中不受争议。因此，通过某个阶段的特征来理解中国教育的发展是危险的。乔在其论述中并没有评判两条路线孰优孰劣，而是通过给出一些统计数据和资料（中国各个阶段以及中国与其他国家的数据和资料）让读者自己判断。这一策略与世界银行为中国准备的第一份国情报告是一致的。世界银行以统计的术语阐明了中国教育制度的优劣，也指出了两种策略各自该负的责任。②但是他提醒人们注意，（“文化大革命”时期所强调的，笔者注释）非正式的、非正规的、业余的教育、职业教育对于中国农村地区教育发展来说尤其重要。③迈克尔·谢林汉姆（Michael Sheringham）指出，中国应谨慎地对待1956年的教育“革命”，以及1966年开始的“文化大革命”，因为从其革命的目标，强调和实践相结合，普及教育，使得教育机会向全社会开放而言，对于其他国家具有重要的参考意义。④

---

① [加]许美德. 中国大学1895—1995——一个文化冲突的世纪[M]. 张晓军译. 北京：教育科学出版社，2002. 132 - 133.

② [美]R. 麦克法夸尔，费正清. 剑桥中华人民共和国史(1966—1982年)[M]. 北京：中国社会科学出版社，1992. 619.

③ Michael Sheringham. Reviewed Work(s): Chinese Educational Policy. Changes and Contradictions 1949—1979 by Jan - Ingvar Löfstedt [J]. Comparative Education, 1983, 19(1): 115 - 116.

④ Michael Sheringham. Popularisation Policies in Chinese Education from the 1950s to the 1970s[J]. Comparative Education Special Anniversary Number (8): Education in China, 1984, 20(1): 73 - 80.

乔对当时中国存在的两条发展道路的认识与姚若冰有些类似。姚若冰认为，自 1949 年以来，中国教育依随共产主义的思想意识，确定了为政治和经济服务的两个基本目标，但是在实际推行时，却在两个目标的问题上摇摆不定。这一方面是由于不同的当权者所抱的政治立场有基本的差别，而对建设社会的重点和建国方法，观点亦异。一些当权者主张着重发展经济；另一些当权者则主张促进政治革命，提高人民的政治觉悟。此外，在各个不同的时期，中国在政治和经济上的要求也各不相同。教育政策因随大势而变，往往因为强调要达到某个目的而放弃另一个目的，以配合新的改变。因此，中国教育自 1949 年以来，两个不同的教育模式交替出现。当国家着重于发展经济时，教育政策便采取“业务取向”的学术性教育模式，配合经济的发展，强调技术专长的重要性。但是当国家致力于促进政治革命时，教育政策便采取“政治取向”的革命性教育模式，着重促进政治思想灌输、培养政治意识、强调政治的觉醒。①在这一点上，姚若冰的观点又似乎和陈赐恩一致。陈赐恩区分了两种教育发展模式，一个是毛泽东所推崇的模式，即所谓“革命模式”；一个是毛泽东所反对的模式，即所谓“学院模式”。见表 1-2 。

表 1-2 “革命模式”与“学院模式”的比较

	“革命模式”	“学院模式”
国家目标	强调的主要是革命和共产主义，也注意生产和发展。	强调的主要是发展和现代化，也注意政治和意识形态。
培养目标	热情的革命者：坚定的理论战士和活动分子。红比专重要。土专家、赤脚专业人员。	经过培训的、具有技能和技术的人，献身于无产阶级事业和理想的受过训练的专家和学者。
学校	正规、非正规和不正规教育的结合，开门办学、工读学校，在初等、中等、高等教育之间没有明确的界限，为大众的学校。	学校是教育制度的核心，全日制学习是主体。阶梯教育即并列的相互衔接学校的升级教育。为培养知识分子英才设立重点中小学和大学。

① 姚若冰. 中国教育 1949—1982[M]. 台北：华风书局，1986. 6－7.

	“革命模式”	“学院模式”
课程	校内外经验的一致性和持续性,行动和书本知识一样重要(或更重要),政治思想教育是中心课程。重视生产、政治所需的知识和技巧。为当前服务的实际教育。	校内学习和课外活动有别。各级水平的基础学习和理论知识学习。重视高等学习的必要条件。教育为当前也为将来的需要服务。
方法	社会即教员,学习在农场、工厂、街道和练兵场进行。参加生产和政治工作是学习的主要方法。	教室、图书馆和实验室是集中学习的地方。书本学习是基础。考试是促进学习的重要措施。
学习过程	特定的学习是满足生产和政治的实际需要。升级建立在政治和生产成绩的基础上。	系统地学习经过组织的主体材料。为了进一步学习打好基础和为将来的需要做准备,有些知识必须学习,升级是根据学术标准。
领导	共产党领导,工农兵任教师和管理人员。知识分子地位下降。	在党的领导下发挥专业教师、教育家的积极作用。
思想指导	刻板地按语录、引文、指示办事,严格执行党的路线、狭窄的思想。	灵活地理解毛泽东思想。根据现时条件解释它的教导。思想从僵化的教条中解放出来。

资源来源:Chinese Education since 1949. Academic and Revolutionary Models. New York. Pergamon Press,1981. 121 – 170

苏珊·佩珀(Suzanne Pepper)认为，自1949年以来的30年间，中国教育的发展采取了两条明显不同的道路，它们是建立在如何建设中国社会主义现代化的不同的理解基础之上的，并且伴随着中共党内赞同哪条路，反对哪条路的政治斗争。她把中国教育的发展策略描述为平等主义策略(Egalitarian Strategy)和分层主义策略(Hierarchical Strategy)。①平等主义取向的策略主要是在“大跃进”时期以及“文化大革命”时期为主；等级

① Suzanne Pepper. Chinese Education after Mao:Two Steps Forward,Two Steps Back and Begin Again? [J]. The China Quarterly,1980,81(3):1 – 65.

主义取向的策略主要是在新中国成立初期，20 世纪 60 年代初期以及现在。在她看来，用平等主义取向的策略来分析中国教育，主要是指消除三大差别，这成为“文化大革命”期间教育革命的重要原则。其基本特征包括：师生参加劳动，取消重点学校，取消正对干部子弟的学校，取消入学考试，等等。就第三级教育而言，在招生中取消考试制度，采取推荐制度，让学生在进入大学前参加体力劳动（特别是让城市青年到农村接受锻炼和参加工作），其目的是建立在结构和内容上更为公平的高等教育。这样的政策设计的预想是，受过常规教育的工人、农民甚至革命干部子弟通过适当的教育方式，可能与其他人一样容易进入知识分子精英行列。分层主义策略（Hierarchical Strategy）的政策是在毛泽东去世后的 1977 年正式宣布的。这一政策是对先前毛泽东所主张的政策的“完全否定”。注重质量取代了原来数量上的普及，这一点在中等教育和初等教育体现得非常明显，许多公社办的学校被关闭。而对质量的强调，也使得重点学校、严格的考试选拔制度重新建立起来，“文化大革命”时期被忽视的高等教育也有了很大的发展。然而，关闭公社办的学校，以及重建具有精英主义特征的重点学校，遭到了“社会”的抗议，这既有来自城市的，也有来自农村的。①

杨东平在分析新中国十七年教育的基本特征（1949—1966 年）时也认为，十七年来，中国教育政策也存在两种发展模式和价值取向：大众教育与精英教育。他认为，在新中国成立初期，由于延续了老解放区的传统，不仅具有很强的革命意识，也具有很强的平民意识，强调教育面向大众开放，通过实行干部教育、业余教育、工农速成中学等途径使得广大工农群众得以接受教育。但是由于第一个“五年计划”的实施和向苏联学习的学校正规化建设，我国教育逐步走向了“精英教育”的路线。这两种发展模式、教育价值的冲突，构成新中国教育的基本矛盾。② 中国高等教育入学机会的分配经历了“阶级内平等”到“平均主义”再到“分数面前人人平等”，直至现在受教育产业化影响，高等教育入学机会分配标准的多元化（受分数、金钱和权力等因素影响）这样一个从权利平等到机会均等的发

① ［美］R. 麦克法夸尔，费正清. 剑桥中华人民共和国史（1966—1982 年）［M］. 北京：中国社会科学出版社，1992. 621.

② 杨东平. 艰难的日出——中国现代教育的 20 世纪［M］. 上海：文汇出版社，2003. 152－154.

展过程。①

对于毛泽东以后所采取的教育发展策略，以及这一策略对高等教育入学机会的影响，我们可以从马克·希德尔（Mark Sidel）和玛丽安娜·巴斯蒂（Marianne Bastid）对毛泽东以后的教育政策分析中去进一步认识。

马克·希德尔指出，自1977年中国恢复高考后，高等学校招录新生由依据政治标准转变为依据学术标准。强调政治素质、实践经验、教育普及化的平等主义倾向是“文化大革命”时期教育的基本特征。而恢复高考后，以专业知识作为录取标准，使中国又回到了“大跃进”之前，20世纪50年代早期的教育政策，强调等级化、非政治化、专业取向。这一标准的变化不仅改变了教育与政治之间的关系，同时也改变了进入第三级教育机构学生的家庭和社会背景。在他看来，恢复高考一方面改变了学术机构和知识分子之间的关系，另一方面也改变了行政部门和官员之间的关系。在“文化大革命”期间，入学必须在中学毕业后参加两年左右的劳动，并且要经过地方政府领导、贫下中农的推荐。由于“文化大革命”削弱了教育行政部门与高等教育机构的权力，地方政府（如工厂和农村）对高等教育机会分配权优先于大学。恢复高考后，确定了学术标准，对高等教育入学机会的分配权力收归到行政部门而不是高等学院手中，高等学校仅仅表示“赞成”或“拥护”行政部门的选择。到1979年，教育行政部门和高等教育机构之间的这种权力模式有了改变，越来越多的知识分子通过其组织（大学、学院、科研院所）表达了要自主权的诉求。到1981年，权力模式总体上不同于1977—1978年，大学和学术部门在选择大学候选人方面具有更多的自主权。在高校招生中，决定学生能否进入大学的既不是地方政治组织（如工厂、农村），也不是教育行政部门和高校的招生部门，而是那些有影响的知识分子在起着重要作用。他认为，其中的原因在于知识分子地位的提高，以及高校入学考试对专业知识要求的提高。②

玛丽安娜·巴斯蒂指出，1976年后，中国教育政策发生转向，强调教

① 杨东平.从权利平等到机会均等——新中国教育公平的轨迹[J].北京大学教育评论,2006,(2):2－11.

② Mark Sidel. University Enrolment in the People's Republic of China,1977—1981:The Examination Model Returns[J]. Comparative Education,1982,18,(3):257－269.

育为经济服务。教育政策的转变基于两方面的原因，其一是人们对教育的强烈需求，这可以从新中国成立以来各个阶段的表现得出；其二是政治斗争的需要，而不能简单地看作理性主义取代乌托邦，还有一个方面是不容忽视的，就是国际方面的影响，特别是世界银行和联合国教科文组织。

玛丽安娜·巴斯蒂和马克·希德尔都分析了政策转变后，不同阶层高等教育机会的获得情况，并分析了其中的原因。由于重新恢复了重点中学，而这些中学多数建立在城市，并且它们只向户籍所在地的学生开放，这就使得城乡之间在获得高等教育机会方面存在差异，加之，在农村的普通中学，政府通过引入职业性课程，鼓励他们学习实用技术而不是为升入大学而竞争，更加剧了这一差异性。马克·希德尔同时还指出，由于一些大学在招生中，对一些专业进行性别限制，使妇女在获得高等教育机会方面受到了不平等的对待。

从国内外学者对新中国成立以来教育政策的分析可以看出，研究的思路基本上是围绕中国教育发展的两种策略展开的，尽管对两种策略在理解上存在一定的差异。在讨论高等教育入学机会时，研究者注意到“文化大革命”时期推荐制度存在的机会主义行为，以及由此而导致那些出身不好者成为失败者的事实，同时也注意到，由于“文化大革命”后重点学校的兴办以及采取城市优先策略导致城乡之间、不同阶层之间获得高等教育的差异。对于这一点，国内外研究者还做了大量的研究。这些研究思路和研究成果为本书研究的开展奠定了良好的基础。但是，正如乔所指出的那样，对于中国教育发展的两种策略不能割裂开来分析，而这一点却被多数研究者忽略，他们一般采取政治、经济；精英教育、大众教育等二分法来进行比较和分析，事实上，两种策略从来都不是完全对立的，两种策略之间都互相包含共同的因素。并且把两者对立起来进行分析也是不合适的。因为，这些冲突仅仅是一种外显的特征，历史是具有连续性的。尽管有的研究者指出了这一点，但在分析中却把二者割裂开来。另外，还存在的一个割裂是把“毛泽东时代”和“后毛泽东时代”割裂开来认识。解释新中国成立以来的历史是复杂的，“毛泽东时代”和“后毛泽东时代”是一种断裂还是连续的关系似乎存在两种不同的主张，甘阳指出，中国改革开放以来的巨大成功很难解释，一方面，人们在评价改革成功的时候，总是隐含着对毛泽东时代的一种全面否定；另一方面，在认识改革所产生的矛盾时，有些人又常常用“毛泽东时代”来否定改革。在他看来，“毛泽东时代”和“后毛泽东时代”（邓小平及以后的时代）是一个连续而非断裂的关系。邓小平以后的改革是以“毛泽东时代”为基础的，我们不应该把改革开放的成就和“毛泽东时代”对立起来，而是要作为一个历史连续体来思考，要摆脱非此即彼的思考方式。①

此外，研究者更多的是从“公平”的角度对两种发展策略进行分析，关注“文化大革命”前后入学标准的变化对不利群体（工农子弟、妇女）获得机会的影响。他们更多的是借助统计数据来进行论证。但公平问题本身是很难界定的，世界银行的报告和乔所撰写的文章是明智的，他们并没有对两种策略进行优劣或者公平与否的评价，而只是通过显示数字，让读者自己进行判断。这在方法论上为本书的研究所借鉴，即关注事实本身，而不是停留在对概念的思辨之中。但他们的研究目的更多地在于揭示存在的问题，对于问题“为什么”如此，对政府在其中所扮演的角色却没有系统的论述，而这正是本书期待解决的问题。在研究方法上，多数研究者侧重于叙事性的解释，这一解释模式的优势在于能够让人们“生动”地了解“过去”时代的“图景”，即按事件发生的先后年代次序组织史料，将这些经过选择的史料编辑成为一个完整的故事。② 但缺乏整体和结构性解释的力度。然而新史学强调结构性的解释面临的困境在于把一般上升到抽象，因此，被批评为没有“人”的历史。本书试图把两种方式结合起来，把抽象的概括和具体的描述结合起来，以此来分析政府角色的变迁过程。

三、问题、视角与方法

（一）研究问题

1. 阐释新中国成立以来普通高等教育入学机会分配机制的基本特征

不同时期，高等教育分配机制具有不同的特征，描述和澄清不同时期高等教育入学机会的分配机制是本书的基础和前提。本书依据高等教育入学机会分配标准，将新中国成立以来高等教育发展划分为三个阶段。第一

① 甘阳. 通三统[M]. 北京：生活·读书·新知三联书店，2007. 22，38.

② 杨豫. 新史学的未来趋势（跋）[EB/OL]. http://bbs.nju.edu.cn/blogcon? userid = naomi&file = 1158933452/2007-12-06.

个阶段，主要按照政治标准和学术标准来分配高等教育入学机会（大致对应 1950—1957 年）；第二个阶段，政治标准成为主导（大致对应 1958—1976 年，不包括调整时期）；第三个阶段，学术标准被重新确立并且逐步向多元化标准转变（大致对应 1977 年至今）。这样的划分没有遵循严格的时间顺序，而是把那些表现出共同特征的事件放在一起进行分析。

本书的研究重点是公立普通高等教育入学机会的分配问题，之所以如此，是由于相对于成人教育、民办高等教育而言，无论在规模、质量还是影响力上，它都具有更多的优势和典型性。对于政府而言，它更能体现国家的意志和利益，对于个人而言，它更直接地影响着个人的升迁和流动。①在中国其他类型高等教育发展相对迟缓的情况下，这一特征体现得更加明显。

2. 探究支撑高等教育入学机会分配机制的制度建设及其价值、理念

即把高等教育入学机会分配标准和具体运行机制置于当时的历史背景中。任何外显的历史现象都不是孤立存在的，它存在的合理性只能在当时的历史情境中去寻找。新中国成立 60 多年来，社会政治、经济、文化经历了巨大的变迁，教育作为其中的一个子系统当然不能例外，要理清其中的发展脉络，必须回归到当时的历史场景中去，解释现象背后的原因。本书力图通过历史事件和事实来分析和比较“毛泽东时代”与“文化大革命”之后的社会历史背景，揭示不同时期高等教育的制度建设，以及高校招生政策背后的价值、理念的差异。这就需要对毛泽东的教育思想和“毛泽东时代”的教育方针以及“文化大革命”之后的教育理念及教育方针进行分析和比较。

3. 透过历史事件分析国家、高校、社会、个人之间的动态关系

高等教育入学机会的分配既体现着国家的意识形态导向、学校的使命和办学理念、社会与市场发展的需求，同时还体现着民主化进程中个体的权利诉求。图 1-1 构建了政府分配高等教育入学机会的理想模型。

从图 1-1 来看，政府分配高等教育入学机会的模式主要有以下几种：

① 本书主要分析中国大陆地区的高等教育入学机会分配机制，并没有涉及港、澳、台地区。

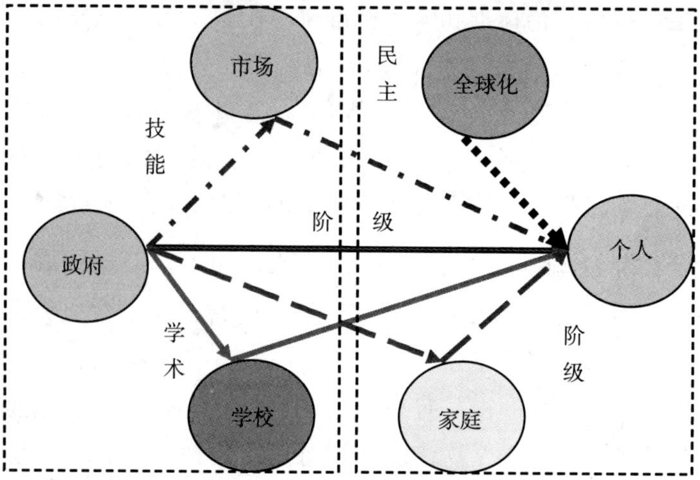

图 1-1　国家在高等教育机会分配中的角色模型

第一，国家根据个人表现直接分配入学机会，如在新中国成立初期，军人和工农干部通过工农速成中学直接可以进入大学深造；第二，国家根据家庭成分来分配入学机会，如“文化大革命”时期根据家庭出身和表现推荐上大学的制度；第三，国家根据市场的需要，通过兴办新的高等教育机构扩大高等教育入学机会，如英国的多科性技术学院、日本的私立高等教育机构、美国的社区学院以及我国的高职高专院校；第四，在民主化的压力下，对不利群体给予补偿，国家通过立法手段，使不利群体能够进入大学，如美国有肯定行动计划（Affirmative Action）以及根据 1968 年《高等教育法》修正案实施的针对不利群体的“追求卓越计划”（Upward Bound Program）和“发掘天才计划”（Talent Search Program）等，①澳大利亚实施的“高等教育贡献计划”（Higher Education Contribution Scheme，HECS）②等；第五，国家通过建立一种规则，把高等教育入学机会的分配权力交给学校，使学校能够根据自身的选材标准进行招生。如美国的大学招生有各

① 这两项计划是针对有潜力进入大学接受教育的低收入家庭的学生设计的，而肯定行动主要是针对在社会资本、文化资本等方面处于不利地位的人群，如黑人、妇女、少数民族的学生设计的。

② Christopher James Rasmussen：Effective Cost-sharing Models in Higher Education：Insights from Low-income Students in Australian Universities［J］. Higher Education，2006，(51)：1－25.

自的录取标准。除了参考 ACT 的成绩外，比较注重对学生的全面考察。在大学的申请表中，一般包括两个部分：第一部分是学生个人填写的，包括个人参加过的活动，取得的成就以及个人自述等；第二部分是由学校填写的，是高中老师对学生的学习成就、课外活动成就、个人的品质进行评价。此外，对于学生的各种表现，不同的学校又各有侧重。①

当然，以上的划分仅仅是一种理想模式。其实，高等教育入学机会的分配是诸多方面错综复杂关系的交织。因此，如何通过对高等教育入学机会的分配来分析和评价政府所扮演的角色，如何解释政府角色的变迁过程，政府的职能和角色是如何建构的，以及应该如何建构等问题，都需要置于特定的历史背景下去认识。其中，不同时期政府在分配高等教育机会中的角色变迁轨迹，以及导致不同时期政策预期与政策执行之间产生差异的原因是本书研究的核心问题。

（二）基本预设

首先，新中国成立以来，在分配高等教育入学机会的过程中，政府的角色由直接控制者，转变为一个调和相关利益人权利和利益的协调者。“毛泽东时代”执行的教育向工农开放的政策，仅就高等教育而言，既非出于对工农的“偏爱”，或者是对不利群体实施的大众化教育，②也并不是所谓一种平均主义倾向的教育价值使然，③事实上，它是出于“阶级改造”和实现“政权巩固”的目的，即对资产阶级知识分子的改造尚需时日，并且，在认为他们还存在右倾和修正主义危险的前提下，国家通过对学校的直接“控制”，从工农中直接录取大学生来达到培养自己的、“又

---

① http://www.commonapp.org. 2007-03-20. http://www.collegeboard.com/splash. 2007-03-20.

② 西蒙认为，中国在“毛泽东时代”的教育政策符合世界银行为发展中国家制定的教育政策取向，见 Suzanne Pepper. Radicalism and Education Reform in 20th-century China—The Search for an Ideal Development Model[M]. Cambridge University Press, 1996: 2. 董标. 毛泽东教育学在西方[J]. 二十一世纪网络版. 国内也有诸多学者认同这一观点.

③ 杨东平. 从权利平等到机会均等——新中国教育公平的轨迹[J]. 北大教育评论, 2006, (4): 2 – 11. Mark Sidel. University Enrolment in the People's Republic of China, 1977—1981: The Examination Model Returns[J]. Comparative Education. 1982, 18(3): 257 – 269.

红又专”的知识分子队伍的目的，并最终通过“三结合”（与政治、生产、工农结合）的方式，消除三大差别；而在“文化大革命”之后，由于这种控制走向高度的政治化，导致经济发展停滞不前。随着工作重心的转移和市场经济体制的建构，各方利益开始凸现，政府则充当起协调者的角色。它不再直接介入到高等教育机会的分配过程中，而是通过制定规则（如分数面前人人平等）来规范和调节不同利益相关者，如政府、社会、学校、个人的权利和利益。

其次，作为协调者的政府奉行“效率优先，兼顾公平”的基本原则。通过鼓励一部分人先富起来，政府从直接针对分配结构的政策转向简单地纠正资源分配不平等的政策，从直接的控制和调节转变为对不同利益群体的协调。由于政府在一定程度上“退出”之后，并没有有效地进行制度调节与干预，导致不同群体在获得高等教育入学机会方面存在很大差异。在社会资源、文化资源、经济资源方面占有优势的群体享有了更多、更优质的高等教育，而那些在各个方面处于劣势的群体则在分享高等教育机会方面处于不利地位。因此，就需要政府强化其公共职能，提高和改善不利群体的处境。

最后，在市场机制和社会法律制度尚未完全健全的情况下，国家的权力和责任没有得到明确的界定，相应地其他利益主体的权利和义务也不明晰。这就导致国家在让渡权力和承担责任之间处于不均衡的运作状态，即所谓“放权”与“收权”所导致的两难境地，实际上是国家对自己的权力和责任不断调整的过程。这事实上体现出福山所谓国家职能范围与国家权力强度之间的矛盾。从逻辑上而言，国家职能范围一定程度上的“退出”与国家权力强度的增加在某种程度上是成正相关的。而在我国则呈现另一种倾向，即国家在一定程度上放弃“责任”的同时，又在一定程度上加强对“权力”的控制，由此导致国家权力运作在“缺位”与“越位”之间摇摆。因此，改革的基本方向是进行国家重构，进一步明确国家职能的范围和性质，均衡其权力和责任。

需要指出的是，不能根据预设的结论建构和分析材料，为了避免自我假设的循环论证，这些预设在本书中是被“悬置”起来的，也就是说，这些假设尚待证明，还必须经过“严格”的论证。

（三）研究目的

本书的目的主要不在于提出和建构各种改革方案，而是着力于描绘和勾勒一幅历史变迁的图景，并在此基础上进一步阐释不同时期政府在高等教育机会分配中的角色演变历程。这样做的意义如下。

1. 常识话语的反思，对中国高等教育入学机会分配机制的“再解释”

对常识的反思和批判并不是否定常识，而是要对常识保持警惕，即避免用惯有的思维分析问题，把“显而易见”的事实当作“理所当然”的事实。迪尔凯姆和布迪厄对科学知识和常识做了严格的区分。迪尔凯姆指出，最常用的思维方式可能最有碍于社会现象的科学研究，所以大家应当警惕第一印象的影响。之所以如此说，是因为他认为，常识容易与客观事实割裂。任何观念或者概念，不管人们给它们什么样的名称，都不是事物的正当替代者。它们产生于日常经验，其主要目的是使我们的行为与周围世界相协调。这些观念和概念并不一定要忠实地反映事物的本性。因此，无论用什么样的方式形成观念，都永远不能发现实在的规律。因此，当我们试图解释一种社会现象时，必须分别研究产生该现象的原因和它所具有的功能。一般社会现象并不是为了它所产生的有用结果而存在。应该确定的是，我们所研究的社会事实与社会有机体的普遍需要是否一致，这种一致性表现在哪些方面，而不必知道这种一致性是否符合我们的意图。① 布迪厄走得比迪尔凯姆更远，在他的反思社会学中，不仅从常识和科学知识的角度来反思，还要从研究对象和观察者之间的关系反观自身，即进行“彻底的质疑”。② 社会科学研究者既必须学习已被检验过的现实建构工具（研究范式、问题框架、概念、技术、方法等），同时又必须具有一种严肃苛刻的批判性情，表现出无畏地质疑这些工具的倾向。这一点几乎是很多社会学家都忽视的。

然而，在对具体的问题进行分析和判断时，人们仍容易把常识与科学知识混淆起来，其核心在于对观念、概念和理论的迷信与误用。具体而

---

① ［法］E. 迪尔凯姆. 社会学方法的准则［M］. 狄玉明译. 北京：商务印书馆，2004. 36，111.

② ［法］皮埃尔·布迪厄，［美］华康德. 实践与反思：反思社会学导引［M］. 李猛译. 北京：中央编译出版社，2004. 355－358.

言，主要体现在两个方面：其一是简单移植一些概念、理论（特别是西方的一些理论和观点）用以分析中国的现实。这一现象既存在于西方学者的理论研究中，也存在于中国学者的分析框架之中。甘阳指出，西方学者从“西方中心主义”的立场出发，遵从西方的学术逻辑研究中国问题，但是他们发现，中国的很多情况按照西方的逻辑是解释不通的。因此，美国学者乔舒亚·库珀·雷默（Joshua Cooper Ramo）提出以“北京共识”取代“华盛顿共识”的观点，提醒大家注意，理解中国是非常困难的，不能按照各种流俗的看法来了解中国。例如，中国晚清时期，整个传统文明彻底瓦解，按照西方的逻辑，一个古老文明在现代崩溃，就不能再维持成为一个统一国家，而是应当分裂成很多国家；对于中国改革开放之所以成功，西方学者同样不可理解，因为相比较于苏联、东欧国家，中国的工业化、现代化、国民受教育程度要低得多，它们尚未成功，中国又何以可能。① 然而，值得注意的是，很多中国学者也热衷于从“西方”的理论和视角来认识和分析中国问题。苏力在分析中国的中央与地方分权时指出，我国目前的政制研究一般关注常规社会（或宪政社会）的根本构架和权力配置问题，这种研究显然与当代中国社会有点儿脱节。其中最重要的是中国还是一个转型社会。这种研究路径往往是事先已经有了结论，把据说是公认正确良好的宪政制度传播到当代中国。这种研究路径只能算是发生在中国转型期的研究，而不是有关中国转型期的政制研究。② 邓正来在《中国法学向何处去》中提出什么是“中国”以及如何认识和解释“中国”的问题？在他看来，中国法学在1978年以来存在的种种问题，比如说自觉不自觉地受着所谓“现代化范式”的支配、不加质疑地把西方社会的制度性安排转化成“法律理想图景”予以引进和信奉、进而遮蔽甚或扭曲中国现实社会结构或中国现实问题等，都在根本上涉及了我们重新定义“中国”、如何重新定义“中国”和根据什么定义“中国”的问题。“中国”既是我们思想的出发点，又是我们研究的对象。③ 这就很容易导致远离“本土”的

① 甘阳.通三统[M].北京:生活·读书·新知三联书店,2007.8,12,20.

② 苏力.当代中国的中央与地方分权——重读毛泽东《论十大关系》第五节[J].中国社会科学,2004,(2):42-55.

③ 邓正来.中国法学的批判与建构.中国学术论坛[EB/OL].http://www.frchina.net.2006-10-12.

历史和语境，把中国过去的历史和实践简单化和抽象化，从而提出一种“理想化”的社会建构方案，即把一种公认正确良好的策略和制度（通常是来自于西方成熟的理论和实践）—— 通过大众宣传—— 布施于当代中国。由于它未能考虑中国的现实和历史变迁，容易把模式套用于现实，从而使抽象的结构概念物化（reify）。① 其二，人们容易把熟知的历史和事实看作“真实”和“理所当然”的事实。这些东西人们自以为熟知，但如果继续追问，就会发现自己的无知。更需要指出的是，人们习惯于站在今天的立场，去裁剪和诠释过去的事件，然后回身用以分析今天的现实。例如，新中国成立初期，以及教育“革命”时期，依据家庭成分、政治出身分配高等教育入学机会的做法一般被认为是“不公平”的，这其中，对于何谓“公平”本身需要进行辩护，对于产生这一举措的历史缘由需要进行探索和分析，并把它们置于当时的历史情境中进行分析。因此，就有一个“重新认识中国”的需要。本书的目的正是通过回归“本土”，回归“当下”的历史场景，追寻政策实践背后的逻辑，以此对不同时期的高等教育入学机会分配机制进行解释。但是，回归历史场景并不是去发现所谓可观的、唯一的和真实的历史事实，而是需要在历史事实和个人建构之间谋求一种持久的互动。

2. 揭示在高等教育入学机会分配机制中政府角色的历史变迁和实践逻辑

随着高等教育入学人数的激增，如何确保高等教育入学机会分配的合理性与公正性成为世界各国政府面临的共同难题，各国政府不断出台新的政策进行积极的干预，有些做法（如通过立法对低收入家庭的学生提供资助等手段）对于扩大不利群体获得高等教育机会效果明显，并具有很大的普适性。但仍需注意的是，一种“最佳的做法”在一个国家取得成功，并不意味着在其他国家也同样会成功。另外，目前国内学者对于高等教育入学机会问题的研究主要体现在两个方面，其一是属于理论思辨层面，着重于对“公平”概念的阐释和分析，这对于澄清问题具有一定的意义，但理论与现实之间的隔离对于分析和解决现实问题还存在一定的差距。因为，

① [法]皮埃尔·布迪厄,[美]华康德.实践与反思:反思社会学导引[M].李猛译.北京:中央编译出版社,2004.8.

公平作为一种价值判断，具有很大的历史性和相对性，对公平问题的讨论必须把它镶嵌在社会发展进程之中；其二是通过实证的研究，指出城乡、区域、阶层等不同群体在高等教育入学机会方面存在的差异。这种分析对于我们发现和认识存在的问题不无裨益，但是这些研究是一种“横截面”式的研究，在揭示了“是什么”的问题后，并没有解释“为什么如此”的问题，尽管有些研究者从制度分析的视角进行解释，但却没有说明当时为什么会出现那样的制度安排。① 从当前的研究现状来看，国内的研究者很少把高等教育入学机会的分配政策置于特定的历史场景中进行分析，而国外研究者对中国高等教育的研究多数是一种“场外”的研究，套用西方的理论来对中国的教育现象进行解释和说明（如，国外学者把“文化大革命”时期的教育政策看作一种面向不利群体的大众化的教育，②并侧重于从权力争夺的视角分析中国的政策变迁等）。另外，多数国内研究者提出的对策和建议属于一种应然的理论建构。正如迪尔凯姆告诫的那样，我们应该抛弃这样一种至今仍然极其流行的习惯，一旦认为一种制度、一种习俗、一种道德准则是好的或坏的，就不加区别地认为它们对于任何类型的社会来说，都是好的或坏的。说一个社会事实是正常的，只是对处于一定发展阶段的一定的社会种而言。要想知道它有没有权力获得这一称呼，只观察它以何种形态出现在同属于这一社会种的大多数中还是不够的，还必须仔细考察社会在改进化阶段的发展情况。③ 这就提醒我们注意，对于一

① 尽管有些研究者从历史和制度层面进行了分析，但多数是对不同时期历史和制度设计的“特征”进行描述。也有研究者把教育获得的模式划分为三类：第一类是文化再生产模式；第二类是资源转化模式；第三类是政策干预模式，并把“文化大革命”时期看作典型的政策干预模式，见李煜．制度变迁与教育不平等的产生机制——中国城市子女的教育获得(1966—2003)[J]．中国社会科学，2006，(4)：97－109；当然，国内外也有很多很优秀的研究成果虽然不是直接的，但是也从一个侧面为本书的研究进展提供了丰富的史料和观点上的启发．

② 笔者认为，对于不利群体的界定应当置于不同的历史时期进行判断，事实上，在反右斗争扩大化的时候，由于强调政治标准，那些家庭成分(政治资本)不好的家庭子女在入学机会方面处于不利地位。

③ 迪尔凯姆把一个社会中具有最普遍形态的事实看作正常现象，而其他事实则为病态现象或病理现象。但是一个事实只有根据它所规定的“种”的关系才能说明其是正常还是病态。脊椎动物的健康标准与软体动物的健康标准完全不一致。见[法]E．迪尔凯姆．社会学方法的准则[M]．狄玉明译．北京：商务印书馆，2004．75．

项政策、一项举措，继而言之对政府的角色的理解，应当置于特定的历史中进行认识。

为了避免在脱离本国国情的情况下，片面移植国外经验而导致“普洛克路斯忒斯之床”①的现象，本书通过纵向的历史分析，把高校招生政策与不同时期的历史事件（如学习苏联经验、学制改革、“大跃进”、反右派、“文化大革命”、市场化等）等结合起来分析，从而展示不同时期高等教育入学机会分配的机制和特征，揭示问题背后的缘由，即通过提供斯科特的所谓“本地知识”揭示中国政府在不同时期解决高等教育入学机会分配问题上的实践逻辑，为预测改革的走向提供一定的参考。

（四）研究视角及研究方法

1. 研究视角——历史比较的视角

研究视角为研究目的所需。所谓研究视角，是指依照一定的规范和范畴整理和建构研究资料，通过这些规范和图式，各种散乱的现象能够具有一定的意义。就本书而言，主要从纵向的历史比较的视角整理和建构分析材料。

如前所述，为了避免研究者不在场的情况下陷入对概念“抽象化”的思辨，或对社会方案“理想化”的建构，本书试图追求一种更为广义的研究路径，即追寻中国社会变迁中存在的问题和实践本身蕴含的逻辑，试图分辨由于研究者的“不在场”，导致理解和分析社会变迁和政府角色演变过程中可能被错失或者被过滤了的变量，从而探求在中国高等教育入学机会分配过程中的经验教训以及政府职能可能改进的路径。这种研究路径更强调一种历史性的研究，强调真正关心一个具体的国家——在本书中就是中国——这一意义上，政府在分配高等教育入学机会方面实际的实践活动、存在的问题以及制约因素等。这就需要研究者进入“场内”，进行“在场”的研究。当然，这样并不是否认我们能够借鉴西方学者的观点和已经成型的理论构想，而是如何把“在场”和“不在场”的观点充分结合

① 普洛克路斯忒斯（Procrustes）是一位国王，据公元前1世纪古希腊历史学家狄奥多（Diodoros，约公元前80—前29年）所编《历史丛书》记述：他为了让床符合客人的身长，把太高的人双腿截短，把太矮的人身体拉长。

起来进行分析的问题。事实上，理解和解释中国的高等教育入学政策需要不断经历“进入”和“走出”的过程。①

无论是“在场”还是“不在场”的研究均需借助文本，因为我们并无可能使时光倒流，进入真正的历史场景之中。这就关涉如何看待事实文本本身，即历史研究的目的是什么。马克·布罗赫提出了历史研究是在于重现历史，还是在于建构和分析问题。②进一步而言，我们借助历史文本是否能真的“还原”历史的“真实”面目。卡尔指出，我们接触到的历史事实从来都不是“纯粹的历史事实”，因为，历史事实不以也不能以纯粹的形式存在，历史事实总是通过记录者的头脑折射出来。中世纪史研究专家巴勒克拉夫指出，我们所读的历史，尽管基于事实，但严格地说，根本不是事实，只是一系列接受下来的判断。历史学家需要对历史事实这一问题进行仔细的研究，对于所有历史学家一样的所谓基本的事实，通常属于历史学家的那类原始材料，而不是历史本身。构建这些基本事实不是依据这些事实本身的任何特性，而是依据历史学家“先验”决定。③波普尔同样认为，科学不只是“一堆事实”，它至少是一种搜集，因此要依赖于搜集者的兴趣与观点。同时，根据我们搜集的事实，它们多少与先行的理论有关。④

这其中就涉及研究者与文本或者与研究对象之间的关系。在此，卡尔指出，历史学家在事实面前既不是卑微的奴隶，也不是专制的暴君。历史学家与历史事实之间的关系是一种平等的、互动的关系。就像任何正在从事研究的历史学家知道的一样，当他在思考和写作时，假如他停下来想想他正从事的一切，就会意识到历史学家从事的工作是一个不断地让事实适合于解释，让解释适合于事实的过程。让一方处于比另一方更重要的地位，这是不可能的。历史是历史学家与历史事实之间连续不断的、互为作

① 周作宇.学科分层与哲学社会科学的能力建设[J].科学中国人,2004,(8):14－15.

② 马克·布罗赫在《历史学家的技艺》,以提问的方式表明两种观点:历史是对“过去”的再现还是重构?对于历史是应该批判还是分析?上海:上海社科院出版社,1992.101.

③ [英]E.H.卡尔.历史是什么?[M].陈恒译.北京:商务印书馆,2007.96,102,92.

④ [英]卡尔·波普尔.开放社会及其敌人(第二卷)[M].郑一明等译.北京:中国社会科学出版社,2007.391.

用的过程，就是现在与过去之间无休止的对话。①

在分析了研究者与研究材料之间的关系之后，还面临的问题是研究者应当如何建构研究材料。卢卡奇在总结马克思主义辩证法的本质时指出，马克思主义是一种方法论，马克思主义辩证法的本质是具体的总体，它的意思就是要对人类的社会生活进行整体全面的理解，不能以单纯的自然因素来揭示历史，而是要将主体与客体的全部社会运动作为历史的基础，突出人类物质存在活动的实践性、社会性。如果我们要理解某个特别的历史事件或过程，那么我们就必须把他看作一个具体的整体的一个方面。他批判了在历史研究中把每一个被考察的历史对象变成一个不变的单子的做法。在这样的逻辑框架下，这个单子和其他单子是不产生相互作用的。它虽然因而保持了一种个体的独特性，但这种独特性却仅仅是事实的独特性。价值关系丝毫也不改变这种结构……就像这种个体的历史单子的相互关系是一种表面的、只是对它的简单的事实性加以描述的关系一样，它们和指导挑选的价值关系原则的关系也是纯事实的、偶然的。② 具体到本书中，主要侧重于对政策文本和历史事件的建构和分析。这就需要对政策文本的阐释研究不能仅仅停留在探讨文字或话语的分析，而有必要把政策文本当作一种社会实践来理解，因为作为一份记载着政府在特定时空所作的一种权威价值分配的政策文本，它必然对社会现实及相关个人的存在产生深刻的影响，即政策文本蕴涵着重要的社会、政治及权力的含义。③

但在对史料进行具体的解释和分析时，似乎又存在两种不同的路径。有学者比较了传统史学和新史学的差异（见表1-3）。④ 事实上，这种划分并不是绝对的，在本书中对两种方式各有取舍，互有侧重。在研究对象上和史料范围上主要集中在“政治”主题以及政策文本、统计数据方面，其他资料辅之；在研究方向上，把自上而下的观察方式与自下而上的观察方式结合起来；在解释模式上，侧重结构分析，辅之以对事件的叙述。

---

① ［英］E. H. 卡尔. 历史是什么？［M］. 陈恒译. 北京：商务印书馆，2007. 115.

② ［匈］卢卡奇. 历史与阶级意识［M］. 杜章智等译. 北京：商务印书馆，2004. 5，237.

③ 曾荣光. 教育政策研究：议论批判的视域［J］. 北京大学教育评论，2007，(4)：2－30.

④ 杨豫. 新史学革命：法国年鉴学派简介［EB/OL］. http://worldhistory.phpwind.net. 2007-04-25.

表 1-3　传统史学与新史学研究方法比较

	传统史学	新史学
研究对象	以“政治”为研究主题	着重人类所有面向的活动
研究方向	站在统治者的角度由上往下观察	以民众的立场由下往上观察
史料范围	以文书(官方档案)数据为主	认为各种材料都可以利用,口述、统计等方式
解释模式	重视“事件的叙述”	注重“结构的分析”

2. 研究的方法——文本分析法

进入历史场景主要借助于文本，因此本书主要采用文本研究法。文本的整理分为两个既有联系又有区别的层次，其一是客观的历史，即历史上曾经发生过的教育事实；其二是记录的历史，是人们对“客观”事实的记录，它是后人研究的依据。① 正如前述，研究者很难进入“真实”的历史场景，对于历史的研究更多地需要借助记录的文本。受传统史学和新史学研究方法的启示，本书在文本整理上按照两条线索进行：其一是对新中国成立以来有关高校招生的直接的和间接的政策文本进行整理；其二是整理其他各类相关资料。具体又可分为四个部分：（1）各个时期领导人的文集，如《毛泽东选集》《邓小平文选》等。整理这一部分文本的目的在于了解和把握领导者对当时形势的判断，及其对政策制定的影响。（2）新中国成立以来《人民日报》和《人民教育》杂志发表的主要评论性文章。整理这一部分文本的目的在于了解政策执行的状况，以及论者对政策的评价，并且在一定程度上可以了解当时的社会背景。（3）各时期学者的文章和回忆录等，相对于前两者，这是一种接近“民间”的声音。通过对三

① 教育史研究者把教育史资料分为四个相互联系又存在区别的层次,即客观的教育史(教育史Ⅰ)、记录的教育史(教育史Ⅱ)、教育史学科(教育史Ⅲ)和教育史学理论(教育史Ⅳ)。教育史Ⅰ是指历史上曾经发生过的教育事实;教育史Ⅱ是对客观的教育史的记录,成为后人研究的依据;教育史Ⅲ是指历史上的教育成为专门的研究领域,形成相应的观念、方法、范畴和体系;教育史Ⅳ是指形成有关教育史研究的专门理论。杜成宪、章小谦:关于教育史评论的理论思考[J]. 华东师范大学学报(教育科学版),2003,(1):65－73.

个层次资料的分析和整理，就能基本上对当时政策出台的背景、制定政策的动因等方面进行把握和理解。（4）各个时期的统计年鉴、教育统计年鉴以及学校招生档案，掌握这部分资料的目的在于解释和反映不同时期教育政策执行的效果。公共政策是政府的主要行为方式，①对不同时期高校招生政策文本以及相关文本的分析，是本书理解和分析政府角色的主要途径。

除此之外，为了弥补文本资料的不足，以及由于个人偏爱和视域狭窄的限制，在本书的准备阶段和撰写阶段，笔者不仅向导师请教相关问题，还通过参加学术会议的契机向香港中文大学、北京大学、华中科技大学以及教育部考试中心等不同领域的专家和学者请教与本书相关的问题。通过正式和非正式的访谈和交流，拓展了本书的研究视角，并为本书的写作带来很多启迪。

由于本书研究的问题是新中国成立以来高等教育入学机会分配中政府的角色，它既需要以政治学、社会学、教育学等相关理论为指导，又需要了解新中国成立以来不同时期教育变革、招生政策以及政府职能的演变。因此，本书的研究方法必须考虑多学科综合的视角。

① 张国庆.现代公共政策导论[M].北京:北京大学出版社,2002.1.

第二章

政府在高等教育入学机会分配中角色的厘定①

政府角色是一个永恒的争论焦点,今后也不可能停止这种争论。尽管每个人可能都希望国家以某种方式采取行动,但在政府该干些什么的问题上,几乎是有多少不同的人,就有多少种看法。

——[英]弗里德里希·奥古斯特·冯·哈耶克②

公正具有一张普洛透斯似的脸,变幻无常,随时可呈不同的形状。当我们仔细看这张脸并试图解开隐藏其表面之后的秘密时,我们往往会深感迷惑。

——[美]埃德加·博登海默

第一节　政府角色的不同面向

高等教育入学机会的获得被要求建立在个人的能力和学术水平基础之

① 在本书中,国家和政府的含义是一致的,国家从来都不是一个抽象的概念,国家的利益是通过政府的具体活动来体现的,虽然政府也是由具体的人组成的,代表某一个集团或阶级的利益,但是,政府活动的"合法性"在于把自己的利益上升为"国家利益"。并且,任何一个当政的政权,为了谋得更大的合法性,除了要代表本集团或阶级的利益外,还必须具有某种公共职能。因此,英国著名的国际政治学家 H. S. 沃特逊(Hugh Seton Watson)曾建议把(民族)国家利益(national interest)一词改为(政治)国家利益(state interest)或者干脆直接改称为"政府利益(government interest)"。见吴惕安,俞可平. 当代西方国家理论辨析[M]. 西安:陕西人民出版社,1994. 356.

② [英]弗里德里希·奥古斯特·冯·哈耶克. 通往奴役之路[M]. 王明毅等译. 北京:中国社会科学出版社,2007. 94.

上，这一点已被世界公认。联合国教科文组织《反对教育歧视公约》“使高等教育根据个人成绩对一切人平等开放”的规定以及《经济、社会、文化权利国际公约》“高等教育应根据成绩，以一切适当方法，对一切人平等开放”的规定，《世界人权宣言》“……高等教育应根据成绩而对一切人平等开放”“任何人不得因其种族、性别、语言、宗教，也不得因其经济、文化或社会差别或身体残疾而被拒绝接受高等教育”的规定都对此进行了清晰的说明。由于这一标准取代了世袭制导致的特殊阶层对教育的垄断，实现了教育机会向所有有能力者开放，被看作社会文明进步的标志。然而，围绕着这一标准本身以及由于这一标准导致的后果，却引发了各国理论研究和政策实践的重大分歧，其部分原因是由于人们对这一分配机制认识的深入，更重要的原因是人们对政府角色本身认识的差异。本书试图以入学标准为切入点，对经济新自由主义的不干预说，政治新自由主义的干预说以及马克思主义的社会重构说等三类主张进行梳理和分析。

一、天赋自由与政府不干预说

主张政府不干预是古典自由主义以及经济新自由主义（Neoliberalism）的基本观点。①古典自由主义以亚当·斯密的经济学说为代表。经济新自由主义的代表主要有奥地利裔英国经济学家和哲学家弗里德里希·哈耶克（Friedrich Hayek）、美国经济学家米尔顿·弗里德曼（Milton Friedman）、诺奇克（Robert Nozick）等。其基本主张是“管的最少的政府是最好的政府”。

自由主义思想在西方有着浓厚的传统，其核心价值在于“天赋自由”，主张机会平等。相信人的尊严，相信根据自身的意志来尽量发挥自己的能力和机会，只要在不妨碍别人进行同样的活动的情况下。每个人都

① 自由主义流派纷呈，观点混杂，对他们的认识和归类也存在很大的困难，如古典自由主义、新自由主义、放任自由主义等，很难对此进行明确的界定。正如弗里德曼所言，自由主义已经成为一个被滥用的名词。张纯厚区分了当代西方两种新自由主义，西方存在着“New Liberalism”的新自由主义和“Neoliberalism”的新自由主义，前者称为政治新自由主义，后者称为经济新自由主义。见张纯厚．当代西方两种新自由主义——政治新自由主义与新保守主义的对立[J]．政治学研究，2010，(3)：105－112.

有得到自由的平等的权利。① 丹尼尔·贝尔认为，机会均等的原则正是建立在自由主义这一基本主张之上的：它主张个人——不是家庭、社团或国家——是社会的单位，社会的安排是为了使个人有机会实现目的：可以通过劳动去获得财产，通过向上流动取得与他的才能相应的地位。社会机构应该给那些有不同愿望的人提供公平及更多的竞争机会。这样，机会均等原则上取代了所谓地位上的优先、裙带关系和其他不靠才能参与竞争的一切标准。② 更值得一提的是，在自由主义者看来，个人与生俱来的天赋和能力是一个有关个体的不可剥夺的事实，无论更广泛的社会目标的价值如何，我的个体的完整性都要求它不被篡改。在布劳和邓肯看来，从先赋的地位到获得的地位是工业社会基本演化的必然结果，或许不止于此，它也是自由社会的必要条件。

正是由于这样的一种原则符合自由社会的本性，在自由主义者看来，它既与自由契合，也不与平等相悖，政府的基本职责就是创造和维护一个有利于自由竞争的社会。国家是保障人的最大财富——自由——的条件，人在国家中最优越的地位是，最多姿多彩的个性，最地道的独立自主和各种个人之间的同样最多姿多彩和最诚挚的结合并存。因此，国家机构的设置应尽可能少地给这个终极目标制造障碍。③ 因此，他们反对破坏这一规则的任何企图，即使这一规则有可能带来不同群体实际差异的扩大。在他们看来，这是不完全竞争导致的结果，而不是自由本身的弊端，增进社会福利的唯一真实的源泉在于市场。④ 哈耶克毫不掩饰对此的辩护：

在竞争的社会，穷人的机会比富人的机会所受到的限制多得多，这一事实丝毫也不影响另一事实的存在，那就是在这种社会里的穷人比在另一种不同类型的社会里拥有很大的物质享受的人要自由得多。虽然在竞争制度

① [美]米尔顿·弗里德曼.资本主义与自由[M].张瑞玉译.北京:商务印书馆,2006.5－7.

② [美]丹尼尔·贝尔.英才治国与平等[A].张人杰.国外教育社会学基本文选[C].上海:华东师范大学出版社,1989.254.

③ [德]威廉·冯·洪堡.论国家的作用[M].林容远等译.北京:中国社会科学出版社,2005.12－173.

④ [匈]安东尼·德·雅赛.重申自由主义[M].陈茅等译.北京:中国社会科学出版社,1997.2.

下，穷人致富的可能性比拥有遗产的人致富的可能性要小得多，但前者不但是可能致富，而且他只有在竞争的制度下，才能够单独依靠自由而不是靠有势力者的恩惠获得成功，只有在竞争制度下，才没有任何人能够阻挠他谋求致富的努力。①

即使针对存在的歧视（种族、宗教和性别等方面的歧视）——这一破坏自由竞争原则的痼疾，在他们看来，解决的途径不是通过政府的干预而是竞争。弗里德曼在分析资本主义与歧视时指出，自由市场是把社会歧视缩小到最低限度的主要原因。② 为确保资本主义所宣扬的自由竞争秩序，契约精神和法权观念便应运而生。哈耶克认为，最能清楚地将一个自由国家的状态和一个在专制政府统治下的国家的状况区分开来的，莫过于前者遵循被称为法治的这一伟大原则。同时他引用卡尔·曼海姆的话进一步解释，成文法的基本原则只有在资本主义自由竞争的状况下才能得到承认。③

自由主义对自由和个人权利的崇尚，使得他们对政府的干预保持高度的警惕。并对政府以促进社会平等和公正的名义进行的干预给予严厉的诘问：政府干预的理由是什么？ 自由主义者认为，个人是唯一的实体，社会或国家既不是实体，也没有生命，所以，要求为了国家或社会的利益而牺牲某些个人的利益，实质上是为了一些人的利益而牺牲另一些人的利益，那是不道德的，也是不能得到证明的。存在着不同的个人，他们拥有个别的生命，所以任何人都不可以为了他人而被牺牲。④人类社会本身就存在一种不以人的意志为转移的自然秩序， 一旦受到外在干涉或强制，就可能丧失。因此，国家并不需要对公民正面的福利作任何关照。所有为了福利而采取的措施如法律、奖励、奖赏都有可能损害或者限制人的自由，并且还

① [英]弗里德里希·奥古斯特·冯·哈耶克.通往奴役之路[M].王明毅等译.北京：中国社会科学出版社，2007.100.

② [美]米尔顿·弗里德曼.资本主义与自由[M].张瑞玉译.北京：商务印书馆，2006.119.

③ [英]弗里德里希·奥古斯特·冯·哈耶克.通往奴役之路[M].王明毅等译.北京：中国社会科学出版社，2007.73.

④ [美]罗伯特·诺奇克.无政府、国家和乌托邦[M].姚大志译.北京：中国社会科学出版社，2008.40.

会因此增加国家行政管理本身的困难，增加为此所需要的手段，因而成为种种弊端的渊源。①

因此，自由主义者对政府实施优先政策，如肯定行动（Affirmative action）进行了批判。他们认为，个体的就学、就业应该完全以才能和实力为标准，因为，这一标准保证了所有人完全平等地进行竞争，确保胜利唯有通过个人的努力（而不是上层精英阶层的指定）才能获胜。②如果承认每一个人都是平等的，每个人都具有与他人一样重要的生活，那么具有同样资格的其中一方（如白人男性）为什么被选择出来做出牺牲。如果这样的诘难是合理的话，那么，所谓优先政策就破坏了自由的原则。在他们看来，个人身份、地位或财富的大部分差异归根结底可以被认为是机会的产物，是他们幸运（或不幸运）所继承的遗传因子。③在自由主义者看来："处境不利者"的存在不是由于历史的、社会的问题(其假设前提是社会为每一个人提供了平等的机遇)，而是由于自身不可避免的缺陷(包括能力和条件的差异)，或者由于偶然的机遇等。建立在契约基础上的资本主义社会是近乎公正的。④每个人都有同样的机会，因此它是在合乎正义的原则获得的所有物。一个人幸运地成为一个白人，出生于一个富裕的家庭，继承了父母的天赋等在道义上并不能为他们因此就屈从于优先政策进行辩护。

C. 詹克斯的研究似乎也佐证了这一点。他和他的同事在研究家庭和学校教育对流动的影响时总结说：

贫穷首先并不是继承的，出生于贫穷的孩子往往比别人更有机会结束贫困，一代人与一代人之间有着很大的经济流动。一个家庭中兄弟间的经济

① [德]威廉·冯·洪堡. 论国家的作用[M]. 林容远等译. 北京：中国社会科学出版社，2005. 36，54.

② [英]拉尔夫·H. 特纳. 赞助性流动、竞争性流动和学校教育[A]. 张人杰. 国外教育社会学基本文选[C]. 上海：华东师范大学出版社，1989. 93.

③ [美]米尔顿·弗里德曼. 资本主义与自由[M]. 张瑞玉译. 北京：商务印书馆，2006. 178.

④ 魏小萍. 契约原则是否带来了自由和平等——国外马克思主义者与自由主义者的论战[J]. 哲学研究，2002，(3)：12－18.

差距就和社会上存在的差距一样大……在考试中取得高分的人之间与社会上的一般人一样也有许多经济上的不平等。

我们的研究发现,许多解释经济上不平等的理论都不正确。我们不能把经济上的不平等首先归罪于一个人靠遗传获得的理解抽象事物的能力,因为,获得相同成绩的人之间存在的经济的不平等与社会的不平等一样普遍。我们也不能责备父母,说主要是由于他们才把不平等的经济地位传给了他们的子女,因为尽管许多父母经济地位相同,但他们的子女的经济地位就像一般人的经济地位一样大相径庭。我们也不能把经济不平等的原因归罪于学校,因为学校之间的差别似乎对学生成绩产生很小的影响。经济上的成功似乎依赖各种运气和工作才干,这些才干只与家庭背景、学历和考试成绩保持着松散的联系。①

因此,以成绩和能力为基础,但又不完全依赖这两者的不平等状况的存在构成了不公正的事实。

进一步的批判存在于对政府干预的合法性的质疑以及对干预的实际效果和可能带来的后果上。诺奇克指出,在西方社会中,没有任何集中的分配,任何人或任何群体都没有资格控制所有的资源,都没有资格共同决定如何把它们施舍出去,②政府的干预不仅不能获得预期的效果,反而还会损害自由。例如,优先政策阻止学校选择更合适的学生。而在哈耶克看来,那些许诺通过政府计划能够带来更大自由和平等的社会主张,事实证明是一条通向奴役的道路。他引用沃尔特·李普曼博士的话指出:

当人们放弃自由,转而强制性地将事务加以组织起来的时候,情况会怎么样。尽管他们期望一种更富裕的生活,但他们在实践中肯定放弃了这种愿望;随着组织管理的增加,目标的多样化必定会让位于一体化。这是对有计划的社会和人类事务中独裁主义原则的必然报应。③

---

① [美]丹尼尔·贝尔.英才治国与平等[A].张人杰.国外教育社会学基本文选[C].上海:华东师范大学出版社,1989.257.

② [美]罗伯特·诺奇克.无政府、国家和乌托邦[M].姚大志译.北京:中国社会科学出版社,2008.179.

③ [英]弗里德里希·奥古斯特·冯·哈耶克.通往奴役之路[M].王明毅等译.北京:中国社会科学出版社,2007.31.

批判的声音还有对在优先政策中受惠群体的关怀，认为这一政策会损害他们中一些人的自尊，因为，如果没有那些政策，他们能够同样获得机会，但他们无法判定自己不在受益者之中。①

简而言之，自由主义所代表的，乃是一种“保障个人权利”，“缩减政府功能”的原则。他们主张每个人都有权利依据他所选择的方式生活，只要他尊重别人同等重要的生活。② 进一步而言，他们坚信，自由的竞争不仅有利于个人自由的维护，而且有利于平等的实现。因为它给予每个人同等实现自己意愿的机会。国家既不是个人自由的保护者，也不能凌驾于个人自由之上，因为它与每个人都应对自己的命运负责的信念是相悖的。③

对于这一主张的现实回应，是肯定行动在美国的一些州开始被取消。1996 年，加利福尼亚州“209 提案”（Proposition 209），全称《加利福尼亚民权动议》（California Civil Rights Initiative）开始生效。“209 提案”规定，加利福尼亚州在公共就业、公共教育，以及公共合同领域取消了对少数种族和妇女的肯定性行动计划，其他多个州也先后通过了类似的法案。④于是，长期以来在解决与种族主义历史休戚相关的社会不公问题上，原本大有可为的政府以及包括高等院校在内的相关机构被拒之门外，市场取而代之，成为决定谁接受高等教育，谁不能进大学的因素。⑤

自由主义的主张是建立在对完全自由竞争社会的推崇和对完全“计划性社会”的批判基础之上。然而，自由主义者是以“社会契约论”作为其理论基础的。“ 社会契约论”作为国家理论的合理性、正当性和魅力存在于两种不同但又相关的理想中。一种是“自律”的理想，将契约看作一种

---

① ［美］托马斯·内格尔.人的问题［M］.万以译.上海:上海译文出版社,2004.114.

② 江宜桦.自由民主的理路［M］.北京:新星出版社,2006.158.

③ ［美］米尔顿·弗里德曼.资本主义与自由［M］.张瑞玉译.北京:商务印书馆,2006.4.

④ Brian Pusser. The Contemporary Polices of Access Policy: California after Proposition 209［A］. Edited by Donald E. Heller. Affordability Access and Accountability［C］. Baltimore: The Johns Hopkins University Press,2001,121 – 152.

⑤ 罗伯特·罗兹,张燕军.新自由主义影响下的加州公立高等教育危机［J］.江苏高教,2011,(1):148 – 151.

人的自由行为,其道德性存在于订立契约的自愿性质之中。另一种是“互惠”的理想,将契约视为相互帮助的工具,其道德性依赖于交易的公平。

但是,实际的缔约情境都是不完善的,在达成契约的经验过程中,当事人在信息、知识和能力等方面都不可避免地带有各种局限性。因此契约论的两种理想之间的内在矛盾往往使缔约者处于下面两种可能处境之中:出于“自律”理想,我应该承担履行自愿达成的契约义务,但契约包含着产生不公平结果的内容;出于“互惠”理想,我应该承担履行具有公平结果的契约义务,但契约的最初订立是不自由的,我当时没有选择的余地。① 另外,自由主义者也并非无政府主义者,他们强调政府应当有所作为,但要求政府的行为应该严格地限制在法治的框架下。他们相信法治,认为法治是自由主义时代最伟大的成就之一,它不仅是自由的保障,而且也是自由在法律上的体现。然而,正如哈耶克自身所强调的,法治和政府的一切行动是否在法律的意义上合法这一问题没有什么关系。集权政府极有可能是以严格的合乎宪法的方式获得无限权力,但无人会承认这样的政府是法治政府。因此,法治就含有限制立法范围的意思。② 但自由主义依然面对的诘难是:其一,政府在保障个人自由的名义下对自由竞争的“失败者”置之不理是否是“正义”的? 其二,那些具有相同“天赋”的人,却由于社会和文化的不利条件无法获得“相同的成功前景”是否是正义的? 其三,哈耶克所讲的法治是谁的“法治”? 前两点正是罗尔斯试图解决的,而第三点正是马克思所竭力批判的。

由于自由主义者对自由的崇尚没有顾及自由本身所受的限制,这就使他们的理论本身也带有理想的色彩。如果在一个不能实现完全竞争的社会,主张自由竞争而放弃政府在促进社会平等和福利方面的积极作用,必将导致社会中不同阶层之间差距的进一步扩大。即便是人与人的竞争是在平等的条件和规则下进行,其结果也不仅是强者最终获胜,而是强者企图使自己永远成为胜者。资本主义发展过程中的社会结构巨变,贫富差距扩大,不同阶层受教育机会严重不均的现实就证明了这一点。因此,克罗利

① 姚大志.反契约论——评诺奇克的新自由主义[J].哲学研究,1997,(9):74-80.

② [英]弗里德里希·奥古斯特·冯·哈耶克.通往奴役之路[M].王明毅等译.北京:中国社会科学出版社,2007.82-83.

指出，为了国家目标的利益，我们必须意识到这种企图的存在，而且要预先采取措施阻止其发生。①

二、分配正义与政府干预说

主张政府干预的观点主要来自政治新自由主义者（New Liberalism）。他们同样强调个人自由和个人权利必须得到第一优先考虑。但同时认为，仅仅依靠个人不相互干扰、公平地制定和实施法律，不能保障自由平等。如果没有对基本社会需求和经济需求的具体规定，我们就无法有意义地实践我们的公民自由和政治自由权。尽管政府的确不可能同时满足全体公民的愿望和要求，但应该满足而且能够满足所有人必需的“社会基本善”，如自由、健康、收入、机会、自尊，等等，②它们既是所有社会成员必需的，也是一个完善社会所应提供的。所以要求扩大政府调节经济和保障社会公正的权力。这一思想集中反映在罗尔斯的《正义论》之中。

针对先前自由主义者依据个人能力和天赋获取机会，并把个人身份、地位或财富的大部分差异认为是机会的产物，人人都有同样的机会的主张，罗尔斯认为这种观点是不正确的或者不充分的。天生的优势和社会优势一样，是偶然和武断的结果。正如不应由历史和社会命运来分配收入和财产一样，也不能靠自然天赋决定分配。他指出：“没有人应得他在自然天赋的分配中所占的优势，正如没有一个人应得他在社会中的最初有利的出发点一样。因为，人的个性在很大程度上依赖于幸运的家庭和环境，而对于这些条件，个人是没有任何选择权利的。”③因此，需要有一种原则以减少这个自然奖券的武断作用。

罗尔斯理论视正义为社会灵魂，他提出了有关正义分配的两个原则：第一个原则：每个人对与其他人所拥有的最广泛的基本自由体系相容的类似自由体系都应有一种平等的权利（即天赋自由原则）。第二个原则：社会和经济的不平等应该这样安排，使它们（1）被合理地期望适合于每一

---

① ［美］赫伯特·D. 克罗利. 美国生活的希望：政府在实现国家目标中的作用［M］. 王军英等译. 南京：江苏人民出版社，2006. 22.

② ［美］约翰·罗尔斯. 正义论［M］. 何怀宏译. 北京：中国社会科学出版社，1988. 85.

③ 同上书，第 104 页.

个人的利益（即差别原则）；并且（2）依系于地位和职务向所有人开放（即自由平等原则）。① 这两个原则存在一个词典式的优先顺序，只有在充分满足前一个原则的情况下，才能考虑后一个原则。罗尔斯认为，第一个原则优先于第二个原则，第二个原则中的自由平等原则又优先于差别原则。

第一个原则表明了罗尔斯对先前自由主义传统的吸收，同样承认那些确定基本自由的规范应当平等地适用于每一个人，这些基本的自由有政治上的自由及言论和集会的自由；良心的自由和思想的自由；个人的自由和保障个人财产的权力等。② 不过罗尔斯认识到，这种形式上的自由会受到社会和自然偶然因素不合时宜的影响，会导致社会资源倾向于简单地复制原初的才能和财产的分配，那些在才能和资产方面占有优势的人总是在初次分配中占有优势。因此，他提出了第二个原则，即自由平等原则，其理想是提供给所有人一个“平等的起点”，从而使那些具有相似天赋和能力并具有相似意愿去训练这些天赋和能力的人，能拥有“相同的成功前景”。自由平等原则是对天赋自由原则的修正，其方式是超越那些形式上的机会平等，在可能的地方矫正社会的和文化的不利条件，目标是建立一种公平的精英统治。但机会均等即便做到完美无缺，也只是对财富专横的一种微弱限制。③ 在这样的基础上，罗尔斯提出第三个原则，即差别原则。这一原则适合于最少受惠者的最大利益，尽量排除社会历史和自然方面的偶然任意因素对于人们生活前景的影响。在罗尔斯看来，出生和天赋的不平等既不是公平，也不是不公平，而只是任意的，这些自然资质或天赋是不应得的。由于出身和天赋的不平等是不应得的，这些不平等就多少应给予某种补偿。他从“处境不利者”的立场出发，认为社会应该更重视那些出生于家庭地位较低的家庭而天赋又较少的人，不平等的存在只要有利于其状况的改善就是公正合理的，就是可以被接受的。

---

① ［美］约翰·罗尔斯．正义论［M］．何怀宏译．北京：中国社会科学出版社，1988．56，292．

② 同上书，第57，60页．

③ ［美］迈克尔·J．桑德尔．自由主义与正义的局限［M］．万俊人等译．南京：译林出版社，2011．85－86．

差别原则以一种根本不同的方式攻击“任意性”，改变了自由主义所主张的按才取利的分配基础，而是把天赋才能的分配看成是共同的所有物，一种共享的分配的利益。但罗尔斯的差别原则——即给那些出身和天赋较低的人以补偿，缩小以至拉平他们与出身和天赋较高的人们的出发点方面的差距——透露出一种平等乃至平均主义的倾向而招致指责。然而，正如桑德尔（Michael J. Sandel）所指出的，罗尔斯的差别原则不等同于结果的平等，它也并不要求铲除人与人之间的所有差异，他的方法不是根除不平等的天赋，而是对收益和责任的方案进行安排。①

罗尔斯对利益和责任的分配在很大程度上沿袭了自由主义传统继承，这体现在他对权利对善的优先和程序优先性的辩护上。罗尔斯对不平等的修正首先建立在自由优先的原则基础之上，尊重自由主义所竭力倡导的个人权利，捍卫权利对善的优先。他认为权利在两个方面优先于善：其一，某些个人权利“胜过”或压倒共同善的考量之意义上；其二，在具体规定我们权利的正义原则证明不依赖于任何特殊的善的观念之意义上。“权利优先于善”引发了关于正义与善能否割裂，个人权利和共同体权利孰轻孰重之争。罗尔斯沿袭了自由主义的传统，对个人权利给予了充分的肯定和保护，强调由正义所保障的自由权利绝不受制于政治的交易和社会利益的权衡，不管这种有损于自由的交易多么有利或将带来的社会利益多么大，自由只能为了自由本身的缘故而被限制。这存在两种情况：一种不够广泛的自由必须加强由所有人分享的完整自由体系；一种不够平等的自由必须可以为那些拥有较少自由的公民所接受。②另一方面，罗尔斯认为要达成正义，必须坚持程序的优先性。一般而言，一个完善的程序正义有两个特征，其一是存在一个公平分配的独立标准；其二是设计一种保证达到预期结果的程序。③然而，正如罗尔斯对天赋应得观念的否定一样，他对是否存在一个不受偶然性影响的、唯一公平的分配标准存有质疑。善的观念是多种多样的，人类的目标也是多元的，人们可以自由地追求他们不同的目的，而不管它们是什么目的，只要它们是公正的就行。因此，罗尔斯指

① ［美］迈克尔·J. 桑德尔. 自由主义与正义的局限［M］. 万俊人等译. 南京：译林出版社，2011. 87.

② ［美］约翰·罗尔斯. 正义论［M］. 何怀宏译. 北京：中国社会科学出版社，1988. 241.

③ 同上书，第81页.

出，不存在对正当结果的独立标准，一种正确或公平的程序如被恰当地遵守，其结果也会是正确的或者公平的，无论它们可能会是一些什么样的结果。①

如果说上述两个方面是罗尔斯对先前自由主义传统的传承的话，他对差别原则的辩护则是其所做出的超越，即罗尔斯着力构建一种社会共同体，表达了一种道义论的自由主义寻求确认的相互尊重的理想。② 它着力构建了这样一种合作体系，那些做到该体系所宣称的将会得到报偿的事的人就对他们的优势享有资格。在这个意义上，出生和天赋上具有优势的会有更好的条件，他们的要求是依据社会制度建立的正常期待；而社会有义务满足他们。但这个应得的意义预先假设了合作图式的存在。补偿原则正是建立在社会合作的基础之上的，在他看来，合作能够给每个人带来比独自生活更大的利益。事实上，天赋较高人的利益也是在与那些天赋处于劣势人的合作中获得的，如果没有这些天赋不利者的合作，天赋较高者也不可能获得较大的利益。③ 他主张在一种互惠互利的合作体系中，由天赋较高者对天赋较低者进行一种依据天赋并非应得的让利和补偿，并允许那种能给最少受惠者带来补偿利益的不平等分配。④ 因为，这一原则不仅是维系社会合作的基础，同时也能使所有人受益。

差别原则在教育机会分配中的应用体现在“肯定行动”中。尽管“肯定行动”在美国多数州被取消，但德沃金依然以和罗尔斯相同的逻辑坚定地为此进行辩护，他指出没有人能公正地申明他的权利被肯定行动计划所侵犯。原因有二：其一，在大多数情况下，他们所具有的许多相关特性并非他们自己得来的；他们的天赋智商、家境、社会文化机遇等，这些因素很大程度上都是人力控制之外，取决于运气的好坏。其二，能算作特殊任务所要求的资格，取决于该任务恰好要求的那些品质。个人不可能拥有优

① ［美］约翰·罗尔斯.正义论［M］.何怀宏译.北京：中国社会科学出版社，1988.82.

② ［美］迈克尔·J.桑德尔.自由主义与正义的局限［M］.万俊人等译.南京：译林出版社，2011.95.

③ 冯建军.三种不同的教育公正观——罗尔斯、诺齐克、德沃金教育公正思想比较［J］.比较教育研究，2007，(10)：36－40.

④ 宋月红.试析罗尔斯和诺齐克关于差别原则的不同认识［J］.政治学研究，1999，(3)：83－91.

先于或独立于公正社会制度所可能赋予的那些价值、优点和应得。只要优待政策是出于某种价值目的而有利于人们，而不是判断人们本身价值的优劣，它就是可以接受的。只有基于种族的排斥动机不是发自偏见，而是发自“手段性计算”，发自对“社会优先资源的最有效利用的合理计算”这样的理念，就是正当的。①

尽管与罗尔斯和德沃金的观点不尽相同，但内格尔还是从社会融合的角度为肯定行动进行了辩护，他指出，尽管优先政策不是公正原则所要求，但它们也并非严重不公正。他指出，一项针对黑人和妇女的优先录取政策的做法不会伤害白人作为一个群体的自尊，因为，这种情况产生，只是由于他们在社会上占有总体支配地位，而且这种做法的目的只是为了有利于黑人，而不是为了排斥白人。这项政策的意图是支持一个社会地位特别受压制的群体，这种压制对于那个群体成员的自尊、对于社会的健康和内聚力都带来破坏性的后果。亚当·莫顿也认为，尽管这一做法就本身考虑也许是不公正的，但是它对长期公正的更大贡献使它得到认可，因为它消除了一种长期不变的模式。②

罗尔斯通过否定天赋应得的观念在一定程度上揭示了依靠个人能力自由竞争的本质与教育机会不平等的根源。尽管解释路径不同，更多的批判者加入了进来。他们指出，尽管能力本位取代裙带关系和任人唯亲，是历史的进步，但是，仅仅停留于此却并不会带来他们所期待的平等，因为个人能力的获得与其所处的家庭环境有着很大的关系，愈是单纯地强调这一标准，愈会导致社会不平等的再生产。布迪厄在批判那种除了个人能力之外不承认任何不平等的观点时指出，对能力的崇尚是通过竞争性考试来实现的，考试在完全保证考生的表面平等的同时，却以不具名的方式根本不考虑他们在文化面前的实际不平等，考试所保障的表面平等只是把特权转化成了成绩，因为它使社会出身继续发挥作用，只是途径更加秘密而已。③鲍尔斯分析到，这种能力本位实际上是上层阶级规定并维护的一套

① [美]迈克尔·J. 桑德尔. 自由主义与正义的局限[M]. 万俊人等译. 南京:译林出版社,2011. 158 – 161.

② [美]托马斯·内格尔. 人的问题[M]. 万以译. 上海:上海译文出版社,2004. 113.

③ [法]P. 布尔迪约,J. C. 帕斯隆. 继承人——大学生与文化[M]. 邢克超译. 北京:商务印书馆,2004. 89 – 90.

比赛规则。① 这一规则看似公正，其实并不公正，它通过创造一种人人皆可变动社会地位的神话，在使自身合法化的同时，也在复制社会的不平等。大量的实证研究都证明了这一点。那些通过自由竞争以扩大高等教育入学机会的努力，其结果并没有使学生队伍总的社会结构有重大的变化，获益者总的来说是有特权地位或半特权地位的人。因此，需要对自由主义哲学所遵循的逻辑（即入学和升级应取决于个人的能力和才能，而不是取决于社会—经济地位）进行认真的审视。事实上，所谓“能力”，其特定的标准乃是客观测验的分数和考试成绩，而这些标准都与学生的社会背景有关。② 例如在英国，人们越来越多地以才能而不是学校或家庭的声名作为评价依据。然而，尽管阶级偏见在降低，但影响人民生活的社会环境的影响力依然非常强大。英国已经越来越“唯才是举”，但人们获得才能的机会与以往一样还是不平等。③

当然，罗尔斯把天赋才能的分配看成是共同的所有物的观点以及其差别原则依然遭到自由主义者的不断质疑，尽管存在诸多争议，但补偿原则已经成为各国政策实践的一个重要部分。法国高教改革委员会主席雅克·阿达利在《构建欧洲高等教育模式》中认为，处于困难处境的优秀高中学生应当得到长期高等教育学习的低风险保障，高等教育应当有助于社会不公正的缩小，在财政和文化上帮助处境不利的学生获得同样的权利。

为了改善不利群体的处境，实现针对不利群体的补偿，政府的介入是合理的，也是必不可少的。王绍光认为公平的自由只有在一个强有力的国家保障下才能实现。④ 福山也指出，发展中国家政府软弱、无能或者无政府状态，是严重问题（如不公平、疾病、贫穷）的根源。尽管在对政府干预的范围和强度上存在一定的分歧，但人们越来越认识到，在保障人们获

① [美]塞缪尔·鲍尔斯.不平等的教育和社会分工的再生产[A].张人杰.国外教育社会学基本文选[C].上海:华东师范大学出版社,1989.218.

② [瑞典]托尔斯顿·胡森.平等——学校和社会政策的目标[A].张人杰.国外教育社会学基本文选[C].上海:华东师范大学出版社,1989.210.

③ 张千帆,曲相霏.大学招生与宪法平等:国际经验与中国问题[M].南京:译林出版社,2011.143.

④ 玛雅.建立一个强有力的民主国家——与王绍光谈民主[EB/OL].左岸文化网,http://www.eduww.com/Article/Class4/200707/14160.html/2008-03-08.

得平等的机会方面，政府不能无所作为。

推动政府干预高等教育入学机会分配的另一个主要原因来自于高等教育本身。这主要体现在两个方面：其一，经济和社会发展要求高等教育发挥更重要的作用。随着知识经济社会的到来，知识产业凸现。现在世界的运作越来越依靠知识和它的应用。国力的增强与知识的生产性有更加紧密的联系，国与国之间的竞争不再是资源和军事实力的较量，更多地体现在知识和技术的高低上。其二，高等教育大众化的到来，使高等教育被期待承担起推进社会民主化、创造一个相对没有等级的社会的责任。因此，克拉克·克尔指出，高等教育对社会的太多部分和太多的人民来说，已经变得太重要，以致国家不能完全不管。①

罗尔斯的正义原则是从所假设的组织良好的社会中提出来的，这样的社会有两个基本特征：成功地实行公正制度是所有社会成员共有的最终目的；同时，这些制度形式（公正的宪法和法律秩序）自身被人们看作善。②这使得他的理论具有一定乌托邦的色彩。基于自由主义的传统，把不利群体之所以处于不利地位的原因依然归咎于个人不可避免的因素，他通过补偿原则改变不利群体处境的举措没有触及资本主义制度本身。在马克思主义者看来，不利群体之所以处于“劣势”是起点（阶级社会）不平等造成的，解决这一问题的根本方法是废除产生阶级社会的生产资料私有制。

三、马克思主义与政府重构说

主张政府重构的观点主要来自马克思主义者，马克思主义批判了资本主义法权和“永恒正义”等概念，同时对各类无政府主义和机会主义者所提倡的平均主义思想进行了批判。指出真正解决实现平等正义问题的关键在于通过阶级斗争，通过解放和发展生产力，建立一个无阶级的社会，一个没有剥削的社会，即社会主义社会。③

① [美]克拉克·克尔.高等教育不能回避历史——21世纪的问题[M].王承绪等译.杭州:浙江教育出版社,2003.48.

② [美]约翰·罗尔斯.正义论[M].何怀宏译.北京:中国社会科学出版社,1988.514.

③ [英]卡尔·波普尔.开放社会及其敌人(第二卷)[M].郑一明等译.北京:中国社会科学出版社,2007.217.

马克思、恩格斯反对抽象地讨论平等、自由以及公平和正义问题。他们甚至拒绝将所谓“平等”或“正义”口号作为自己的理论范畴来使用。阿兰·桑德洛指出，当恩格斯在他的论文《论住宅问题》中把正义的概念描述为“社会燃素”时，他非常明确地表达了马克思主义传统中的一个难题，即贬低关于正义问题之讨论的重要性，而且最终消除这种思想。① 马克思、恩格斯之所以贬低平等和正义问题的重要性在于他们把其看作一种具有依附性和描述性的意识形态的法权概念，②依然限定在资产阶级的框框内，没有触及资本主义制度本身。正如卢卡奇所言，资产阶级用“自由”的名义进行的反对社会等级制度组织的斗争在取得胜利的同时，就必然变成一种新的压迫（即资产阶级对无产阶级的压迫），然而资产阶级在理论和实践上总是千方百计地想把阶级斗争的社会事实从社会意识中抹去。③所谓倡导平等权利和永恒正义正是这样的手段。

在马克思主义者看来，包含着平等和正义理念的资产阶级法权不是抽象的，它们建基于资本主义的物质生产方式之中。物质生活的生产方式制约着整个社会生活、政治生活和精神生活的过程。不是人们的意识决定人们的存在，相反，是人们的社会存在决定人们的意识。宗教、家庭、国家、法、道德、科学、艺术等，都不过是生产的一些特殊的方式，并受生产的普遍规律支配。马克思在对黑格尔法哲学批判的基础上得出这样的结论：法的关系正像国家的形式一样，既不能从它们本身来理解，也不能从人类精神的一般发展来理解，相反，它们根源于物质的生活关系，这种物质的生活关系的总和，黑格尔称之为市民社会，而对市民社会的解剖应该到政治经济学中去寻找。④恩格斯在《论住宅问题》中也指出，人们的法权产生于他们的经济生活条件，但人们往往忘记这一点，不是把它们视为相应经济关系的反映，而是把它们视为本身包含有自己根据的体系。于是在法学家和盲目相信他们的人们眼中，法权的发展只在于力求使获得法律表现的人类生活条件愈益接近于公平理想，即接近于永恒公平。而这个公

---

① [加]阿兰·桑德洛.马克思主义的正义理论?[J].马克思主义于现实,2009,(6):21－29.

② [美]艾伦·伍德.马克思对正义的批判[J].马克思主义与现实,2010,(6):39－47.

③ [匈]卢卡奇.历史与阶级意识[M].杜章智等译.北京:商务印书馆,2004.121.

④ 马克思恩格斯选集(第二卷)[M].北京:人民出版社,1972.82.

平却始终只是现存经济关系在其保守方面或在其革命方面的观念化、神圣化的表现。①

正是在这样的基础上，马克思、恩格斯还批判了形形色色的社会主义者、机会主义者对平等、公平和正义的曲解。马克思在《哥达纲领批判》中批判了拉萨尔关于劳动所得应当不折不扣和按照平等权利属于社会一切成员的主张。他指出：生产者的权利是同他们提供的劳动成比例的；平等就在于以同一尺度——劳动——来计量。这种平等权利，由于劳动者体力或智力不同，因此，对不同等的劳动来说是不平等的权利。它不承认任何阶级差别，因为每个人都像其他人一样只是劳动者；但是它默认，劳动者的不同等的个人天赋，从而不同等的工作能力，是天然特权。所以就它的内容来讲，它像一切权利一样是一种不平等的权利。②

马克思同样对拉萨尔等提出的“通过国家来实施普遍的和平等的国民教育”的主张进行了责难。他反诘道，是不是以为在现代社会里教育对一切阶级都可能是平等的呢？ 或者是要求上层阶级也被迫降低到很低的教育水平——国民小学呢，即降到不仅唯一适合于雇佣工人的经济状况，而且唯一适合于农民的经济状况的教育水平呢？③

这表明马克思把平等问题和绝对的平均主义划清了界限。马克思坚持个体之间是不平等的，因为他们是有差异的个体；从任何既定标准以及程序来考量，他们都是不平等的。任何以平等的名义否认人与人之间权利的不平等的真实存在都是不切实际的。实现实质平等——真正的平等应该被看作形式平等的前提和尺度。因此，马克思在《哥达纲领批判》中明确批判了消除“一切社会的和政治的不平等” 的提法，认为这种提法应该改成：随着阶级差别的消灭，一切由此差别产生的社会的和政治的不平等也将自行消失。④ 这就意味着，作为共产主义者所渴望的理论表述，真正的平等既不可能，也不可欲。恩格斯在《反杜林论》中从多方面批驳了杜林关于“两个人彼此完全平等”的错误主张。指出，那种摆脱了一切现实，摆脱

---

① 马克思恩格斯选集(第二卷)[M].北京:人民出版社,1972.539.

② 同上书,第 11 - 12 页

③ 同上书,第 22 页.

④ 马克思恩格斯选集(第三卷)[M].北京:人民出版社,1972.18.

了地球上发生的一切民族的、经济的、政治的和宗教的关系，摆脱了任何性别和个人的特性的抽象的平等权利进行了批判，①人与人之间的平等，只是在什么愿望也没有的时候才存在，一旦他们不是抽象的人而是转为现实的个人的意志时，平等就完结了。②

当马克思恩格斯把对平等和正义问题的讨论限制在法权的概念框架之下时，我们至少可以从如下方面理解马克思主义者对此的认识：（1）由于法权建基于一定物质生产方式之上，制度的平等和正义与否依赖于它们与它们所隶属的那个生产方式之间的关系；某个生产方式中的正义制度，可能在另一生产方式中是不正义的。正如恩格斯所言，希腊人和罗马人的公平观认为奴隶制度是公平的；1789 年资产阶级的公平观则要求废除被宣布为不公平的封建制度。③ 因此，所谓永恒的公平和正义如果不是“陈词滥调”便是虚伪的、不切实际的谎言。（2）消除资本主义社会的不平等与不公正问题，不能依靠对原有制度（法律、政策等）更合理的调整和修修补补而实现。马克思批判了“做一天公平的工作，得一天公平的工资”等所谓“平等”口号，因为，如果不消除雇佣关系，不改变生产资料的不平等占有，工人无论是被支付公平的工资还是不公平的工资，都在遭受同样的剥削。同样，也不能通过激进的平均主义得以实现。因为，在马克思主义看来，分配不是与生产平行的东西，不是与其无关的东西，也不是人们凭其道德和政治智慧就能进行修改的东西。所有的分配方式都由生产方式决定，属于生产方式的一个功能性部分。④（3）权利决不能超出社会的经济结构以及由经济结构制约的社会的文化发展。⑤ 平等权利的获得和实现，实质上是一定历史条件下物质资料占有方式的制度上的体现，最终取决于社会生产力的发展水平。平等权利的扩大和平等发展水平的提高，也最终取决于生产力发展水平的提高。因此，平等是历史的产物。（4）无产阶级革命的目的并不是，也不可能把革命家眼中最值得称道的道德规则、法律规则或“正义原则”强加给社会。政治制度不创造、也不可能创

① 马克思恩格斯选集（第三卷）[M]. 北京：人民出版社，1972. 138.

② 同上书，第 142 页.

③ 同上书，第 539 页.

④ [美]艾伦·伍德. 马克思对正义的批判[J]. 马克思主义与现实，2010，(6)：39－47.

⑤ 马克思恩格斯选集（第三卷）[M]. 北京：人民出版社，1972. 12.

造新的生产方式，它只能与人们已经造就的生产方式相一致。如果革命的制度意味着新的法律、新的司法标准、新的财产权和分配形式，那么，这并不代表“正义”终于在它未曾实现的地方得以实现，而是代表着新的生产方式，随同它的有特色的法权形式一道，已从旧形式中脱胎而出。①

在马克思主义者看来，为促进平等就需要政府在机构和社会的建构方面进行一场激烈的变革，这可以从其国家理论中看出。马克思主义者指出，国家是阶级矛盾不可调和的产物，是一个阶级对另一个阶级压迫的工具。恩格斯在《家庭、私有制和国家的起源》中清楚地揭示了这一点：“由于文明时代（国家的产生）的基础是一个阶级对另一个阶级的剥削，所以它的全部发展都是在经常的矛盾中进行的。生产的每一个进步，同时也就是被压迫阶级，即大多数人的生活状况的一个退步。对一些人是好事，对另一些人必然是坏事，一个阶级的任何新的解放，必然是对另一阶级的新的压迫。”②马克思谴责了资本主义体系中私有制和雇佣关系包含着的残酷的不公的现实，并指出，这种不公与完全是“形式上的”公正和正义结合在一起。他严厉地批判了J. 唐森的主张，并称其为最粗俗的辩护士。唐森在《论济贫法》中反对救困济贫，他认为通过帮助饥饿者，救贫法趋于“破坏上帝和自然在世界上所创立的这个制度的和谐与优美、匀称与秩序。”③因此，在马克思主义者看来，要实现真正意义上的公平，必须进行社会重构。

值得指出的是，正如前文艾伦·伍德所指出的那样，马克思所主张的社会重构并不是革命家把最值得称道的道德规则、法律规则或“正义原则”强加给新的社会来谋求所谓平等与正义。它只能与人们已经造就的生产方式相一致。然而实践却走向了反面。

这就使得马克思主义及其继承者受到来自波普尔的责难。其实这种责难早在巴枯宁的《国家制度和无政府状态》就已经出现。巴枯宁诘问：

---

① ［美］艾伦·伍德. 马克思对正义的批判［J］. 马克思主义与现实，2010，(6)：39－47.

② ［德］恩格斯. 家庭、私有制和国家的起源［M］. 中共中央马恩列斯著作编译局译. 北京：人民出版社，2003. 184.

③ ［英］卡尔·波普尔. 开放社会及其敌人（第二卷）［M］. 郑一明等译. 北京：中国社会科学出版社，2007. 310－311.

马克思主张建立人民国家，而人民国家不是别的，而是“上升为统治阶级”的无产阶级。请问，如果无产阶级将成为统治阶层，它将统治谁呢？就是说，将来还有另外一个无产阶级要服从这个新的统治，新的国家。①

马克思对此的回应是无产阶级在为摧毁旧社会而斗争的时期还是在旧社会的基础上进行活动的，如果作为阶级斗争和阶级存在的基础的经济条件还没有消失，那么就必须使用暴力消灭或者改造某种经济条件，或者必须使用暴力加速这一过程。但是马克思并没有回答在旧有基础并没有消失的这段时期，无产阶级是否会分化的问题。因此，波普尔指出“世界上并不存在这样的理由，一旦反对共同阶级敌人的斗争的压力消失了，组成无产阶级的个人还是保持阶级联合。一切潜在的利益冲突现在似乎必然将从前联合的无产阶级分裂为新的阶级，并发展成一场新的阶级斗争。”②波普尔的责难并非不真实的存在。

社会主义时期的东欧各国和新中国成立初期都进行了积极的尝试。然而这些变革并没有取得预期的效果。例如，在社会主义时期的匈牙利，最为彻底地实施了有关教育权利方面的“反歧视政策”，试图直接改变教育机会的分配方案，即为工人阶级的子女在中学和大学保留大量的学习机会，但是，为实现教育平等而做出的努力，却有助于维持校外的社会不平等和经济不平等。家庭社会地位与子女的就学机会仍然顽固地不肯脱钩。③

马克思主义继承者面临的另外一个质疑在于无产阶级如何行使自己的政权以实现理论者所描绘的蓝图。这实际包含两个问题，其一是如何避免革命之后可能存在的分裂，即波普尔所指出的问题；其二才是如何实施蓝图的问题，斯科特在对列宁《怎么办？》分析之后指出，列宁试图通过建立革命先锋队，作为党的头脑，而那些在革命政治中得到培训但“落后”的无产阶级，作为身体，通过严格的纪律和计划，就可实现政党与无产阶

① 马克思恩格斯选集(第二卷)[M]. 北京:人民出版社,1972. 634.

② [英]卡尔·波普尔. 开放社会及其敌人(第二卷)[M]. 郑一明等译. 北京:中国社会科学出版社,2007. 220.

③ Hanley., McKeever. The Persistence of Educational Inequalities in State-socialist Hungary: Trajectory versus Counterselection [J]. Sociology of Education, 1997(70): 1 – 18.

级的有机结合。他在精细解构了苏维埃极端现代化的具体举措——整个社会被严格地组织起来，人口按照“等级秩序、分类、管辖范围、严格的制度、理性的计划和福利制度”被组织进不同的机构。改变世界并不是布尔什维克议程中的唯一任务，他们还试图进行文化革命创造新人，而这些新人，即布尔什维克的专家、工程师、官员代表了新的伦理①——后得出自己的判断：19 世纪晚期和 20 世纪国家发展的悲剧都来源于三个因素致命的结合。第一个因素是对自然和社会管理秩序的雄心；第二个因素是毫无节制地滥用国家权力作为达到目标的工具；第三个因素是缺乏抵制这些计划能力的软弱和顺从的市民社会，②清晰地指出那些试图改善人类状况的项目是如何失败的。

这些促使我们进一步思考政府角色，即思考政府权力实施的范围和实施的强度。即在推动高等教育入学机会公平方面，政府应当如何干预，这就需要对政府在其中的具体角色进行厘定。

第二节 各国政府在高等教育入学机会分配中的角色

对政府角色的理解应当基于“应然”和“实然”两个视角，“应然”的视角是指政府应当履行的角色。在这点上，政府角色与政府责任在意义上是统一的，它是政府必须担当的、不能回避的选择。这一视角具有一定的批判性和建设性，但在很大程度上属于一种理论和理想上的建构。“实然”的视角是指政府在现实的实践中实际履行的角色。与前者相比，它更是一种“真”的角色。要理解政府在高等教育入学机会分配中的角色，就需要把二者有机地结合在一起。

① [美]詹姆斯·C. 斯科特. 国家的视角:那些试图改善人类状况的项目是如何失败的[M]. 王晓毅译. 北京:社会文献科学出版社,2004. 196.

② 同上书,第 115－116 页.

一、政府角色的厘定

本书对政府干预高等教育入学机会分配的合理性的分析是以入学标准为切入点的，因此对其如何干预、干预的范围和强度的理解也是沿着这样的思路并延伸开来。之所以如此，是由于入学标准作为一种规则，它最直接体现了政府的意图，即它选择什么、排斥什么、赞同什么、反对什么。因此，政府在高等教育入学机会分配中的首要角色就是标准的制定者。另外，由于每一个入学标准的制定都有与其相对应的目标群体，必然意味着有一些人会被排除在外，而他们被排除在外在一定程度上又很难把原因归咎于其自身，其中掺杂着复杂的历史、社会、政治和经济方面的原因，这就涉及如何对他们进行补偿的问题。因此，政府还必须扮演资助和补偿不幸者的角色。另外，作为公立学校的主要主办者，政府还是高等教育入学机会的主要供给者。

正如前文论述，对待入学机会差异的不同认识会导致不同的政策选择，政府在每个角色上实际存在着不干预、有限干预和整体重构三种选择。见表 2-1。

表 2-1　政府角色与政策选择之间的关系

政府角色 政策选择	高等教育入学 机会供给者	高等教育入学 标准制定者	高等教育入学机会 资助和补偿者
不干预	0	0	0
有限干预	0 / √	0 / √	0 / √
整体重构	√	√	√

不过，政府在高等教育入学机会分配中的三种角色并不是静态不变的，随着时间的推移，政府介入的范围和强度都在动态变化。

（一）作为标准制定者的政府角色

当高等教育资源有限，不能满足所有人接受高等教育的愿望的时候，必然需要一种标准或规则来规范和调节人们的需要，这就需要政府承担起这样的责任。从各国实践和历史考察来看，学术标准、政治标准甚至经济能力都对高等教育入学机会的分配产生了重要的影响。而每一种标准在规范和调节人们需要的同时，也实现了政府对教育的控制，这一点尤其体现在把政治标准作为入学标准方面。然而，政府对入学标准的控制日益受到来自高等学校内部对自治的要求和来自社会外部不断扩大的高等教育需求的挑战。这就要求政府在继续控制入学标准的制定权，仅仅通过对标准的进一步解释、修改和完善来化解面临的紧张和冲突，还是通过把标准的控制权从自己手中下放，而自己仅仅承担起一个监督者的角色之间进行选择。

尽管备受苛责，依据个人的能力和学术水平建立起来的学术标准依然是世界各国高等学校录取学生的基本依据。并且对这一标准的裁量权基本掌握在高校手中。例如在英国，学校仅仅根据申请人的“优异”情况来提供平等的机会进行招生，政府对高校没有提出任何旨在实现公平的名额分配要求，因为具体的招生决策权完全取决于各个高校本身，而不容政府插手。政府的责任只在监管。在澳大利亚，高校在录取学生方面具有高度的自主权，只选择他们认为合适的学生。在印度，政府尊重高等学校办学和招生自主权，不予干涉。政府认为大学自治与司法独立和新闻自由一样是一个民主社会发展健康的公共生活所必需的。印度公立大学可以自主制定招生政策。其招生政策没有地域限制，也没有其他方面的限制，这样做的目的是确保录取学生的多样性以及不同地区的学生都能获得机会。印度私立学校更是如此。①

以学术标准招录学生的确会带来不同阶层子弟入学机会的差异。但导致这样的结果如果不是其有意为之就不能苛责高校，弥补这样的差异在一定程度上也不是高校的任务。但如果是公立学校，其自身的运转主要依靠公共财政投入，对于存在的这种差异，政府便不能置身事外。政府对公立学校“不可或缺”的财政资助以及在“公平”名义的辩护下对招生录取标准进行干预和影响便有“合法性”理由。这种干预主要体现在两个方面。

一是对大学招生名额（主要是公立大学）进行直接干预从而间接影响学术标准。这其中又包括两种方式，一是本地政府要求本地高校招录学生

① 张千帆，曲相霏. 大学招生与宪法平等：国际经验与中国问题[M]. 南京：译林出版社，2011. 142，174，134，266.

时为本地学生预留绝大多数的名额，以保护本地居民的利益，如美国各州普遍存在的“名额保留政策”。

美国州立大学通常将绝大多数本科招生名额留给本州居民，即所谓名额保留政策，而仅仅为外州的申请者提供很少的名额，而且向外州居民收取远远高于本州居民的学费。① 如在德州大学奥斯汀分校2011年秋季入学的学生身份中，具有德州本州居民身份的学生占90%，非本州身份的学生占8%，国际学生占2%。② 加州大学本科招生的理念就是为加州居民负责，所以本科招生以本州居民为主,每年招收的新生中大约有95%为加州居民。加州大学的招生政策规定，不能因为录取外州学生，而拒绝具有同等水平的本州学生。因此，在同等条件下,加州大学优先录取加州居民。③ 2010年，加州大学的未来发展规划规定，总体入学人数中外州人数不能超过10%。④ 这样做的合理性辩护在于作为州立大学，主要由州公共财政支持，服务本州居民共同体的利益无可指责，他们没有义务为非本州居民提供教育机会。

不过，近几年，由于加州政府拨款减少，加州大学系统中外州学生的比例在不断上升，特别是伯克利分校和洛杉矶分校已接近或超过30%，2010年加州大学伯克利分校秋季录取本州学生比例为73.3%，⑤ 2011年录取本州学生比例下降到68.2%。其他分校所录取外州学生的比例也在逐步扩大。见图2－1。

---

① 张千帆，曲相霏．大学招生与宪法平等：国际经验与中国问题[M]．南京：译林出版社，2011．55．

② About Incoming Students, Summer/Fall 2011 The Freshman Class[EB/OL]. http://bealonghorn. utexas. edu/whyut/profile 2012-03-15.

③ 常桐善．大学招生的卓越性与公平性——美国加州大学的理念及实践[J]．考试研究，2010，(3)：14－25．

④ University of California Commission on the Future Final Report November 2010[EB/OL]. http://ucfuture. universityofcalifornia. edu/presentations/cotf _ final _ report. pdf 2012-03-20.

⑤ UC Berkeley Freshman Admission profile Fall 2010[EB/OL]. http://opa. berkeley. edu/statistics/undergraduate Profile. html. 2012-03-15.

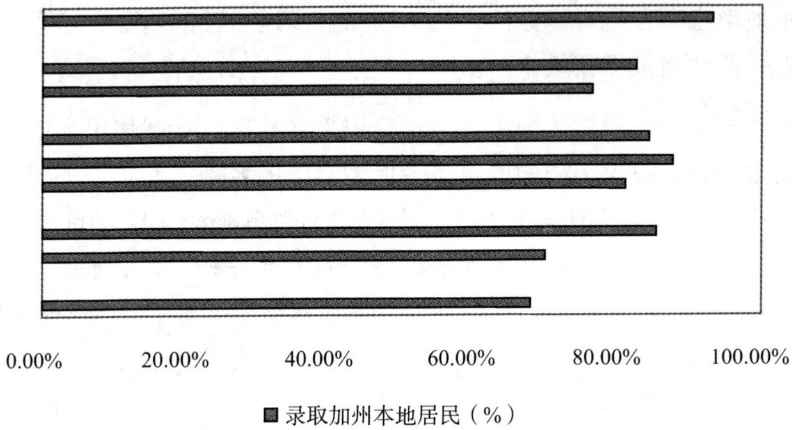

图 2-1　加州大学系统 2011 年录取加州本地居民比例(%)

资料来源：University of California Freshman Admission Profile [EB/OL]. http://www.universityofcalifornia. edu/admissions/campuses/berkeley/freshman – profile/ 2012-03-20.

如果说，州立大学招生中的所谓名额保留政策是州政府保护本州居民共同体利益而对招生标准所做的间接干预的话，那么，私立大学招生不存在这样的限制，他们无义务，也无必要将招生范围局限于学校所在地，也不受公共财政所要求的“公平性”制约。如哈佛大学不对特定的学校、社区、州或者是国家设置特定的配额，学校会严格地将一个学生的申请资料与来自全球的其他申请者进行比较。① 私立大学把追求卓越作为唯一的标准，在全美甚至全球范围内招录最优秀的学生。如耶鲁大学 2011 年招录的学生遍及美国 49 个州和特区，国际留学生来自 53 个国家和地区，国际化程度非常高。见表 2-2。

表 2-2　哈佛大学、麻省理工学院、耶鲁大学 2011 年录取学生地区分布情况

区域	学校(单位:%)		
	哈佛大学	麻省理工学院	耶鲁大学
新英格兰地区	16	12	34.7
大西洋中部	22	19	7

① Applying to Harvard Frequently Asked Questions[EB/OL]. http://admissions. college. harvard. edu/apply/faq. 2012-03-20.

续表

区域	学校(单位:%)		
	哈佛大学	麻省理工学院	耶鲁大学
南部地区	19.1	15	10.2
中西部地区	9.2	12	13.5
中部地区	1.7	10	5.6
山区	3.5		
太平洋地区	17.6	20	17.4
美国以外地区	10.9	13	11.6

资料来源:A Brief Profile of the Admitted Class of 2015[EB/OL]. http://www.admissions.college.harvard.edu/apply/statistics.html. 2012-03-20. MIT Admissions Statistics for the Class Entering in the Fall of 2011[EB/OL]. http://mitadmissions.org/apply/process/stats 2012-03-20. Yale University Office of Undergraduate Admissions. Yale Class of 2015 Profile, Freshman Class Profile.

相应地，这些学校淘汰率极高，2011 年哈佛的录取率是 6.3%；麻省理工学院的录取率是 9.7%；耶鲁大学的录取率为 7.35%。自 2008 年以来，知名的私立大学录取率在逐年下降。

另外一种方式即众所周知的“肯定行动”（Affirmative Action Program），该法案是美国约翰逊总统在任期间通过的三个民权法案之一。该法案规定，在升学、就业、晋升、颁发奖学金以及接受政府贷款和分配政府合同时，在竞争能力和资格基本相同或相近的情况下，黑人、印地安人、拉美裔和亚裔以及妇女有被优先录取、录用、晋升或优先得到贷款和政府合同的权利。在肯定行动方案中，学校用其他基准来补充正规的学员准则来发给入学许可。这种基准既承认“某些族群”过去受到歧视和目前的不利处境，也承认妇女和有色人种的学生能为学院带来特殊的价值。尽管对于该法案存在众多争议，但是它的实行对于改变在美国历史上长期受到歧视的少数民族和妇女在政治、经济、教育和社会等方面的劣势地位产生了积极的作用。

肯定行动在其他发展中国家也得到了推广。在巴西，为缓减不同种族在获取高等教育机会方面的差异，巴西政府汲取了美国肯定行动的做法，引入了颇受争议的配额录取方式（Quotas）。2004 年，政府向国会提交法案要求所有联邦大学把一半的招生名额分配给公立中学的学生，这些名额将要求大学按照所在地非洲裔、本地人以及其他种族在人群中的比重进行分配。事实上一些联邦大学和州立大学在此之前已经实施了不同形式的肯定行动。巴西最好的大学之一，巴西利亚联邦大学（Federal University of Brasilia）有 20% 的名额专门为黑人学生预留，而里约热内卢州立大学（the state University of Rio de Janeiro，UERJ），在 2001 年就拿出 40% 的名额预留给从公立学校毕业的黑人和其他有色人种学生。①

不过，受经济新自由主义政策的影响，肯定行动受到压制。如前文所述，1996 年加州 209 号修正案获得通过，禁止将种族因素作为制定高校招生政策的依据。在巴西也遭遇了同样的情况。根据民意调查，多数大学校长反对配额制。主要是实行配额违背了根据分数、能力为标准公平获得高等教育机会的做法。另外，根据一项调查结果，那些通过肯定行动获得高等教育机会的学生对此并不感到所预料的庆幸，由于学业成绩跟不上，使他们的处境颇为尴尬。② 这些情况表明了“肯定行动”的式微。

政府对大学招录标准的影响还体现在全国统一性考试制度的建立上。为此的辩护主要体现在一方面政府依据自身权威性确保高校招录考试的科学性、安全性和公正性。有研究者认为，统一高考不仅公平、公正、公开，可比性强，而且节省人力、财力和物力，在维护多民族国家的统一和社会安定团结方面也发挥着重要作用。如在中国，自 20 世纪 50 年代初确立全国统一高考后，虽然今年来备受争议，但其招录方式至今依然无法根本改变，其核心就在于在诚信制度尚未完全健全的今天，还没有哪种看似“合理”的方案能获得大众对“公平性”的预期。统一高考制度尽管不是最优方案，但至少目前也是一个次优方案，对中国而言，它是适合中国国

---

① Jamil Salmi with Chloë Fèvre. Tertiary Education and Lifelong Learning in Brazil[EB/OL]. http://www. anped11. uerj. br/internacionalizacao/Banco_mundial/tertiary_education_in_brazil_15_Jan_09. pdf. 2008-04-15.

② Nicole Roberge. Brazil Experiences the Growing Pains of Affirmative Action Opinions Vary on Whether Policy Helps or Hinders Black Hispanics in Higher Education[EB/OL]. http://www. diverseeducation. com/artman/publish/article_5933. shtml. 2008-04-20.

情的一项基本教育制度，具有长期存在的价值和必要。①

为国家统一考试制度辩护的另外一个理由则是加强大学和基础教育之间的衔接，保障公立学校学生和公共大众受教育的权利。如果仅仅从理论分析，大学选择自己“合适”的学生似乎没有必要关注基础教育阶段的学生成绩和教育质量。例如在巴西，公立高等教育机构，尤其是联邦大学处于整个金字塔顶端。它们受联邦和各州资助,并且从教育部和规划部（Ministry of Planning）获得巨额项目资助，设施先进，精英荟萃，能为学生提供最好的教育，并且几乎不收取任何费用。但公立大学入学竞争非常激烈。所有学生必须通过由大学或大学联盟自行组织的入学考试“Vestibular”。该考试是大学基于自己的需要组织的高选拔性考试，与基础教育阶段公立学校教学内容没有太多关系，只有在进入私立学校或者进入专门开设的辅导班（pre－vestibulares）才有可能在这一考试中取得好的成绩。这些辅导班一般由私人开设，收费昂贵，多数情况下，只有来自中高收入家庭的学生才能负担。

为了改变大学招录考试与基础教育几乎脱节的现状，拓宽公立学校学生接受高等教育的机会，巴西教育部发起并组织了自己的“高考”（the National Examination of Secondary Education,ENEM）。该项考试是对中等教育阶段学术能力和认知技能的评价。教育部“希望”无论是公立还是私立高等教育机构，都要把该项考试作为入学标准之一。目前，越来越多的学校认可了这项考试，2006 年，高中毕业生中有 74% 的学生参加了这项考试。② 不过，ENEM 只是在一定程度上拓宽了入学的渠道，要想进入一流大学，依然要参加“Vestibular”考试。

政府组织的统一考试无论在意愿还是在实践方面的合理性都不可避免地面临着来自学校自主性诉求不断增强的挑战。事实上，从国际比较视角分析，确保学术标准的科学性、公正性和安全性，强化大学和基础教育之间的联系，政府从来就不是唯一的选择。在英美国家，高校录取学生时，

① 刘海峰.为什么必须坚持统一高考[J].上海高教研究,1997,(5):44－46.

② Jamil Salmi with Chloë Fèvre. Tertiary Education and Lifelong Learning in Brazil[EB/OL]. http://www.anped11.uerj.br/internacionalizacao/Banco_mundial/tertiary_education_in_brazil_15_Jan_09.pdf.

一般也会参照一些公共考试项目的成绩，不过这些考试，都是由非政府组织的专业考试机构承担，对于不同类型考试成绩的选择，自由裁量权在学校。当专业化的考试机构尚未建立，一套有约束力的社会诚信机制尚未完善时，政府组织统一考试具有一定的合理性。然而，当面对高校越来越多样化的诉求时，这样的“合理性”是否一直经得起检验？当面对城乡教育机会差异时，统一考试实质上是对农村考生及公共教育设施不发达地区考生的歧视，①并未如辩护者所言实现所谓平等的教育机会。这样为统一考试“合理性”辩护之“盾”反而成为批判者否定其“合理性”之“矛”。问题是统一考试是否能够一直成为“不完善社会”的遁词，一直成为一个“迫不得已的荒谬”。②也许政府可能会不断完善、细化方案，但永远无法消解它自身引发的紧张。

(二)作为资助和补偿者的政府角色

政府作为资助者和补偿者的角色是改善不利群体处境，缩小不同群体之间在获得高等教育入学机会方面差距过大的需要。从各国当前的现实来看，政府的政策实践主要体现在两个方面：

其一是通过助学金或贷款等方式为那些符合入学标准，但又难以支付高等教育费用的学生提供资助。政府是对学生进行资助和实施补偿的最大或最主要的一方。但面临的问题是，随着入学人数的激增，学费的上涨，导致政府不堪重负。因此，政府尚需要对资助体系进行重新建构和完善，调动社会各方面资源，以缓减经费不足带来的矛盾。

第二次世界大战后，美国政府面临着如何规避战时经济转型以及大规模失业所带来的经济萧条的威胁。在战争结束前，美国劳工部就估计，约有1500万退伍军人面临失业的危险。为了规避大规模失业所带来的经济萧条，当时的国家资源规划委员会（the National Resources Planning Board）提出了一揽子针对退伍军人的教育与培训计划，后来该计划被纳入到“退伍军人重新适应法”（该法案又称为“GI法案”）中，并在1944年被国

① 顾海兵.中国高考制度批判:计划经济式的高考可以休矣！[J].中国改革,2001,(10):12－14.

② 许纪霖.高考制度:迫不得已的荒谬[J].中国新闻周刊,2005,(27):65.

会批准通过。该法案规定对第二次世界大战中的退役军人志愿入学者提供受教育的便利，并给予学费和生活费等补助。

GI 法案相当成功，到 1951 年，共补助入学者 800 多万名，其中，入高等院校就读的近 230 万，入中等学校就读的近 350 万，有 240 万接受了在职培训。被大学授予学位的数量是 1940—1950 年间的两倍多，而获得学士学位或高级学位的百分比由 1945 年的 4.6% 增加到 50 年代初的 25% 。①

在 GI 法案的推动下，相继引发了很多与军事无关的对学生的资助的提案，但是在"冷战"早期，这些提案都面对难以获得支持的窘境。②直到 1958 年，苏联第一颗人造卫星上天才使得国会有机会以国家安全与"冷战"竞争力的名义，向学生提供有限的资助。为了保障美国在"冷战"中的霸主地位，艾森豪威尔总统在 1958 年签署了《国防教育法》，该法案在第一章总则中，首先宣告"国家的安全需要最充分地开发全国男女青年的脑力资源和技术技能"，这就"要求提供更多的且更适当的教育机会"。③《国防教育法》对高等教育机会的影响主要体现在两个方面：其一，通过设立国防学生贷款计划（NDSL），使那些本来无力负担大学学费的贫困学生能够依靠此项目进入大学并完成学业。根据 1961 年对 NDSL贷款者的调查，10 人中有 9 人依靠此贷款进入大学或继续大学学业。10 人中有 8 人通过国防学生贷款支付 50% 甚至以上的大学费用，10 人中有 3 人通过国防学生贷款支付 100% 的大学费用。在 1960 年，接受国防学生贷款的大学一年级新生超过 50% ，远远高于大学二年级或高年级的学生，国会的分析指出， NDSL 为贫困学生进入大学打开了方便之门。其二，在 NDSL 计划的推动下，许多院校也相继推出了针对学生的"资助包"（这些资助项目包括贷款、奖学金以及勤工助学的机会等）。学生贷

① 滕大春. 外国教育通史(第六卷)[M]. 济南:山东教育出版社,1994. 85.

② 由于国会有民权的阻隔以及教会和州的争议,担心联邦控制教育,而在为学生提供奖学金方面,国会议员坚信,学生不能有搭便车(a free ride)的心态。那时,很多国会议员都是靠自己完成大学教育的。见 Lawrence E. Gladieux. Federal Student Aid Policy: A History and an Assessment[EB/OL]. http://www2. ed. gov/offices/OPE/PPI/FinPost-SecEd/gladieux. html,2010 - 10 - 20.

③ 瞿保奎. 美国教育改革[C]. 北京:人民教育出版社,1990. 118. 又见 National Defence Education Act of 1958. A Comilation of Federal Education Law,1975.

款项目有了显著的增加，并且针对每个学生的贷款额也有了大幅提高。在NDEA通过之前，8.3万名学生从各类机构获得总额为1350万美元的贷款。3年后，在NDEA通过后，11.5万名学生仅从NDSL计划中获得的贷款总额就是原先的4倍。在1960—1964年间，学生的贷款数额从每人162美元增加到400美元。①尽管NDSL使那些家庭收入相对较低的学生通过贷款有机会接受高等教育，但是从国家层面而言，NDSL的资助数额还是微不足道的。NDSL 1963年财政年度报告指出，1963年高中毕业生升入大学的比例与1958年相差无几。②

1960年，肯尼迪当选总统。他致力于开拓美国的“新疆界”，实施了一套广泛的国内改革计划，包括反对经济衰退，解决结构性失业问题以及与之相关的教育改革、人权问题。约翰逊继任总统后，继续了肯尼迪的改革方案，同时提出了自己的施政纲领——“伟大社会计划”。约翰逊的“伟大社会计划”对于扩大高等教育入学机会，保障教育机会公平产生了积极的影响，其中之一就是向贫穷开战。

1964年约翰逊在国情咨文中宣布：“本届政府此刻在这里宣告向美国的贫困无条件宣战”。作为“向贫穷宣战”的一部分，约翰逊总统推动国会批准高等教育法。该法案是依据约翰逊总统关于必须着手“最大限度地发展所有美国儿童的智力和技能的教育事业”的要求而规定的。③规定的内容有如下三项：第一，政府通过联邦资助和贷款的方式（如追求卓越计划和发掘天才计划）对低收入家庭和中等家庭收入的学生进行资助。希望获得这部分联邦资金的学校被要求积极进行甄别和录取学生；第二，对银行以及其他机构提供的学费贷款进行担保（Guaranteed Student Loan，GSL）；第三，对贫困学生半工半读（work - study）的工资进行补助。该法案第一次明确了联邦政府在扩大低收入家庭学生接受高等教育机会方面的责任，对于保障和扩大高等教育入学机会起了积极的作用。1968年，国会

① Science & Technology Policy Institute (STPI): The National Defense Education Act of 1958: Selected Outcomes.

② 同上.

③ 约翰逊总统在签署1965年高等教育法(HEA)时指出，高等教育法的颁布意味着在我们这一伟大的国家，所有高中毕业生都能够申请进入50个州的任何一所学院和大学，他们不会因为贫穷而被抛弃.

对高等教育法进行第一次修正，增加了对不利群体的特殊服务项目，如对处境不利的学生提供辅导、咨询、课程补习。它与追求卓越计划和发掘天才计划构成了众所周知的 TRIO 计划（三重计划）。① 尽管受到“越战”的影响，但是对学生的资助在 60 年代末期还是有很大的增长，不过此种做法也导致了联邦政府无力顾及对学校基础设施的投入。

美国政府角色在 20 世纪八九十年代发生了转变。由于遭受了严重的经济衰退，政府财政吃紧，先前的福利主义政策使得政府不堪重负，加之由于市场化和全球化带来的竞争又促使政府转变在社会政策中的角色。因此，缩减政府规模成为世界趋势。里根政府采取新自由主义政策，开始松绑对高校的管理，减少对高等教育的干预和控制。与此相应的是，州政府和联邦政府拨给高等教育的经费更加紧缩和更加不可预测。② 由先前的放下钱走人，到现在更加注重对学校的评估和问责，政府更加关注资金使用的效率和学校的绩效。高等教育经费缩减，政府职能转变的后果之一是公立大学日益出现民营化的趋势。即高校的运转越来越依靠市场，依靠学生缴纳的学费以及联邦政府和公司的科研合同来维持，这些形势导致了联邦政府政策的转变。

由于经费缩减，加之政府的关注点从扩大入学机会转移到重视高等教育质量方面，导致学生资助政策的调整：（1）联邦政府对学生提供助学金的方式发生了改变。由先前基于需要（Need – Based Aid）进行资助的方式转变为目前的择优资助（Merit – Based Aid）。在 20 世纪六七十年代，政府主要是通过基于学生需要的奖学金项目（Need – Based Grant Programs）保障不利群体获得高等教育机会，而对中产阶级家庭的子弟，则是通过政

① TRIO 计划是一系列针对不利群体接受高等教育的资助性计划，它包括 Upward Bound (UB), Upward Bound Math Science (UBMS), Educational Opportunity Centers (EOC), Student Support Services (SSS), and Ronald E. McNair Post Baccalaureate Achievement Program (McNair) 等。资料来源：A Profile of the Talent Search Program: 1999—2000 U. S. Department of Education Office of Postsecondary Education Office of Federal TRIO Programs. 2002.

② Philip G. Altbach, Robert O. Berdahl, and Patricia J. Gumport. 21 世纪美国高等教育——社会、政治、经济的挑战[M]. 杨耕等主审. 北京：北京师范大学出版社，2005，111 – 112.

府向私人银行担保贷款的方式给予资助（奖学金数额很少）。而到80年代，才能在学生资助政策中扮演更重要角色的观点受到了关注，联邦政府和州政府对以才能为基础进行资助的方式越来越感兴趣。联邦政府希望吸引更大比例的有才干的学生继续接受高等教育，因为这将提高整个国家的文化知识水平。（2）贷款成为主要的资助方式。1984年，教育经济学家约翰斯通（D. B. Johnstone）首次提出教育成本分担理论，使人们逐步接受了教育成本分担和教育付费的理念，政府顺应这一观念，逐步减少了向学生提供助学金的比例，对学生的资助逐步由提供助学金向提供贷款方式转变，贷款的对象进一步扩大，不仅包括低收入家庭，而且涵盖了中高收入家庭。到今天，贷款成为最大的资助方式，贷款在1975年和1976年间占联邦补助的21%，在1995—1996年间占到了77%，而在同一时期，助学金和勤工助学金从79%降到23%，学生和家长的贷款在1994—1995年间的总额超过260亿美元，比本来这个制度之前的佩尔助学金方案多了5倍。① 在2005年，学生个人贷款额比前一年增长了33%。在学生获得的资助中，贷款的增长比率最大。②

在一些发展中国家，政府对学生的资助政策也在发生变化。以巴西为例，巴西高等教育机会分配与成果分享不公是一个令人关注的社会问题。这种不平等是其社会经济不平等在教育领域内的反映。尽管巴西政府通过大力普及教育和增加社会项目投入缩小贫富差距，根据巴西著名智库瓦加斯基金会研究显示，巴西2010年判断收入分配公平程度的基尼系数为0.5304，是自1960年有该项统计以来的最低值，表明巴西贫富差距明显缩小。③ 但巴西依然被看作世界上最不平等的国家之一。④

---

① Lawrence E. Gladieux:Federal Student Aid Policy:A History and an Assessment[EB/OL]. http://www2.ed.gov/offices/OPE/PPI/FinPostSecEd/gladieux.html,2010-10-20.

② 美国:贫困生大学梦能圆几何——美国大学贫困生资助政策现状及对策分析[N]. 中国教育报,2006-07-14.

③ 杨立民.巴西基尼系数降至0.5304,贫富差距明显缩小[EB/OL].新华网,2011-05-04.

④ World Bank(Document of the Inter-American Development). Brazil:Diversity in Access to Higher Education. Operation No. 1406/OC-BR. Approved on. June 7,2002;世界银行.2006年世界发展报告:公平与发展[R].北京:清华大学出版社,2006.29.

巴西高等教育机会分配不均与其高等教育体系密切相关。公立大学教育精英化，私立教育大众化是巴西高等教育的典型特征。① 正如前文所言，公立大学处于高等教育系统的顶端，实行精英的免费教育，而私立高等学校多数为营利性质，依据市场定价而收取学费，这对于低收入家庭学生而言是一个沉重的负担。

受新自由主义思想的影响，要求公立学校收取学费的改革呼声不断。这与卡多佐（Cardoso，1995—2003）政府的执政理念是一致的。巴西经济自由主义思想家斯密斯（Adam Smith）就指出，高等教育不应该是政府的责任，而是个人的主动选择。由于高等教育对少数特权阶层中的个体更加有利，因此，他主张把教育经费投入基础教育。2003 年，巴西财政部报告指出，政府大量预算投入联邦高等教育机构，不仅降低了对其他各级教育的投入，而且也使得政府公共经费主要服务于少数富人。一向被巴西政府所倚重的世界银行也建议在公立高校中收取学费。在他们看来，收取学费一方面可以提高学校经费使用效率；同时，通过收取学费，使得政府能够拿出更多的钱用于扩大高等教育规模，提供更好的教学条件。不过他们同时提醒巴西政府，收取的学费要充分考虑家庭人均 GDP 收入水平，同时要建立健全学生资助体系，为不利群体接受高等教育编制一个安全网（Safety Net）。② 不过由于既得利益者——全国公职人员和公立学校师生——大规模的抗议，这些改革没有取得预期成效。

为保障高等教育入学机会公平，巴西政府采取的另一项措施是开展学生贷款项目 FIES。这项贷款项目开始于 1999 年。它是按学费的 50%（最初是 70%）直接贷给学校而不是学生，偿还利息低于巴西的一般标准，要求学生在毕业后的第一年开始偿还。学生要获得这笔贷款，必须进入教育部认证的学校，且学业优良。另外，贷款还要得到两个担保人的担保。但

① Higher Education Finance and Cost - Sharing in Brazil[EB/OL]. http://gse. buffalo. edu/org/inthigheredfinance/project_profiles. html. 2011-05-06.

② Arthur Hauptman. Accommodating the Growing Demand for Higher Education in Brazil: A Role for the Federal Universities. The World Bank (Latin America and Caribbean Regional Office,1998).

存在的问题是贷款额度低，对于低收入家庭学生而言，依然难以负担剩余50% 的学费。另外，在还款方面，由于要求每月还款的数额相等，而不是根据学生工作年限和收入情况逐年增加，这对刚毕业入职的学生而言是不小的压力。

政府政策转变的第二个方面是针对“不利群体”（如黑人、妇女、残疾人等）给予优惠性差别待遇的“肯定行动”的式微。政府更加关注经费使用效率和改进教育质量，缩短不同群体之间的“学术差距”。政策的重点在于改进和提高不利群体的竞争能力，同时把其关注的视角从高等教育转向与其相联系的初等和中等教育方面。

美国高等教育未来委员会 2006 年研究报告认为，影响美国高等教育入学机会的主要因素主要是：（1）不同学校、不同阶层子弟之间存在学术差距，它在大学要求和高中培养质量之间产生了一个可以“预料的鸿沟”（Expectation Gap），而这一差距不仅关系到学生能否获得高等教育机会，而且还关系到他们获得什么样的高等教育机会。（2）受助者未能获得及时有效的信息。美国的学生资助系统混乱、复杂、无效，并经常不能给真正需要的学生以资助。美国联邦政府至少有 20 个左右的针对个人接受中等后教育的资助项目和税收优惠政策。但是对于一些家庭而言，免费申请联邦学生资助（FAFSA）较联邦返税更加复杂和漫长。另外，目前的联邦资助政策只有到了高中的高年级才向学生提供大学一年级有关学生资助方面的信息，这就使那些原本有升学计划的家庭由于缺乏必要的信息而放弃入学机会。对于急需获得资助的低收入家庭而言，这正日益成为问题。（3）经济方面的障碍，学生无法承担大学高昂的学费，从而导致学生不得不放弃入学机会。①

为此，政府主要在三个方面进行积极的干预和调节，这些内容主要体现在 2006 年《大学入学机会法》（H. R. 609, the “College Access and

① U. S. Department of Education: A Test of Leadership—Charting the Future of U. S. Higher Education. A Report of the Commission Appointed by Secretary of Education Margaret Spellings.

Opportunity Act of 2006" ）及其他相关文件和报告中：（1）提高和扩大佩尔助学金的额度和资助范围。为了确保低收入家庭的学生能够进入大学，联邦政府强化了有关入学公平的计划（其中包括 TRIO 计划和 GEAR UP 计划），改善少数族裔院校的办学条件。①（2）强调缩短不同学校、不同阶层子弟的学术准备差距。2002 年布什总统签署的《不让一个儿童落伍法案》（NCLB）。规定加强高中与大学的联系，开设衔接高中与大学的课程等措施，强调对学校质量的评估，缩短不同学校的学术差距，实现让所有的儿童有良好的机会接受教育，变得优秀，并能实现他们的梦想。②2006 年《大学入学机会法》规定，要加强对 K－12 年级教师的培训，以提高高中阶段教育的质量，为学生进入大学做好充分的学术储备；高等教育未来委员会也建议美国政府应当通过改进学生的学业准备情况，提高保留率，着力消除非学术障碍，致力于显著提高低收入家庭学生的入学率从而扩大高等教育的入学和促进学生学业的成功。③（3）强调信息透明和政府问责制度的建立。无论是在《大学入学机会法》，还是在高等教育未来委员会提交教育部的《领导力的考验——美国高等教育未来规划》中都指出，为了应对 21 世纪的挑战，高等教育必须从基于学校声誉向基于绩效

① 少数族裔院校是指偏重于为少数族裔服务的高等院校（包括州立大学、私立学校、教会附属院校、人文学院和社区学院）。这些院校包括传统黑人高等院校（Historically Black Colleges and Universities, HBCUs）、传统的黑人研究生院（HBGIs），部落掌管的学院和大学，以及西班牙裔教育服务机构（HSIs）。这些学校在扩大美国学生入学机会方面发挥着关键的作用。布什政府在西班牙裔教育机构中增加了研究生项目，类似于黑人研究生院（HBGLs）。改善这些学校的基本设施（如利用互联网等远程教育技术）增加对 HBCUs 的最低拨款额度，简化部落掌管的学院和大学申请资助的手续。此外，该法案还允许所有的少数族裔院校使用联邦赠与的资金建立捐款基金，以确保这些机构能够为今天甚至未来的学生提供教育。参见 H. R. 609［109th］：College Access and Opportunity Act of 2006 Title IV—Student Assistance and The College Access & Opportunity Act（H. R. 609），March 20, 2006.

② U. S. Department of Education Building on Results：A Blueprint for Strengthening The No Child Left Behind Act.

③ U. S. Department of Education：A Test of Leadership—Charting the Future of U. S. Higher Education. A Report of the Commission Appointed by Secretary of Education Margaret Spellings.

转变，强调在整个高等教育系统建立责任明确，公开透明的文化氛围。① 报告指出，如果建立一个有益的、可靠的，有关高等教育的消费者友好信息数据库，严格贯彻和实施问责制度，我们的每一个目标，无论是提高入学率，还是提高学生接受高等教育的承受力，以及提高质量和强调变革都会很容易达成。

在巴西，为应对配额和学校规模扩张可能带来的质量隐患，巴西政府实施了“公立大学扩张与重建计划”。（The Program to Support Plans for Restructuring and Expansion of Public Federal Universities, Reuni - 2007）该计划也是教育发展计划（PDE - 2007）的一部分，其主要目的是确保学生不掉队。采取的主要措施主要有降低师生比，提高本科生面授课程的比重，使面授课程达到 90% 以上等。②

同时，巴西政府也越来越认识到，高等教育入学机会不均衡往往是基础教育阶段不均衡的延伸和发展。世界银行在分析拉美地区低收入家庭接受第三级别教育低入学率问题时指出，基础教育和中等教育发展不充分并且入学机会不公平，导致来自低收入家庭的年轻人对接受第三级教育期望

① 《高等教育入学机会法》规定，高等教育机构要进行信息公开，让消费者了解他们所购买的服务的更多信息。为此，该法案要求美国教育部重新设计和完善 COOL（College Opportunities Online）网站，以向消费者提供更多有意义的信息。为此，教育部正利用有关信息建一个“大学消费者档案（College Consumer Profile）”，这其中包含许多有价值的信息，如学校的使命、学生人数、学校认证、师生比、教师资格、成本、学生服务、转学分政策、毕业率和就业率等。法案还聚焦过高的学费，规定增加学费的高等教育机构有向公众说明增加学费的原因以及将会用于控制学费上涨的策略。针对认证机构原来仅向公众提供有限信息的情况，该法案要求认证机构在认证过程中更加透明，有关信息要向学生、家长、普通大众开放。并且为了让学生转学更加灵活和便利，要求学校要将来学分转移政策公开化，使得基于区域或政治偏见对学生学术能力的否定变得更加困难。参见 H. R. 609（109th）：College Access and Opportunity Act of 2006 Title IV—Student Assistance and the College Access & Opportunity Act（H. R. 609），March 20，2006.

② Maria Estela Dal Pai Franco Marília Morosini. Access of Higher Education in Brazil：Critical Issue and Perspective 30th ANNUAL EAIR FORUM 24 to 27 August 2008 Copenhagen，Denmark.

值很低，①为了推进高等教育入学机会公平，巴西政府在国家教育规划（The National Education Plan，PNE，2001）等文件中明确提出要提高基础教育和中等教育阶段质量，改进该阶段不同群体受教育机会不均的局面。在世界银行专家看来，这是推进高等教育入学机会长久而有效的举措。

（三）作为供给者的政府角色

政府对高等教育入学机会的供给主要体现在它构建了一个怎样的高等教育结构和体系，以及在应对越来越多的入学需求和实现高等教育大众化过程中采取了哪些策略。从各国的实践来看，高等教育规模的扩张一般存在两种形式：其一，通过对原有公立高等教育系统的扩充或重构；其二，通过鼓励和资助私立民办学校的发展。随着高等教育规模的扩大，人们已经越来越认识到，仅仅依靠政府的力量，难以满足日益增长的入学需求。这就需要扩大高等教育的供给主体，实现办学主体的多元化，同时针对不同的入学需求，高等教育结构和类型的多样化也是必然的要求。

扩大高等教育供给，面临的必要挑战是如何处理平等与精英、规模与质量之间的关系，进一步引发的问题是扩大供给仅仅是“量的扩张”，还是会引发“质的变化”。马丁·特罗高等教育大众化理论作为一种揭示和解释高等教育活动变化的一种“预警”②，表明当高等教育发展到一定规模时，必然要引起高等教育内部“质的规定性”的深刻变化。日本学者喜多村和之也对之进行了归纳。指出高等教育机构将从精英阶段的均质性、统一体制发展为大众阶段的异质性、统一体制丧失③。

各国由于政治、经济和历史文化传统不同，高等教育系统结构体系存在较大差异，在应对规模扩张时所采取的策略不尽相同。

美国高等教育民主化运动可以追溯到两个世纪之前，19 世纪，在莫里

① World(Latin America and Caribbean Region Human Development Sector February 2008) Yuki. Murakami Andreas Blom. Accessibility and Affordability of Tertiary Education in Brazil, Colombia, Mexico and Peru within a Global Context, Number 117.

② 邬大光：高等教育大众化理论的内涵与价值——与马丁·特罗教授的对话[J]. 高等教育研究，2003，(6)：6－9.

③ 天野郁夫. 日本高等教育大众化的过程与结构[J]. 国际高等教育研究，2003，(3)：15－20.

尔法案的推动下，美国各州掀起赠地学院运动，确立了公立大学在高等教育结构体系中的地位。这些大学宣称要为普通老百姓即工人和农民的子女服务，同私立大学的英才主义性质相比，它们更具有大众性。由于这类大学同群众的资助密切相关，因此，它们招收学生不那么具有选拔性，主要服务于本州的人力需求。①

第二次世界大战后，为了应对国际“冷战”格局和国内经济需要与民主化的浪潮，美国政府把改革和发展教育事业看作应对各种挑战的战略重点，大力支持和发展高等教育，积极采取措施扩大高等教育入学机会，以提升美国的竞争力，实现经济的转型和振兴。1947 年杜鲁门总统高等教育委员会提出大力发展社区学院。大力发展社区学院具有“一石二鸟”之功效，既满足了经济发展对专业人员和技术人员的需要，又适应了高等教育民主化的时代潮流。特别是在 60 年代后期，平均每周就有一所新的社区学院建立。到 70 年代中期，社区学院已经发展到 1000 多所，学生达到全美高等学校在校生总数的 1/3，成为美国高等教育中的开放部分。由于社区学院采取开放招生的政策，并且不收或仅收极低的学费，因此，吸引了大量过去不可能有机会步入大学校门的青年接受高等教育，为美国高等教育的大众化和普及化做出了极大的贡献。同时，社区学院还起到一种筛选作用，消解了高等教育规模扩张与质量之间的紧张。

由于采取市场竞争机制，美国不同类型学校需要相互竞争获得特定的消费者，以维护自己的消费市场，避免了不同类型、层次的学校的目标的趋同。阿什比指出，“美国高等教育的质量千差万别，学士学位的标准多种多样，对自身环境具有很有价值的适应力。社会上所要求的合格标准，并不都是学术上所力求达到的合格标准；学校所发的廉价证书，正像市场出售的廉价汽车一样，具有它合法的市场。这种市场在任何方面都未尝损伤优秀院校的质量。相反，胸无大志的学生被那些标准较低的学校吸收去了，正好可以保证那些享有国际声誉的学府的高标准”②。

---

① [加]约翰·范德格拉夫等. 学术权力——七国高等教育管理体制比较[M]. 王承绪等译. 杭州：浙江教育出版社，2003. 19.

② [英]阿什比. 科技发达时代的大学教育[M]. 滕大春等译. 北京：人民教育出版社，1983. 12.

欧洲各国以具有中世纪以来的传统和以国立大学为主组成的典型的精英型、敏感性不高的高等教育系统为特征。在第二次世界大战后，英国经济发展以及社会对高等教育的需求越来越强烈，原有的精英化的、高度自治的高等教育系统亟待改变，高等教育规模迫切需要得到扩张，但英国大学的政策却是通过严格限制学生人数来保持大学教育所有的优点。

1960 年,社会、政治、经济等各方面变革的压力迫使英国组建了以罗宾斯为首的高等教育委员会，1963 年，《罗宾斯报告》出台。该报告提出“所有具备认学能力和资格并希望接受高等教育的青年都应该获得高等教育的机会”。这个著名的“罗宾斯原则”对英国高等教育的发展产生了深远的影响。

在这一原则的指导下，英国的高等教育规模有了极大的扩张。英国在原有的 20 所大学的基础上新办了 6 所大学，接受全日制高等教育的人数从 1962—1963 年的 216 000 人增至 1980—1981 年的 560 000 人，使接受高等教育的人数从相关年龄组的 8% 增到 17% 。①

但是与罗宾斯委员会的建议相反，高等教育的扩张，大部分并没有发生在大学以内（“自治”的部分），而是通过建立第二个高等教育部门，即多科技术学院和其他学院，或“公立”的高等教育部门实现的。

1965 年英国教育与科学国务大臣克罗斯兰德(A. Crosland)在乌尔维奇多科技术学院做第一次二元制政策的演说后，1966 年政府颁布了《关于多科技术学院与其他学院的计划》(A Plan for Polytechnics and Other Colleges)，简称《计划》。白皮书任命 28 所(后来成立 30 所)多科技术学院为二元制高等教育的“公共部门”。《计划》导致了高等教育“二元制”(binary system)的建立，即把高等教育分为“自治”的大学高等教育和“公共控制”非大学高等教育两部分，大学与非大学部分组成“二元结构”。这两个部分按照 “平等存异” 的原则发展。② 大学保持自己传统的学术任务，包括进行基础研究，而公立高教部门必须发展职业高等教育

① 张建新,陈学飞.英国高等教育改革法述评[J].清华大学教育研究.2004,(2):69－83.

② [荷]弗兰斯·F. 范富格特.国际高等教育政政策比较研究[M].王承绪等译.杭州:浙江教育出版社,2003.368.

和相关类型的高等教育，并满足不同学生群体的需求，特别是向他们提供部分时间制的副学位课程。但是“多科技术学院是以一种复杂的眼光来看待它们在高等教育系统中的作用，通过所谓‘在学术上的倾斜’过程，努力变得更加平等，缩小与大学的差距”。① 随着 1992 年《1992 继续教育和高等教育法》[The Further and Higher education (Scotland) Act 1992] 简称《教育法》颁布，政府同意多科技术学院改名为大学，具有和大学相等之地位，享有自行颁授学位之权力，从而结束了二元制状态。

如果说美国是通过大力发展以服务民众为理念的大众化类型的州立大学和“社区学院”扩大高等教育入学规模，英国通过构建“二元结构”消解高等教育体系中新旧传统之间的紧张的话，那么，作为发展中的、后发型国家的巴西在扩大高等教育供给时则在“依附”（借鉴经验）和“适切”（符合国情）之间进行抉择。

巴西高等教育规模扩张出现在 20 世纪六七十年代，这是巴西经济快速发展但同时也是社会矛盾比较激烈的时期：一方面，城市化进程进一步加快；妇女逐步进入劳动力市场；中等教育规模不断扩张；现代工业发展对新的技能提出了更高的要求，年轻人希望通过教育获得更好的工作机会，以实现自身的价值；社会福利和公共服务水平逐步提高等诸种因素形成一种强大的力量，推动了高等教育迅速发展。另一方面，由于人力资本理论的发展以及政府对高等教育在建立一个“强大的巴西”的作用怀有强烈的期待。② 为了应对经济社会发展带来的愈来愈多的入学需求，巴西政府大力鼓励和发展私立教育，导致高等教育规模不断扩张。高校在校生人数从 1968 年的 27.8 万增加到 1978 年的 40.5 万。③

---

① [荷]弗兰斯·F. 范富格特. 国际高等教育政政策比较研究[M]. 王承绪等译. 杭州：浙江教育出版社，2003. 368.

② Simon Schwartzman. Latin America: National Responses to World Challenges in Higher Education[A]. Higher Education in the 21st Century: Global Challenge and National Response. Edited by Philip G. Altebach [C]. Boston College and Pattimcgill Peterson Institute of International Education and Council on International Exchange of Scholars. April 1999 [EB/OL]. http://henc - jordan. org/en/others/HIGHER ~ 1. PDF. 2008-05-06.

③ Angela C. de Siqueira. Higher Education Reform in Brazil: Reinforcing Marketization [J]. Journal for Critical Education Policy Studies, 2009, 7(1): 170.

自20世纪80年代末以来，巴西先后颁布了三个重要文件：巴西联邦宪法(Federal Constitution of Brazil,1988)、国家的教育方针和基本原则(Law of Direction and Basis for National Education，LDBN 1996)以及巴西国家教育规划(The National Education Plan,PNE 2001)。联邦宪法赋予每个人公平接受教育的权利,并把保障公民受教育权看作政府、家庭以及全社会的责任(第205条)，国家将提供免费的公立教育(第206条)。1996年的国家教育方针和基本原则着力于推动高等教育结构体系的多元化。而巴西国家教育规划则明确指明了巴西高等教育的发展目标是到2010年，18—24岁适龄青年中接受高等教育的人数达到30%。① 这三个文件是巴西高等教育发展的纲领性文件，推动了巴西高等教育的快速扩张。

大力发展私立教育是巴西政府应对日益增加的高等教育入学需求的主要策略。自石油危机之后，新自由主义一直主导着拉美国家的经济改革，拉丁美洲成了新自由主义的“实验场”。在高等教育领域主要体现为“私有化”(Privatization)。世界银行在《高等教育：经验中学习教训》(Higher Education:The Lessons of Experience)报告指出，发展私立教育有三个主要有利之处：(1)发展私立教育有利于增加高等教育入学机会，促进教育公平；(2)欧洲传统的大学模式不适合中低收入国家(LMICs)，发展私立教育有利于更好地满足学生的需要，并且竞争有利于提高高等教育质量；(3)发展私立教育有利于减轻公共财政负担，有利于政府把更多的经费投入到基础教育之中。② 受新自由主义思潮影响以及政府采纳世界银行的建议，卡多佐政府大力发展私立高等教育。在1994—2006年间，公立高校从211所增加到248所，增长率仅为17%，而同期私立高校则几乎增长了三倍，从711所增加到2022所，其中一半以上是1998年后新建的。私立学校在校生人数占全国高校在校生人数的比例从1994年的58%，增加到2008年的75%。公立学校学生人数尽管也从70万增加到了140万，但总体增长缓慢。见图2-2。

① The National Education Plan. Accelerating Action Towards Education for All. Amsterdam-The Netherlands,10 - 11. April 2002.

② World Bank Report[R]. Higher Education:The Lessons of Experience,1994:40.

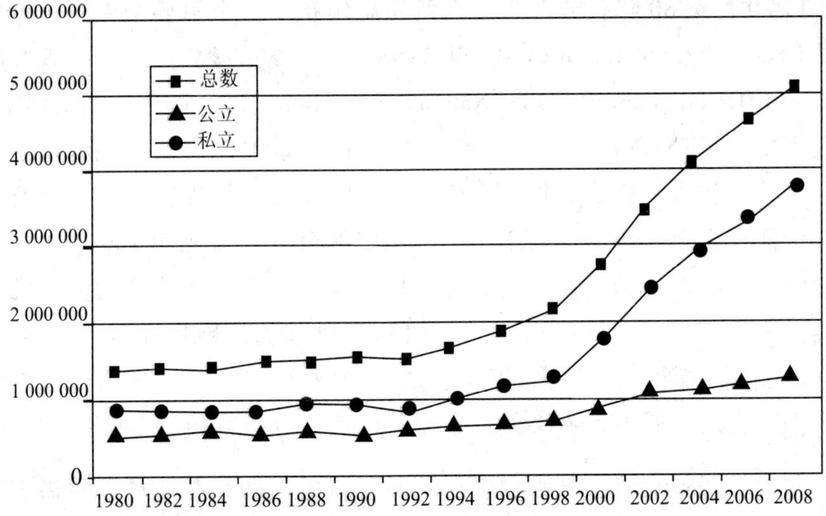

图 2-2　1980—2008 年巴西高等教育在校生人数

资料来源：Renato H. L. Pedrosa. Master Planning in Brazilian Higher Education: Expanding the 3 - Year Public College System in the State of São Paulo. Research & Occasional Paper Series: CSHE. 2010. 10

由于巴西私立高等教育在整个高等教育体系中占有非常大的比重，为缓解公立学校入学紧张问题，同时调动私立学校的办学积极性，政府还发起了“大学为所有人开放项目”（University-for-All Program，ProUni）。ProUni 项目是卢拉政府于 2004 年 9 月颁布，2005 年 1 月通过法律使其制度化的。该项目的主要内容是政府通过免税方式鼓励私立高校接受有能力的学生入学。学生只要来自低收入家庭，并通过教育部组织的“高考”（ENEM），就将获得学费全免或部分免除的奖学金。另外，自 2006 年起，获得学费全免的全日制学生还将获得每月 300 里尔（折合 185 美元）的生活补助金。

实际上，该项目无须政府、参与学校的任何实际投入。政府只是要求私立学校把免于征税的部分用于奖学金的发放上，并要求奖学金的覆盖范围要达到 10% 。该项目的实施有利于充分利用私立学校闲置的教学资源，同时又保障了低收入家庭子女不因负担不起学费而失去接受高等教育的机会。政府希望该项目在 2008 年能让 40 万学生受益，这相当于公立学校在校生规模的 33% 。①

ProUni 项目在实践中面临的主要问题和矛盾是政府为扩大该项目受益者范围而不断降低 ENEM 考试的分数，加之，项目学校主要是那些质量和声望比较低的私立学校，教育质量难以保障。而对于参加该项目私立学校而言，尽管享受了免税的优惠，但依然认为自己分担了过高的费用，因此，为了自己的利益，他们并不能够严格按照规定分配名额，分配的名额也不一定都是针对目标人群的。同时，为了降低成本，他们选择尽量提供一些过时的、低成本的课程。这在一定程度上降低了该项目的实施效果。

其次，政府把推动高等教育结构体系多元化看作增加高等教育入学机会的重要手段而不遗余力地推进。自 1996 年《国家的教育方针和基本原则》颁布之后，巴西政府便把更多的关注点放在推进高等教育组织结构和供给形态的多元化方面。建立大学中心（University Centers）,发展三年制高等职业教育，发展继续教育课程（Sequential Course），开办夜校（Night Classes），发展远程教育（Distance in Higher Education），创办开放大学（Open University）等。从理论上而言，高等教育结构的多元化有利于扩大高等教育规模，满足不同人群的入学需求，进而推进入学机会的民主化程度和扩大入学机会的平等化水平。

关于公立高校在应对日益增长的入学需求时应发挥怎样的作用也成为改革的焦点。公立高等教育的改革主要体现在两个方面：其一是通过开办夜校的方式不断扩大公立大学的在校生规模。见表 2-3。

表 2-3　巴西不同类型高等教育机构中夜校生所占比重(%)

机构类型	1991	1997	2006
大学(University)	37.8	44.5	50.5
联邦(Federal)	15.0	16.7	24.1
州立(State)	37.6	42.7	39.2

---

① Jamil Salmi with Chloë Fèvre. Tertiary Education and Lifelong Learning in Brazil[EB/OL]. http://www.anped11.uerj.br/internacionalizacao/Banco_mundial/tertiary_education_in_brazil_15_Jan_09.pdf

续表

机构类型	1991	1997	2006
市立(Municipal)	71.1	72.1	67.8
私立(Private)	54.5	58.7	63.3
多科性学院(Non - University Multiple Faculty)	77.3	77.0	69.5
市立(Municipal)	94.0	14.0	75.6
私立(Private)	76.6	77.3	69.3
单科性学院(Non - University Single Faculty)	75.1	76.3	75.5
联邦(Federal)	29.9	43.4	46.2
州立(State)	74.6	76.1	60.2
市立(Municipal)	82.1	82.2	75.8
私立(Private)	76.0	76.9	77.1
Total	55.1	54.7	60.9

资料来源:MEC/Inep/Deaes,2006.

另一方面是新建一批联邦大学，其中尤为突出的是大力发展公立专业和技术学院。2007年，巴西实施了一项教育发展计划（Education Development Plan - PDE），该项规划的出发点是落实高等教育净入学到2010年实现30%的目标。在该发展规划中，主要的一项策略就是大力发展专业和职业技术学院。巴西圣保罗州已经学习美国加州经验，制定了一个总体规划（Master Plan）。该规划把公立学校的扩张看作一个整体，为此，在提交该州的一份报告中提出如下建议：（1）扩大州所属大学的规模；（2）大力发展类似美国社区学院的两年制职业学院；（3）大力发展公立技术学院（Public State Technological Colleges，FATEC）。报告认为，发展公立职业技术学院，一方面可以缓解公立大学的入学压力，使其在学术、研究等方面继续保持卓越；另一方面，由于其以就业为导向，在扩大规模的同时也能更好地适应就业市场的要求。①

① Renato H. L. Pedrosa. Master Planning in Brazilian Higher Education: Expanding the 3 - Year Public College System in the State of São Paulo. Research & Occasional Paper Series: CSHE. 2010. 10.

通过一系列措施，2009 年，巴西高等教育毛入学率达到了 38%，在金砖成员国中远远高于中国（2009,25%）、印度（2007，13%），低于俄罗斯（2008，77%）。在南美洲及加勒比海地区，属于高等教育发展非常快的国家之一，超过了秘鲁、哥伦比亚，不过还远远低于阿根廷（2009，68%）、智利（2008,55%）、委内瑞拉（2008,79%）等国家（世界银行发展指数,2006—2009）。

世界银行《高等教育：经验中学习教训》报告中指出，推动高等教育入学机会公平有利于增强国家的融合，有利于改变不利群体的地位，他们为各国政府提供了三条改进策略：（1）改进不利群体基础教育阶段的受教育水平状况，以提升他们对获取高等教育入学机会的需求；（2）建立多元化的高等教育机构满足多元化的需求；（3）为学生学习提供财政资助；通过完善入学标准用以校正入学机会的不公平性。①

世行的建议暗含了政府在高等教育入学机会分配中作为标准制定者、资助者和补偿者、供给者的三种角色。不过这三种角色是一种理想划分，是通过单向突出事物的一点或几点,通过对大量弥散的、孤立的、时隐时现的具体的个别现象综合形成的。事实上他们之间的界限是模糊的，在不同的政治、经济和文化背景下，三种角色以不同的方式发挥着作用。

二、政府角色实践的原则

在对政府角色进行界定后，进一步的问题是政府如何扮演这些角色，或者说，政府在角色实践中应当遵循什么样的原则。韦伯划分了解释行动合理性的两个方面：价值合理性和工具（或目的）合理性，②本书对政府角色扮演应坚持的原则考量也正是建立在这样的理论基础之上的。

（一）公共利益至上原则

这是制定公共政策的价值基础，作为现代政府，在其施政理念上，应当认识到，公共行政的根本目标应是公共利益（public interest），政府不应

① World Bank Report[R]. Higher Education:The Lessons of Experience,1994:76.

② [韩]金钟珉. 关于韦伯与哈贝马斯的合理性概念的比较[EB/OL]. http://www.cnw3.org/ytht/philosophy/11/69/42.html. 2008-03-11.

有单独利益，而以追求社会公共利益为唯一目标，以实现社会公共利益为唯一的出发点和归宿点。T. 库伯认为，公共利益，作为规范行政伦理的道德指南，把我们引向基本责任，他质问："你是为广大的公共享有的利益代言呢，还是只为有限的特殊利益集团服务？"在提醒我们担负着对前者而非对后者的伦理责任方面，在提醒我们作为公共管理者方面，公共利益概念是最有用的。①政府的职责是提供公共产品，维护和提供社会公正是其核心价值。它不同于企业，不能以效率作为首要目标。"公正是社会制度的首要品格"。切实实现真正的公平增长、保障机会公平，使全体公民的权利能够平等、充分地实现，是政府的紧迫任务和责任。②

然而，需要指出的是，公共利益并不等于大多数人的利益，它不同于政治哲学中功利主义的观点，即公共事务应当满足"为最大多数人谋求最大效用"这一原则。因为，这一原则会导致政府忽视或放弃对少部分人的责任。对此，可以从一些反对实施"优先政策"的主张中得到印证：他们的观点归结起来主要有两点：一方面，他们认为，实施优先政策会形成一种"反向歧视"的不正常现象（这方面的论述在上文中已经提到）；另一方面，他们质问，在一个资源短缺的时代，政府有必要花费如此高昂的代价保护少数人的权利吗？③他们辩称，以权利为基础而制定政策，更倾向于考虑较少团体的利益，而不是更大的社会利益。换言之，要获得这些有限的利益，我们付出的代价太大了。

政府的确不可能同时满足全体公民的愿望和要求，但是忽视或放弃对少数人权利的保障是不正义的。正如弗伦奇指出，如果行动的道德正义不是伴随着好的结果而产生，那么道德正义并不仅仅是由对个体或大众的幸福的考虑来决定的。因此，保障公共利益在政策选择上应当坚持普适性的原则，而不应该针对某个群体，所有的人都不应该被抛弃。

基于以上的分析，对这一原则的实践应当主要体现在两个方面：其一

① [美]奥尔森.国家兴衰探源：经济增长、滞胀与社会僵化[M].吕应中译.北京：商务印书馆，1993.21.

② 高国希.机会公平与政府责任[J].上海财经大学学报，2006，(6)：2－10.

③ [美]弗兰克·费希尔.公共政策评估[M].吴爱明等译.北京：中国人民大学出版社，2003.146－148.

是保障所有人在政治、经济、社会上享有公平的机会，这是政府的基本职责；其二是避免绝对的剥夺。因为从机会到结果往往被扭曲，有些人即使享有公平的机会，但他们的努力事与愿违，不管是出于保障还是怜悯的角度，政府都不希望自己的成员遭遇惨境。① 1998 年诺贝尔经济学奖得主阿马蒂亚·森在谈到经济全球化时仍指出，全球化：只要公平就好，我们真正要做的是如何更加公平地分享社会发展的成果。

（二）责任与权力对等原则

这一原则是建立在对公共行政行为符合工具（或目的）合理性的考量基础之上的。使责任与权力匹配是建立现代政府的基本要求。作为一种理想形态的假设，我们当然希望政府责任尽可能地大，而权力尽可能地小，但这样的政府是不可能存在的，一个权力很小或完全没有权力的政府是无法对任何公共利益承担责任的。而从制度安排的“经济人预设”出发，可以认为无论在何种“文化”中，如果没有制约条件，统治者都可能趋向于权力尽可能大，而责任尽可能小。而被统治者则相反，他们都希望兼享最大自由与最大福利保障，因此要求统治者权力尽可能小而责任尽可能大。②上述两种形态不仅不能被现实所接纳，而且也难以有效承担其维护公共利益的责任，这就要求建立起责任与权力相匹配的政府。责任与权力相匹配的政府存在两种类型：其一是政府权力小，相应地其承担的社会福利责任与保障也小；其二是政府权力大，相应地承担的社会福利责任和保障也大。

但是，这两种政府形态仅仅使二者形成表面而不是实质的匹配和对应，因为，在第一种类型中，政府可能通过让度自己的权力从而放弃自己应当承担的责任；在第二种类型中，政府可能通过扩大自己并不能承担起的责任从而扩大自己的权力。因此，问题的关键是，我们必须对政府的权力和责任有清晰的认识：区分哪些责任是政府必须承担的，哪些责任是政府不能或不能完全承担的；哪些政府权力需要强化，哪些权力必须弱化。福山提出国家建构（state - building）的概念，他将国家活动的范围和国家

---

① 世界银行.2006 年世界发展报告：公平与发展[R].北京：清华大学出版社，2006.19.

② 秦晖.权力、责任与宪政——关于政府“大小”问题的理论与历史考查[J].社会科学论坛，2005，(2)：10 - 37.

权力的强度区别开来，前者主要指国家所承担的各种职能和追求的目标，后者指国家制定并实施政策和执法的能力，特别是干净的、透明的执法能力——通常指国家能力或制度能力。并指出最佳的改革路径是在缩减国家职能范围的同时提高国家力量的强度。① 世界银行 1997 年世界发展报告《变革世界中的政府》指出，政府改革首先应使政府的作用与其能力相符；其次，通过重振公共机构活力从而提高政府能力。②

从目前的政治实践来看，责任与权力分离的事实在一定程度上还普遍存在，或者在缩减政府职能的同时，放弃了政府的责任，或者不断扩大政府权力，而政府责任却有名无实。这就提醒我们，坚持责任和权力对等原则，必须注意以下三个方面：其一，从政府责任的实现来看，对于政府应当承担的责任，必须借助公共权力——"干净、透明的执法能力"给予有效的保障，而不能仅仅体现为一种意志的表示；③其二，从政府责任的范围来看，政府的责任不是无限的，对于政府不能或不能完全承担的责任，政府就需要通过放权的形式确认和鼓励其他责任主体承担起来，形成一个公共机构和其他非公共机构多元治理的结构和体系；其三，权力依附责任而存在，责任借助权力以实施，没有无权力的责任，也不存在无责任的权力，二者互相对应，不能须臾分离，这就需要把责任和权力都置于法治化和制度化的框架之下。现代政治的使命就是对国家的权力实施制约的同时，把国家的活动引向它所服务的人民认为是合法的这一终极目标上，并把权力的行使置于法治原则之下。

三、本书对政府角色厘定的基本思路

以上对政府角色的梳理更多的是理论层面的分析，事实上，政府角色在不同国家、不同时期总是在不断演化和发展，在实践中也具有多种多样的表现，因此，对它的理解和认识应当置于特定的历史情境之中。表 2-4 勾勒了本书对政府角色厘定的基本思路。

---

① [美]弗朗西斯·福山. 国家建构:21 世纪的国家治理与世界秩序[M]. 黄胜强等译. 北京:中国社会科学出版社,2007. 7,16.

② 世界银行. 变革世界中的政府[R]. 北京:中国财政经济出版社,1997. 3.

③ 王邦佐,桑玉成. 论责任政府[N]. 解放日报,2003-05-13.

表 2-4　建构政府角色的基本框架

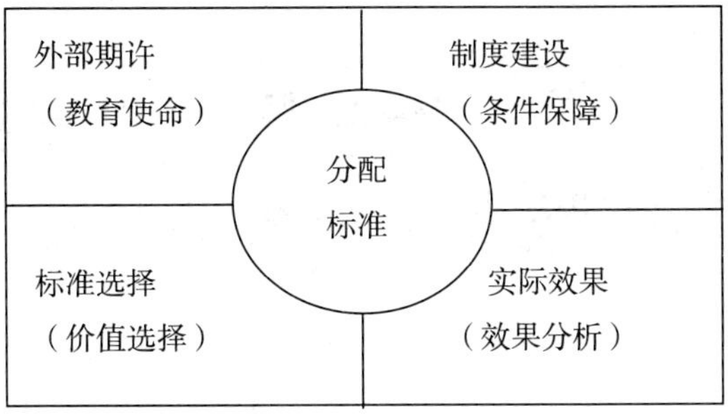

首先，高等教育入学机会的分配标准是认识和厘定政府角色的一个切入点。而标准本身具有一种控制和排斥功能，它是政府对教育期许的一种反映，因此，阐释政府角色的首要前提是分析不同时期的教育使命和任务，而对教育使命和任务的分析也有助于认识不同时期分配标准选择的价值基础。

其次，教育使命和任务的完成必须借助于一定的制度保障，不同的使命和任务必然体现为不同的制度设计，这就需要对不同时期的制度设计进行分析和梳理。对不同时期教育制度认识的目的在于分析其与教育使命和任务的契合程度，更为直接的目的在于分析这一制度对高等教育入学机会的分配产生了怎样的影响。本书侧重分析高等教育的办学和管理体制，着重考察高等教育的层次和类型结构，前者涉及高等教育的供给问题，后者涉及有效性问题，即高等教育入学机会的供给如何平衡规模和质量、精英教育与大众教育之间的关系。

最后，需要对选择后的分配标准和制度设计进行评估，评估的目的不在于考察标准选择和制度设计的“合理性”，而在于分析做出如此选择后，政府“三种角色”扮演在不同时期的“实然”境遇，在此基础上，进一步分析政府、学校、社会（市场）之间的关系。

第三章

新中国成立初期政府在高等教育入学机会分配中的角色

所有社会，在民族危机和重大事变时期之后都有过重大教育改组的尝试。

——[美]卡扎米亚斯

无产阶级、农民、城市小资产阶级的广大群众，有待于我们宣传、鼓动和组织的工作。把群众力量组织起来，这是一种方针。还有什么与此相反的方针呢？

——毛泽东，1943

第一节 “三种传统的取舍”——高等教育的改造与重构

中华人民共和国的成立开辟了一个新的时代。中国人民终于有机会按照自己选择的社会主义道路来建设自己的国家。然而，新生的政权仍然面临着重重困难，对外有来自国际资本主义阵营的孤立、打压，对内又面临着继续巩固新政权，恢复和发展由于长期战乱而濒于崩溃的经济，以迅速实现工业化的目标。这就需要号召和动员全社会的力量投入社会建设之中，为争取经济好转而奋斗。正如冯友兰所指出的，在新社会，整个社会被组织起来，好像一个号令严明的军队。在其中，每个人都有他不同的岗位，但是所有的人都向着一个目标，这个目标就是，以建设新社会为人民服务。① 高等教育自然不能置身事外，它必将成为实现国家目标的重要工

① 冯友兰.对于中国近五十年教育思想进展的体会[J].人民教育，1950，(4)：9－12.

具之一，担负着重建新的政治、经济秩序的责任。为了使教育与其承担的使命任务配合，政府对教育的改造就成为必然。周恩来指出了构建新的教育制度的基本路径，这就是一方面要反对旧的；另一方面要发展新的。① 旧有的传统、老解放区的经验和苏联经验构成了建设新中国教育的三种源泉，②它们对中国高等教育的改造和发展产生了重要的影响。

一、新中国成立初期高等教育的任务和使命

早在1940年，毛泽东在《新民主主义论》中就对新中国文化教育的改造和建设进行了系统的阐释：一定的文化（当作观念形态的文化）是一定社会的政治和经济的反映，又给予伟大影响和作用于一定社会的政治和经济；而经济是基础，政治则是经济的集中表现。……我们要革除的那种中华民族旧文化中的反动成分，它就不能离开中华民族的旧政治和旧经济；而我们要建立的这种中华民族的新文化，它也不能脱离中华民族的新政治和新经济。中华民族的旧政治和旧经济，乃是中华民族的旧文化的根据；而中华民族新政治和新经济，乃是中华民族的新文化的根据。并进一步指出，随着新民主主义革命的胜利，中国将建立其民族的、科学的、大众的文化。③ 基于这样的认识，在新政权建立后，它的首要任务必然是通过党的领导，贯彻国家的意识形态，加强对知识文化系统的控制与改造，培养和造就无产阶级知识分子。④

1949年9月，中国人民政治协商会议第一次全体会议通过的《中国人民政治协商会议共同纲领》（以下简称《共同纲领》）规定了新中国的文化教育政策，明确指出，中华人民共和国的文化教育为新民主主义的，即民族的、科学的、大众的文化教育，它应以提高人民文化水平、培养国家建设人才、肃清封建的、买办的、法西斯主义的思想、发展为人民服务的思想。同年召开的第一次全国教育工作会议正是本着这样的教育方针召开的，在这次会议上，马叙伦指出，新民主主义教育应当做为巩固和发展人

---

① 周恩来教育文选[M].北京:教育科学出版社,1984.2.

② 在全国教育工作会议上钱俊瑞副部长总结报告要点[N].人民日报,1950-01-06.

③ 毛泽东.新民主主义论(1940年1月),摘自毛泽东同志论教育工作[M].北京:人民教育出版社,1958.5-6.

④ 杨东平.艰难的日出——中国现代教育的20世纪[M].上海:文汇出版社,2003.119.

民民主专政的一种斗争工具。为此，必须对旧的教育进行改造，同时各级学校要向工农开门，以期培养工农出身的新型知识分子。①

1950年，第一次全国高等教育会议召开，根据《共同纲领》和第一次全国教育工作会议精神，这次会议提出高等教育的任务和使命是：我国的高等教育必须培养具有高度文化水平，掌握现代科学技术成就，全心全意为人民服务的高级建设人才，同时准备和开始吸收具备入学条件的工农干部和工农青年进入我们的高等学校，以培养工农出身的新型知识分子加入国家建设的行列。②具体体现在以下几个方面。

第一，高等教育必须配合国家经济、政治、文化、国防建设的需要，而首先要为经济建设服务。因为经济建设乃是整个国家建设之本。高等教育必须实行具体的适当的专门教育，培养高级建设人才。而不能采取“为教育而教育”“为学术而学术”“孤芳自赏”，与国家建设的需要脱节的方针。这就表明，在新中国成立之初，教育方针首要目的是培养高级的建设者，这与当时亟须恢复和发展经济的需要密切联系在一起。并且，随着经济建设特别是“一五”计划的开展，这一方面的要求被摆到了突出的地位。

第二，高等学校应该准备和开始为工农开门。周恩来在全国高等教育会议上的讲话中指出，我们的教育是大众的，是为人民服务的，这是我们教育的方向。我们的国家是以工人阶级为领导、工农联盟为基础的人民民主专政的国家。所以，我们的高等教育首先就要向工农开门，以便及时地为我们国家培养大批工农出身的知识分子。这是为了巩固和发展工人阶级领导的，以工农联盟为基础的人民民主专政，为了胜利地进行新民主主义的建设，并保证新民主主义向社会主义的顺利发展的需要。③

---

① 马叙伦.在第一次全国教育工作会议上的开幕辞[A].瞿葆奎.中国教育改革[C].北京:人民教育出版社,1991.5-10.

② 对于新中国高等教育方针和任务的表述可以见马叙伦在第一次全国高等教育会议开幕辞[J].人民教育,1950,(3):11-14.钱俊瑞在1950年6月9日在全国高等教育会议上的结论:团结一致,为贯彻新高等教育的方针,培养国家高级建设人而奋斗[J].人民教育,1950,(8):8-14.

③ 周恩来.在全国高等教育会议上的讲话,摘自周恩来教育选集(下卷)[M].北京:教育科学出版社,1984.6.

第三，高等教育应该随着国家的建设逐渐走上轨道，逐步走向计划化。首先，要逐步实现统一和集中的领导。中央人民政府教育部对全国公立高等学校，在方针、制度、课程设计、负责人任免、课程教材及教学方法等方面，都应该负有领导责任。其次，在统一的方针下，按照必要和可能，初步地调整全国公私立高等学校或其某些院系，以便更好地配合国家建设的需要。

对于新中国成立初期教育的使命和任务，费正清认为，中国的教育政策在1949年之后，重心放在人民群众身上，着手培养意识形态健康的技术专家。但实际上的制度仍然是面向两个方向：一方面给全国人民一种现代教育和技能；另一方面是训练多学科的现代知识阶层，以取代旧的儒生——士大夫行政官。① 而姚若冰认为中国的教育目的有二：一个目的是培养个人的知识和技能，使其能发挥各自的业务功能，增进国家的生产；另一个目的是对社会成员灌输共产主义的政治思想，帮助他们建立新的共产主义价值观、信念、态度、思想和感情，使之与共产主义的政治意识形态配合，进而巩固政权的基础。② 从费正清的论述中我们可以看到新中国教育任务面临的“冲突性”，就高等教育而言，也的确如此，它一方面需要遵循严格的学术标准承担起人才培养的重任；另一方面必须把向工农开门作为一项重要的政治任务。然而，有限的教育资源与旧有的教育体系显然难以承载这一双重任务。而从姚若冰的论述中则看到了“改造”的必要性。即新中国的教育必须从属于政治与经济需要，必须为无产阶级服务。这就需要构建一种新的制度。这种构建是从对旧有教育制度的批判开始的。

二、对旧教育制度的扬弃

新中国继承下来的教育事业非常落后。全国80%以上的人是文盲，在

---

① 费正清认为，20世纪的中国教育政策走向，有三个明显不同的时期，第一个时期是旧式经典教育时期，到1905年以前培养了一批士大夫。他们如同西方牛津大学和剑桥大学毕业生一样，是知识渊博的行政官而不是技术专家。第二个时期到20世纪40年代末为止，西方自由式的教育培养了一批现代化的知识分子，而一般人民则接受了初等教育。第三个时期是1949年之后。见费正清. 伟大的中国革命（1800—1985）[M]. 刘尊棋译. 北京：世界知识出版社，2003. 344.

② 姚若冰. 中国教育1949—1982[M]. 台北：华风书局，1986. 1.

解放前的1947年，高等学校在校学生共15万人，平均每万人中仅有高等学校学生3人，中等学校学生38人，小学生486人。① 在新中国成立之初，由于连年战乱，文化教育事业处于低谷（表3-1）。除了受教育人数有限外，高等教育的布局也极不均衡。在第一次全国高等教育会议上，马叙伦描述了新中国高等教育的现状：全国除台湾地区外，共有高等学校227所，②（各地的人民革命大学一类性质的学校和各地军政大学不在内），其中公立学校138所，私立学校65所。全国高校中大学占29%，专门学院占40%，专科学校占71%。这些学校数量少、质量不高，地区分布极不均衡，华东地区就有高等学校85所，占总数的37.4%。单上海一地就有43所，几乎占高校总数的五分之一。③ 从学生数来看，北京、天津、上海、南京等主要城市的学生数就占到53%左右。④ 另外，工农子弟很少有机会进入高等学校接受教育也是一个很严峻的问题，因为，这种情况不符合新中国确立的新民主主义教育方针的要求。

表3-1　1949年的在校学生

学校	学生人数(人)	同龄入学率(%)
初等学校	2.4万	25.0
中等学校	126.8万	3.0
高等学校	11.7万	0.3

资料来源:学生人数数据来自中国教育年鉴编辑部编.中国教育年鉴(1949—1981)[M].北京:中国大百科全书出版社,1984.79;同龄入学率数据来自世界银行文件:中国:社会主义经济的发展,附录G,教育部分[130],转载自[美]R.麦克法夸尔,费正清.剑桥中华人民共和国史(1949—1965)[M].北京:中国社会科学出版社,1995.194.

更为重要的是，旧中国高等教育继承下来的影响极其庞杂。帝制时期的书院和它们的思想潮流若隐若现。1900年之后的最初10年，来自日本

① 张健.中国教育年鉴(1949—1981)[M].北京:中国大百科出版社,1984.175.

② 马叙伦提供的数据与教育统计年鉴提供的数据不一致,在统计年鉴中,我国高等学校数在1949年是207所,1950年是205所,出现这种情况的原因估计是当时正处于对高等教育接管和改造的过程之中,一些数据难免存在一定的误差.

③ 马叙伦.第一次全国高等教育会议开幕辞[J].人民教育1950,(3):11-14.

④ 北京、天津、上海、南京、武汉、广州、沈阳七市专科以上学生人数合计62 935人,与全国高等在校生人数11.7万相比,占到了近53%。见人民教育1950,(2):18.

的影响很大。而进入20世纪三四十年代，来自西方的影响，主要是美国的影响变得非常大，它们主要通过教会学校和从海外留学归来的中国知识分子介绍到中国。这一体系被看作旧政治、旧经济的反映，及其借以延续的工具，与新的教育"势不两立"而必须进行彻底的改造的。① 因为，它一贯采取"中学为体，西学为用""模仿东西洋"的政策，加之在国民党的统治下，形成高等学校的"杂乱""陈腐"，并种下许多毒素。② 具体体现在，亲美英、疏苏联，③片面强调为学术而学术，强调教育的超阶级性是不对的，学不适用，理论与实际分离，院校设置的盲目，严重地脱离实际的需要。加之课程内容广泛笼统，只能培养出一些不切合实际的所谓"通才"。④ 造成的后果是教育与国家建设脱节，大学之门工农莫入。⑤ 学生求学的目的多志在入仕为官。⑥ 科学和技术受到忽视，而法律、政治和文学的学科过度膨胀。在1947年，文科学生占所有在校生的47.6%。⑦ 陆定一发表于1958年的《教育必须与生产劳动相结合》一文中，对旧的传统进行了系统的归纳，指出，旧的（资产阶级）教育方针表现为：为教育而教育，劳心与劳力相分离，教育由专家领导。⑧ 以上批判与国际教育专家在20世纪30年代对中国教育考察的看法相一致。考察报告指出，由于受美国模式的极度影响，结果是提倡较高标准的、远远超过贫困国家的条件的学校，而人民最迫切需要的初等教育和职业教育却被忽视了。学校内缺乏社会理想，是一种不直接与周围的生活以及通常获得国家新生的必要条件相联系的抽象的教育。这就使中国的人民群众与知识分子之间产生了巨大的鸿沟，前者是文盲，不了解国家的需要；而后者在奢侈的学校受

① 马叙伦.第一次全国教育工作会议开幕辞[J].人民教育1950,(3):11-14.瞿葆奎.中国教育改革[C].北京:人民教育出版社,1991.5-10.

② 张宗麟.迎接第一次全国高等教育会议[J].人民教育,1950,(1):22.

③ 钱俊瑞.高等教育改革的关键[J].人民教育,1951,(12):6-7.

④ 社论.做好院系调整工作,有效地培养国家建设干部[N].人民日报,1952-09-24.

⑤ 张凌光.有的放矢:老解放区教育经验介绍之一[J].人民教育,1950,(2):25-2.钱俊瑞.在1950年6月9日在全国高等教育会议上的结论:团结一致,为贯彻新高等教育的方针,培养国家高级建设人才而奋斗[J].人民教育,1950,(8):8-14.

⑥ 冯友兰.对于中国近五十年教育思想进展的体会[J].人民教育,1950,(4):9-12.

⑦ 张健.中国教育年鉴(1949—1981)[M].北京:中国大百科全书出版社,1984.247.

⑧ 金一鸣.中国社会主义教育的轨迹[M].上海:华东师范大学出版社,2000.206.

教育，对群众的要求漠不关心。同时报告还批评了中国整个教育体系有意识地为上层社会服务的倾向。例如，学校设立在与富裕家庭比邻而居的地区；入学者的学费是一样的，根本不注意支付能力，因此该报告告诫中国教育工作者不要简单地模仿外国模式。①

新中国成立后，进行革故鼎新，构建新的教育体制的时机已经趋于成熟。毛泽东在《人民教育》创刊号题词中写道："恢复和发展人民教育是当前重要任务之一。"从《共同纲领》到全国教育工作会议以及全国高等教育会议都明确了新中国教育改造和发展的方向，当然，这一种教育是具有过渡性质的、新民主主义的教育。在改造过程中，尽管不断强调对旧教育改造的必要性和彻底性，但是由于新中国百废待举，仍然面临复杂的斗争形势，需要继续肃清反动势力和争取国家财政经济状况的基本好转而斗争，先前在战争中发挥巨大作用的统一战线依然是当前重要的政策选择。对旧有学校教育事业和旧有社会文化事业的改革工作被要求有步骤谨慎地进行。那些受西方影响的知识分子仍然留在学校，成为争取和团结的对象。同时，老解放区经验和苏联经验被看作架构新教育的基础。需要指出的是，长期的农村斗争使得党缺乏管理正规高等教育的经验，而通过保留下来的所谓"旧知识分子"来贯彻和学习苏联的经验和老解放区经验，面临的矛盾和冲突是显而易见的。

三、新中国成立初期高等教育的重构

新中国的建立不仅使对教育的改造成为可能，而且成为必要。新中国高等教育的重构是在政府主导下进行的。如前所述，教育的重构建立于这样的认识基础上，即教育被看作新政治、新经济制度的反映，它必须从属并服务于无产阶级革命和政权建设。在实现工业化的伟大目标指引下，教育必须为经济建设服务，为文化高潮造因。教育第一，文化至上的观点遭到了批判。②这样教育自身的独立性就受到了否定，成为无产阶级专政的一种工具。同时也为国家全面干预教育奠定了理论基础。而新中国面临的

① [美]R. 麦克法夸尔，费正清. 剑桥中华人民共和国史(1949—1965年)[M]. 北京：中国社会科学出版社，1992. 199.

② 林励儒. 为经济建设服务，为文化高潮造因[J]. 人民教育，1953，(2)：5－7.

实际处境则是国家干预教育的现实基础。

新中国成立之初，确立了教育的任务和使命在于“为工农服务，为经济建设服务”。旧有的教育制度不仅与党对教育属性（经济基础与上层建筑相统一）的认识不符，而且，来自西方的经验，并被中国知识分子宣扬的所谓“通识”教育，以及“为学术而学术”的超阶级性教育显然难以承载这样的任务。因此，为使教育能与任务相配合，国家的全面介入就不可避免。

国家介入的第一步在于收归教育权，它是实现对教育改造和控制的首要步骤。新中国成立后，就开始陆续对1949年以前遗留下来的教育机构（包括公立、私立和接受外国津贴的学校）进行接管、改造。这一工作到1952年基本结束。见表3-2。

表3-2　1949—1952年高等学校接管、改造情况

	学校数		
	合计	公立	私立
绝对数			
新中国成立前最高年	207	128	79
1949	205	121	84
1950	193	137	56
1951	206	178	28
1952	201	199	2
比重(%)			
新中国成立前最高年	100	61.8	38.2
1949	100	59.0	41.0
1950	100	71.0	29.0
1951	100	86.4	13.6
1952	100	99.0	1.0

资料来源:中华人民共和国教育部:三十年全国教育统计资料,1979.90

随着教育权收归国有，规范政府与高等学校之间的关系便成为当务之急。1950年8月，政务院颁布《关于高等学校领导关系的决定》。指出，“全国高等学校以由中央人民政府教育部统一领导为准则”，“中央政府教育部对全国高等学校（除军事学校外）均负有领导责任，中央教育部得视条件，有计划、有步骤地将各地区高等学校收归中央教育部直接领导”。1952 年，中央人民政府委员会第十九次会议决定，从中央人民政府教育部中分设中央人民政府高等教育部。1953 年 11 月，政务院《关于修订高等学校领导关系的决定》强调，高等教育部必须与中央人民政府有关部门密切配合，有步骤地对各高等学校实行统一与集中的领导。

中央高等教育部根据国家的教育方针、政策与学制，遵照中央人民政府政务院关于全国高等教育的各项决定与指示，对全国高等学校（军事学校除外，以下同）实施统一的领导。

凡中央高等教育部所颁布的有关全国高等教育的建设计划（包括高等学校的设立或停办、院系及专业设置、招生任务、基本建设任务），财务计划、财务制度（包括预决算制度、经费开支标准、教师学生待遇等），人事制度（包括人员任免、师资调配等）。教学计划、教学大纲、生产实习规程，以及其他重要法规、指示或命令，全国高等学校均应执行。如果有必要变通办理时，须经中央高等教育部或由中央高等教育部报请政务院批准。

同时《关于修订高等学校领导关系的决定》还对各高等学校的直接管理工作做了明确的分工：综合性大学由中央高等教育部直接管理，与各业务部门有关的多科性高等工业学校由中央高等教育部直接管理，但如中央高等教育部认为必要，得与某一有关业务部门协商，委托其管理……这样一个大一统的、高度集权的国家教育制度就初步形成了，它的形成同时也为政府根据自己的意图改造高等教育铺平了道路。

中国教育制度的建构一直在本土经验探索和外域经验吸收的道路上踯躅前行。第一次全国教育工作会议提出教育改革的方针是“以老解放区教育经验为基础，吸收旧教育的有用经验，借助苏联经验，建设新民主主义教育”。明确了新中国教育的三个主要来源。但旧有的高等教育制度由于被看作旧政治、旧经济制度的反映，它必将随着旧制度的瓦解并且随着教育方针由新民主主义向社会主义的过渡而日益遭到批判甚至全面否定，而老解放区高等教育主要是短期培训性质的非正规高等教育，缺乏管理正规高等教育的经验，难以支撑新的高等教育制度的建设。正如毛泽东所言“我们熟悉的东西有些快要闲起来了，我们不熟悉的东西正强迫我们去做”。因此，外域经验就成为重构中国高等教育的基础。而由于“冷战”

格局，特别是中国参加朝鲜战争，欧美各国进一步加强了对中国的封锁，加之当时国内普遍存在的把教育制度与政治制度等量齐观的意识，那些来自西方英美国家的经验被看作企图把中国错误地引向资本主义道路而遭到批判，这就阻止了更多样的、更有选择的因素（主要是来自西方英美国家的经验）进入中国的视野。① 因此，同样来自社会主义阵营的苏联经验就成为新中国重构新的教育制度的唯一选择。毛泽东在《论人民民主专政》一文中明确提出了“一边倒”的政策选择。认为这是孙中山的四十年经验和共产党的二十八年经验教给我们的，深知欲达到胜利和巩固胜利，必须一边倒。中国人民不是倒向帝国主义一边，就是倒向社会主义一边，绝无例外。骑墙是不行的，第三条道路是没有的。“联共就是我们的最好的先生，我们必须向联共学习。”毛泽东的文章，使许多人坚定了一个信念，就是真理完全在俄国人一边，俄国拥有无比优越的社会制度，能带领全世界人民走向和平、走向光明、走向共产主义新世界。苏联的今天，就是我们中国的明天。② 刘少奇是学习苏联经验的主要倡导者和组织者，他在1949 年 10 月提出“我们要建国，同样也必须‘以俄为师’学习苏联人民的建国经验”。这样，学习苏联经验变成了一种自上而下的由政府推动的行为。

当然，这一过程并非没有异议。它遭到了来自所谓“旧知识分子的”反对。当时开展的院系调整是学习苏联经验的典型体现，但在中央教育部1950 年 6 月全国高等教育会议中，大部分到会的代表们，对于调整院系都抱旁观态度，不置可否。周培源认为其根本原因是思想问题，其中尤以崇美思想为主要因素。③ 正如《人民教育》社论指出，高等学校存在着“暗流”，和工人阶级思想所领导的教育改革相抗衡的“暗流”。他们抗拒课程改革，抗拒院系调整，抗拒任何真正有利于人民大众与祖国建设的措施。④ 为了推动高等教育改革，政府进行了两场思想改造运动，即 1950

---

① ［加］许美德. 中国大学：1895—1995，一个文化冲突的世纪［M］. 张晓军译. 北京：教育科学出版，2000. 104.

② 华罗庚. 我怎样在向苏联学习［J］. 数学通报，1952，（4）：2 – 3.

③ 周培源. 从高等学校的院系调整谈肃清崇美思想［N］. 人民日报，1951-12-02.

④ 社论. 高等学校教师必须过“三反”运动，认真改造思想［J］. 人民教育，1952，（4）：5 – 6.

年年底开始的对文化界的思想改造运动，以及高校的“三反”运动。1951年，毛泽东、周恩来分别发表了关于改造知识分子的讲话。周恩来作了《关于知识分子的改造问题》的重要报告。同年，中共中央下发《关于在学校中进行思想改造和组织清理工作的指示》，次年又做出《关于在高等学校中进行批判资产阶级思想运动和准备进行清理“中层”工作的指示》。对思想改造提出了明确的目的，即（1）彻底打击封建、买办和法西斯的思想，划清敌我界限；（2）暴露和批判教师中的资产阶级思想，划清工人阶级和资产阶级的思想界限，初步树立工人阶级的思想领导。同时规定，让百分之六十到百分之七十的教师，在作了必要的自我检讨以后迅速过关，百分之十五到百分之二十五的教师，是要经过适当的批评以后再行过关；百分之十三左右的教师，是要经过反复批判检查以后再过关；只有百分之二左右是不能过关，需要作适当处理。① 1952年，中共中央指示在宣传文教部门进行“三反”运动，发布了在高校中进行“三反”运动的指示，指出，要依靠学生群众推动教师，批判和打击现在在学校中仍普遍和严重存在着的各种资产阶级思想（如崇拜英美、狭隘民族主义、宗派主义、自私自利、对人民国家不负责任、保守观点等），因为它严重阻碍教育的改革和国家建设人才的培养。②。据统计，全国有91%的高等学校教师，80%的大学生，75%的中学教师参加了这次运动。在经过急风暴雨的群众式的思想改造运动后，知识分子通过自我否定确认了自己对新的社会秩序的屈服或认同。下面是教师向领袖写的一封信，较有代表性地反映了当时知识分子思想转变的过程。

我们谨以无比兴奋而感激的心情，向您报告我们在“三反”运动中的收获。“三反”运动前，很多同志只是为了吃饭和为了名位而工作，他们关心的是个人而不是祖国和人民。政治学习受到了轻视，被认为和教学无关，学习时，在教学中美帝国主义的所谓物质文明被崇拜着，发财享受的思想被宣扬着……“三反”运动开始后，在您和党的领导下，我们投身在这一思想改造的斗争中，旧的被铲除，新的在萌芽，如今出现了一片新气象。每个人都认识到责任的重

① 李琦.建国初期全国高等学校院系调整述评[J].党的文献,2002,(6):71－77.

② 叶张瑜.建国初期教会大学的历史考察[J].当代中国史研究,2001,(3):64－75.

大，工作的光荣，迫切地要求提高政治认识，决心好好地为人民服务。①

这次思想改造运动达到了它最初所定的目标：资产阶级思想被肃清，教师学生的政治觉悟提高了，党在学校中的威信提高了，巩固和扩大了高等学校中马克思列宁主义思想阵地，为在高等学校中建立革命的政治工作制度和机构、加强党的领导奠定了基础。同时也为高等教育制度的重构扫清了道路，正如曾昭抡所言，通过这样的运动，来自旧知识的不满和抵制随后就烟消云散了。②

学习苏联的努力在高等教育领域最为明显，它被看作中国高等教育的一次革命和重大事件。为了更好地学习苏联经验，从1949—1960年，中国教育行政部门和大学先后聘请861位苏联专家担任顾问或指导教学科研工作，同期，先后派出9000名留学生，90%前往苏联。③ 中国人民大学和哈尔滨工业大学被树立为学习苏联经验的样板和示范，院系调整和教学改革都是学习苏联经验的直接体现。在《高等教育部1954—1955学年工作计划指导要点》中明确指出，今后我部对各校的指导重点是进一步全面地学习苏联经验，学校进步得快慢、办理得好坏，关键在于是否积极地认真地学习苏联先进经验。同时指出，苏联高等教育的经验是一个整体，包括教育制度、教学方法、教学内容、组织领导等各个方面，有它的科学性和系统性，应该全面地去学。④ 这就实际上对苏联教育给予全盘肯定，并使之成为社会主义高等教育的典范，成为我国高等教育的模式。⑤ 因此，重构新教育的三种来源就出现“一边倒”的局面，即按照苏联模式建构新中国的教育制度。

---

① 北京师范大学化学系经过“三反”运动后气象一新，全体教员写信给毛主席保证作好人民教师[N].人民日报，1952-04-24.

② 曾昭抡.三年来高等教育的改进[J].人民教育，1953，(1)：11-15.

③ 1953年，高教部长马叙伦在华北区高等学校负责人座谈会的讲话《高等教育的方针、任务》时指出，学习苏联经验，进行教学改革是中国高等教育的一次革命，是重大的事件。见刘英杰.中国教育大事典1949—1990(上)[M].杭州：浙江教育出版社，1993.13.14.

④ 刘英杰.中国教育大事典1949—1990(上)[M].杭州：浙江教育出版社，1993.15.

⑤ 赵安东.对五十年代学习苏联高教经验进行教学改革的初步看法[J].上海高教研究丛刊，1981：64-75.

不能否认，中国高等教育制度的重构存在一定程度的对苏联模式的移植和模仿，甚至出现教条主义的现象。但需要指出的是，学习苏联经验并不仅仅是一个单向地移植和模仿的过程，事实上，它既有政治上的考量，也是基于现实处境的制约。在一定程度上，它更是一个探索适合中国国情的新秩序的教育的过程。进一步而言，与其说是中国高等教育移植苏联经验，不如说是苏联经验契合了当时中国发展的需要，这可以从20世纪50年代苏联专家对苏联经验的介绍与新中国成立初期对高等教育任务的规定性的比较中看出。

A. П. 阿尔辛节夫在介绍苏联经验时指出，十月革命胜利后，苏联政府被认为在政治上已经成为世界上最先进的国家，但是在技术和经济方面，与发达的资本主义国家相比还是处于落后的地位。因此，苏联政府面临的主要任务就是在技术和经济方面，主要是在技术方面，赶上与超过先进的资本主义国家。因为，假如不这样做，那么，政治上的胜利也要失掉。为解决这一问题，就需要一方面恢复和发展经济；另一方面，培养自己的干部，科学的、技术的、医药的、教育的等，这些任务的实现有赖于高等教育的发展。① 为此，苏联着手从两个方面对高等教育进行改革。

其一，吸收工农青年接受高等教育，要提高人民的文化水平，在人民中培养具有高级技能的干部。只有人民都能识字和有文化的国家，只有能从人民中，从工人、农民中，从劳动者的队伍中，培养出高级干部的国家——只有这样的国家是不可战胜的。这样做的依据在于，在斯大林看来，我们不是需要随便一种工业指挥人才和工程技术人才，我们需要的是能了解我国工人阶级的政策，并决意诚心把它实现起来的那种人才。向来无论哪一个统治阶级，一定要有自己的知识界。② 而工农知识分子无疑正是无产阶级自己的知识分子队伍。为了实现培养自己知识分子队伍的目的，苏联开办工人速成中学。苏联的工人速成中学附设在大学里、学院里，还有的设在工厂里，也有单独设立的，由教育人民委员部职业教育司

① [苏]A. П. 阿尔辛节夫. 从苏联高等教育的经验略谈几个问题[J]. 人民教育,1950,(3):25－27.

② 中央教育部中学教育司. 第一次全国工农速成中学工作会议总结摘要[J]. 人民教育,1952,(2):11－14.

直接领导。在具体的入学条件方面，也存在很大的争议。工人速成中学规定招收18岁以上的工人和农民，政治思想正确，有革命斗争的历史，实际上具有初小毕业的程度，并有参加工业或农业劳动三年以上经历。工人速成中学招生，还有例外的办法，凡体力劳动工龄没有满三年，但在革命斗争中有贡献的人，亦可入学。①

其二，加强党对高等教育的领导，强调高等教育的正规化和专门化，以实现人才培养的针对性和计划性。按照国家建设和生产部门的业务需要将庞大而复杂的原有的高等学校改造成为独立学院，将原来空泛的专业设置改造成为若干个具体的专业，并设立新的高等技术学校，扩大高等教育的规模和实现人才培养的专门化。这样做的依据在于帝俄时代的高等学校数量少，且规模小，全国仅有高等学校91所，学生人数10.2万人左右。②在人才培养上沿袭了欧洲的传统，强调培养那些大而无当的博学通才，难以承担起为实现工业化培养专门人才的重任。十月革命后，苏联开始社会主义工业化建设，其特点是发展迅速和猛烈，准备在20—30年内成为伟大的工业国家，高等教育不能在自己国家的飞速进步中落后。它必须与生产建设的需要相适应，培养具体的专门人才，如工程师、医师、教师、经济学家、农业专家、统计专家、采矿专家、科学工作人员等。③为此，必须对高等教育进行改造，这就要促使高等教育的任务从无计划地培养抽象的"通才"转变到有计划地培养具体的"专才"的道路上来。

杨东平总结了苏联模式的基本特点：与计划经济体制相连，对教育实行高度统一集中的计划管理；教育的重心放在与经济建设直接相关的高等教育，尤其是工程和科学技术教育上；教育计划与国民经济建设计划紧密相连，按产业部门、行业甚至按产品设立学院、系科和专业（例如拖拉机学院、坦克系等），统一招生和分配；国家对高等教育实行垄断，学生全部免费。简而言之，这是一种与计划经济、产品经济体制高度契合的、与

---

① [苏]卡尔波娃.苏联工人速成中学——在第一次全国工农教育会议上的经验介绍[J].人民教育,1950,(7):14-16.

② [苏]A.A.福民.苏联高等教育的改革——在京津高等学校院系调整座谈会上的讲话[J].人民教育,1952,(9):10-11.

③ [苏]A.П.阿尔辛节夫.从苏联高等教育的经验略谈几个问题[J].人民教育,1950,(3):25-27.

动员型社会同构的教育制度。它可以集中国家资源，迅速培养大批高度专门化、专业狭窄的“现成专家”。①

学习苏联模式的结果是我们建立起一个高度“计划性”的产物，它具有如下特点。

第一，高度集中统一的办学和管理体制。新的高等教育体系的建立是在政府主导下自上而下进行的。“自始至终由最高教育行政部门通过制定有关的改革方针与政策而统制改革的全过程。”②正是由于高度集中的统一领导，政府才可能在较短的时间内，对原有的高等学校进行接管和改造，根据社会经济发展的要求对高等院系进行调整，对各类学校的职能进行界定，并且通过计划招生、计划分配，及时满足大规模经济建设对不同类型专门人才的需求。而政府主导产生的结果是在全国形成一个单一的公立高等学校系统。

第二，学校类型层次单一的学校教育制度。为了适应工业化对专门人才的需求，各类学校，无论是综合大学还是专门学院和专科学校都以培养“专才”为基本理念。新的高等教育体系中虽然界定了大学、专门学院、专科学校三类机构的职能。但在培养专门人才这一目标上却是完全一致。比较《专科学校暂行规程》和《高等学校暂行规程》可以看出，专科学校与大学和专门学院的差别主要在于学校的任务规定和修业年限上。与其他两类学校相比，专科学校在学校任务中减少了科学研究这一项，在修业年限上缩短1—2年，而在基本精神和培养目标上与上述两类学校几乎相同。因此，在一定意义上可以这样认为，专科学校只是大学或专门学院的一种“压缩”形式。并且，随着高等教育政策由发展数量向提高质量方面的转变，1955年召开的全国文化教育工作会议确定，专修科学校除必要者外，应早日停办。③这样就在我国形成了一个单一层次的高等教育体系。

第三，高等学校的自主和独立性被削弱。新中国高等教育体系的建立

---

① 杨东平.中国高等教育的苏联模式——关于1952年的院系调整[J].二十一世纪网络版,1994.

② 李杨.50年代的院系调整与社会变迁——院系调整研究之一[EB/OL].http://1957/www.usc.cuhk.edu.hk/wk_wzdetails.asp?id=35412005.5.10.

③ 刘英杰.中国教育大事典1919—1990(上)[M].杭州:浙江教育出版社,1993.47.

体现了强烈的国家功利主义倾向。1952—1953 年院系调整的指导思想非常明确，要求高等教育应为建设事业服务，院系的设置要同经济建设的需要相适应。经过调整，高等院校和专业的设置与产业部门、行业相一致，实行“计划”式培养，教育计划与国民经济计划紧密联系在一起。高等学校，尤其是综合大学发展的内在逻辑被削弱甚至瓦解，大学自身的独立性遭到否定，完全成为实现国家目标的工具。

这样，一个高度集中统一的高等教育体系就建立起来了，它的基本特征是强调政府对高等教育事业发展的“计划性”，强调教育的正规化和专门化。尽管苏联模式在现在看来存在诸多弊端，但这一模式的引进的确契合了当时中国经济和社会发展的迫切需要。因此，迈斯纳指出，共产党人是作为相当冷静的现实主义者掌握政权的，他们一心要实现政治统一和经济现代化这些现实目标，而苏联模式非常适合这一目标的实现。①

新中国成立初期，社会经济发展极其落后，“1949 年同历史上的最高水平相比，工业总产值减少一半，其中重工业产值减少 70%，轻工业减少 30%。这一年钢产量仅 15.8 万吨，减少 80%；煤产量仅 3243 万吨，减少 48%；粮食产量为 11 318 万吨，减少约 25%，棉花产量为 44.4 万吨，减少约 48%。1949 年在工农业总产值中，现代工业产值仅占 17%。根据联合国‘亚洲及太平洋社会委员会’统计，1949 年中国人均国民收入 27 美元，不足整个亚洲平均 44 美元的 2/3，不足印度 57 美元的一半。这种情况使集中力量恢复国民经济的任务十分紧迫。”②从而也决定了培养大量专门人才的迫切性，而苏联模式是与这一需求相吻合的。另外，苏联模式在一定程度上也符合当时高等教育“为工农服务，为经济建设服务”的方针，并实际上在扩大工农的入学机会、保证高等教育的区域均衡发展、培养专业人才、促进中国的工业化建设方面发挥了积极的作用。据统计，1957 年的在校生数达到 44.1 万人，比解放前最高年（1947 年）的 15.5 万人超过 28.6 万人，即增加 1.8 倍，比 1949 年的 11.7 人万增加了 2.7 倍。

① [美]莫里斯·迈斯纳.马克思主义、毛泽东主义与乌托邦主义[M].张宁等译.北京：中国人民大学出版社，2006.167.

② 中共中央党史研究室.胡绳.中国共产党的七十年[M].张宁等译.北京：中共党史出版社，1991.289.

在为培养工农出身的新知识分子而创办的工农速成中学中，1954 年的学生人数比 1951 年增长了 3 倍，① 1953—1954 年，工农成分学生占高等学校学生数的 28.97%。② 院系调整也取得重大成就，高等学校多集中在东部省份和大城市的局面有所改观，多数省份都有一所综合大学和工、农、医、师等专科学校。③ 工业建设和科学研究也取得重大成就。周恩来在 1957 年政府工作报告中指出，正是因为我们认真地学习了苏联的先进经验，才使我们的建设工作少走了许多弯路，获得了很大的成绩。④

需要指出的是，用苏联经验作为解决中国实际问题的工具，⑤面临的冲突和矛盾也是显而易见的。人们一般注意到学习苏联经验在很大程度上受两国关系的影响。并指出，中苏两国关系一直带有突出的党际关系色彩，即党的关系密切，国家关系就友好；党的关系终止，国家关系也即名存实亡。⑥ 教育方面的学习与合作亦是如此。但仅仅看到这些就容易忽略苏联和中国在选择发展道路上存在的根本差异，以及中国高等教育进行自身建构（中国化）的努力。斯科特认为当时苏联选择的是一条极端现代化的发展道路：一支有经验的、全职的、受过训练的革命“先锋队”被赋予绝对的权威，他们能够在革命的政治中培训那些渴望但“落后”的无产阶级，并且通过严格的纪律和宏大的设计，实现改变他们触及范围内的人类状况的终极目的。他引用列宁《怎么办》：

“我们首要的最迫切的义务”，就是帮助培养出在党的活动方面能够同知识分子革命家具有同等水平的工人革命家（我们所以要强调在党的活动方面，是因为在其他各方面虽然也必须把工人提高到这样的水平，但远不是

① 周恩来在中华人民共和国第一届全国人民代表大会第一次会议上的报告[N]. 人民日报，1954-09-23.

② 张健. 略谈高等学校学习苏联先进经验的成就和问题[J]. 人民教育，1955，(2)：12－15.

③ 李国钧，王炳照. 中国教育制度通史（第八卷）[M]. 济南：山东教育出版社，2000. 19.

④ 周恩来在中华人民共和国第一届全国人民代表大会第四次会议上的报告[N]. 人民日报，1957-06-27.

⑤ 胡锡奎. 中国人民大学学习苏联经验的总结报告[J]. 人民教育，1954，(10)：6－13.

⑥ 李丹慧. 毛泽东对苏认识与中苏关系的演变（1954—1960 年）.［EB/OL］. http://www.coldwarchina.com/zwxz/zgxz/ldh/001643_6.html，2008-02-20.

这样容易，远不是这样迫切）。因此，我们主要是应当注意把工人提高为革命家，而绝不是像“经济派”所希望的那样。必须把自己降低为“工人群众”，或者像《自由》所希望的那样，必须降低为“中等工人”。①

列宁认可革命“先锋队”与无产阶级“群众”之间存在的鸿沟，并在苏维埃实践过程中制度化。这导致“官僚集中制”在十月革命后成为政治现实。而反对官僚主义，消除干群之间、知识分子与工农之间的间隙则一直是毛泽东的基本主张。尽管在新中国成立初期，中共领导和控制下建设起国家的财富和权力的努力曾一度成为政策的主导，但相信群众的力量，让工农成为中国革命的主要受惠者的努力并没有中断。

事实上，在学习苏联模式时，把苏联模式与中国实际相结合的呼声就一直存在。马叙伦在全国综合大学会议上批判了“不折不扣，百分之百学习苏联”的做法，指出要把学习苏联经验与中国实际情况相结合。毛泽东在《论十大关系》中指出，学习国外经验要区分优缺点，学习其长处而不是短处。② 这就需要我们关注苏联模式与中国实际之间的间隙。即关注苏联模式与党在老解放区的经验以及深受西方影响的“旧知识分子”的观念之间的抵牾。

党在老解放区的经验不仅在于强调教育的政治属性、强调教育与生产劳动相结合，而且特别注意教育向工农开门。但苏联模式的显著特征是对正规化和专门化的强调，这显然与党扩大工农接受高等教育的愿望相悖。党在新中国成立初提出的“为工农服务”“为经济建设服务”的方针试图在三种传统之间形成一种均衡，然而借助行政努力的结果却建立起一个高度集中的、单一的教育体制。而这一体制又是苏联模式与受西方影响的旧教育在精英层次的复杂混合体。③它导致高等教育体制内部的紧张，即单一的高等教育体制要同时承担起“为工农服务，为经济服务”的双重使命。这也正构成了新中国成立初期教育政策取向的基本特征，同时也是认识这一阶段高等教育机会分配状况的基本线索。

---

① ［美］詹姆斯·C. 斯科特. 国家的视角：那些试图改善人类状况的项目是如何失败的［M］. 王晓毅译. 北京：社会文献科学出版社，2004. 203.

② 毛泽东. 论十大关系［N］. 人民日报，1976-12-26.

③ ［美］R. 麦克法夸尔，费正清. 剑桥中华人民共和国史（1949—1965 年）［M］. 北京：中国社会科学出版社，1992. 226.

第二节　顺应与均衡——新中国成立初期高等教育入学机会分配

正如毛泽东所言，随着经济建设的高潮的到来，不可避免地将要出现一个文化建设的高潮。然而新中国经济建设面临的一个主要困难在于人力资源的短缺。为此，党采取的策略主要有两个方面：其一是继续留用旧有的知识分子；其二是进一步开发人力资源，即大力恢复和发展教育事业。在《共同纲领》中提出教育的发展策略是“有计划有步骤地实行普及教育，加强中等教育和高等教育”，然而，随着经济建设的开展，特别是“一五”计划的实行，教育发展的策略很快发生了转变，高等教育被摆在突出重要的地位。见表 3－3。

表 3-3　教育投资中高等教育与普通教育的比例(%)

年　份	教育投资		教育事业费		教育基本建设投资	
	高教	普教	高教	普教	高教	普教
1953—1957	29.87	70.13	21.01	78.99	52.37	46.73
1958—1963	29.84	70.16	27.73	72.27	44.21	55.79
1964—1965	23.51	76.49	22.44	77.56	33.45	66.55

资料来源：郭笙．新中国教育 40 年[M]．福州：福建教育出版社，1989．510．

在“一五”计划的第一年，政务院文化教育委员会副主任习仲勋就指出，当前教育工作的重点是高等教育。① 周恩来在中华人民共和国第一届全国人民代表大会第一次会议上的报告中重申了这一点，“为了适应经济建设的需要，教育部门应当首先集中力量发展和改进高等教育。中小学教育已有很大的发展，今后应当着重质量的提高”。② 根据“一五”计划安排，未来五年（1953—1957 年），国民经济各部门和国家机关需要补充的各类高等和中等学校毕业的专门人才共约 100 万人，同时中央工业、运输

① 张健．中国教育年鉴(1949—1981)[M]．北京：中国大百科全书出版社，1984．89．

② 周恩来在中华人民共和国第一届全国人民代表大会第一次会议上的报告[N]．人民日报，1954-09-23．

业、农业、林业等部门需要补充熟练工人约 100 万人。① 为了适应五年的需要并为第二个“五年计划”进行必要的准备，国家将有计划地调整、扩大和开办各类高等学校以培养各类建设人才。因此，高等学校的发展规模和招生规模连年扩大，学校数从 1949 年的 205 所发展到 1957 年的 229 所，在校生规模从 1949 年的 11. 7 万人扩展到 1957 年的 44. 1 万人。② 在校学生数从 1949 年到 1957 年共计增长254. 6% ，平均每年增长 19. 4% 。③ 高校招生规模持续快速增长，从 1952 年招收 5 万人，增至 1956 年招收近 19 万人。（见表 3-4）不同人群获得高等教育的机会也有了很大的改善。

表 3-4　1949—1957 年高等学校在校生人数和招生人数

年份	高等学校数	在校生人数	招生人数
1949	205	116 504	—
1950	193	137 470	—
1951	206	153 402	—
1952	201	191 147	51 000
1953	181	212 181	70 000
1954	188	252 978	90 505
1955	194	287 653	96 328
1956	227	403 176	189 849
1957	229	441 181	107 000

数据来源：

1. 张健. 中国教育年鉴（1949—1981）［M］. 北京：中国大百科全书出版社，1984. 966 – 969.

2. 根据历年的招生计划，但实际招生人数可能少于或多于该数据。见杨学伟. 高考文献（上）1949—1976［M］. 高等教育出版社，2003. 8，28，53，159，223.

注释：该数据与中国教育年鉴的数据并不吻合，估计是由于统计口径问题，也可能是在不同时间采用的统计数据。因为在这一阶段，学生入学的时间并不一致。

从 1950 年全国高等教育会议确定高等教育向工农开门方针后，政府采取多项措施扩大工农进入高等学校的机会。工农成分的学生所占的比重

① 李国钧，王炳照. 中国教育制度通史（第八卷）［M］. 济南：山东教育出版社，2000. 146.

② 张健. 中国教育年鉴（1949—1981）［M］. 北京：中国大百科全书出版社，1984. 966.

③ 杨学为. 高考文献（上）1949—1976［M］. 北京：高等教育出版社，2003. 294.

逐年上升。1951 年工农成分学生占在校生总数的 19%，1952—1953 年度为 20.46%，1953—1954 年度为 21.94%，1954—1955 年度为 28.97%，①到 1957 年占到 36.4%，1958 年占到 48%。②其中一年级新生中工农家庭出身的比例已经从 1953 年的 27.39%，1954 年的 36.74% 上升到 1958 年的 62%。③

女性和少数民族学生接受高等教育的机会也有了很大提高。新中国成立以来，妇女的政治、经济地位普遍提高，这种情况也反映在高等教育的范围内。5 年来，高等学校的女生人数不断增长。根据华北区十个工业大学的新生统计，1954 年女生人数已超过三分之一。④ 从全国来看，女大学生在全体在校大学生中的比例从 1949 年的 19.8% 增长到 1957 年的 23.3%。通过设立民族院校（截至 1957 年，国家还专为少数民族设立了 11 所高等学校），以及在高校招生中为少数民族学生提供优惠政策，少数民族学生占全体在校大学生的比例则从 1950 年的 0.9% 增长到 1957 年的 3.6%。⑤

不过，由于新中国成立初期，教育基础薄弱，享有高等教育权利的人仍然是少数，到 1955 年，全国每万人中只有 5 名大学生。⑥

与此同时，高等学校地区分布的不均衡也有一定程度的改观。1955—

---

① 张健. 略谈高等学校学习苏联先进经验的成就和问题[J]. 人民教育，1955，(2)：12-15.

② 杨秀峰. 我国教育事业的大革命和大发展[J]. 人民教育，1959，(11)：8-15. 另一个数据指出，1956—1957 年，高等学校中工农成分的学生所占比例为 34%。见郭林. 不许动摇教育向工农开门的方针[J]. 人民教育，1957，(9)：11-12.

③ 杨秀峰. 我国教育事业的大革命和大发展[J]. 人民教育，1959，(11)：8-15. 1953 年新生中工农成分的学生所占比例的另外一个数据是 40% 以上，见"积极为国家培养高级建设人才，全国高等教育事业有显著发展"[N]. 人民日报，1954-01-31，而 1958 年的另一个数据是，一年级新生中工农成分所占的比例是 55.28%，见杨学为. 高考文献（上）1949—1976[M]. 北京：高等教育出版社，2003. 472.

④ 钱伟长. 我国人民教育事业为社会主义建设服务　新中国高等教育的深刻变化[N]. 人民日报，1954-09-23.

⑤ 张健. 中国教育年鉴（1949—1981）[M]. 北京：中国大百科全书出版社，1984. 974，975.

⑥ 努力完成今年高等学校的招生计划[N]. 人民日报，1956-03-17.

1957年院系调整方案就是为了解决高等学校过于集中在少数大城市、尤其是沿海大城市的局面。该方案将沿海地区一些高等学校的同类专业、系迁到内地新建校或加强内地原有学校，并将一些学校的全部或部分迁到内地建设。这一年，由江苏、浙江、山东、上海、天津、广东等地的一些高校调出有关专业迁往内地。经过调整，多数省份都建立起包括综合大学、工、农、医、师在内的高等教育体系。当然，由于院系调整是在中央政府主导下的一种行为，带有很大的人为性和机械性，没有充分发挥地方政府的积极性，调整效果的有限性也就在意料之中。

尽管在新中国成立初期，政府通过多种措施（如院系调整、改善妇女与少数民族群体在受教育机会方面的处境）扩大高等教育入学机会。但新的高等教育体系面临的关键挑战是，它承担着既要扩大劳动人民受教育的权利，又要通过正规化、制度化建设为实现工业化和国防建设培养专门人才的双重使命。因此，不得不在入学机会分配方面采取“双重标准”。即一方面依据政治标准扩大工农进入高等学校的机会，另一方面通过学术标准选拔专门人才。

一、政治标准的确立——“向工农开门”的政策选择

高等教育之所以要向工农开放，在杨东平看来，是由于新中国教育延续了老解放区的传统，不仅具有很强的革命意识，也具有很强的平民意识，十分重视教育平等的价值。教育为工农服务的方针直接来自于马克思主义教育理论和追求公平、公正的社会主义理想。① 然而，在其他研究者看来，高等教育向工农开放，似乎不全是一个关于社会公平与正义的问题。迈斯纳认为，毛泽东主义不同于马克思主义在于毛泽东认为，城市不过是外国统治的舞台，而不是像马克思所确信的那样，是现代革命的舞台。正是毛泽东的这种观念导致了他强烈的反城市观念，并相应地导致了他那种强烈的农民倾向。② 舒曼在《共产主义中国的意识形态与组织》中作了进一步的解释，他认为毛泽东之所以关注农村，关注农民，在于他面

---

① 杨东平. 从权利平等到机会均等——新中国教育公平的轨迹[J]. 北京大学教育评论, 2006, (2): 2－12.

② [美]莫里斯. 迈斯纳. 马克思主义、毛泽东主义与乌托邦主义[M]. 张宁等译. 北京: 中国人民大学出版社, 2006. 51.

临着“延安道路”和“苏联道路”的选择，他强烈地要求中共的社会基础即农民、工人和党的干部成为中国工业化和现代化的主人和主体，而所谓“苏联道路”会使农民、工人以及没有文化的所谓工农干部被边缘化而被置于中国工业化现代化之外。① 萧延中则认为，在毛泽东“阶级斗争”理论的背后，潜藏着一整套政治伦理的基础假设和道义关怀。他的思想逻辑的真实脉络透露出一股“颠覆权威”和“拯救小人”的明显信息。“无产阶级”之所以最有前途、最有资格在政治和历史舞台上担当主角，关键是由于他们“一无所有”。这种“一无所有”与其说表现在经济收入方面的微薄，不如说更重要地体现为政治身份上的卑贱。因此，无产阶级蕴藏着更为深厚的革命欲动和翻身渴望。简而言之，处于“被人瞧不起”的人，才最富于创造性（革命性只是创造性的表现形式之一），因为“压迫越深，反抗越烈”。而工农正是出于这种需要“被拯救”，并且最具有革命性和创造性的群体。毛泽东试图颠覆中国传统差序格局所构成的社会政治“身份”体系，以前所未有的激进方式，通过重建政治“身份”的途径，执着推进现代中国政治发展的进程。②

无论是基于公平的理念还是基于两条道路的选择，抑或是基于毛泽东的政治伦理，都在一定程度上解释了服务或依靠工农阶级的缘由。然而，我们仍然不能忽视从中国的现实去考量依靠教育服务工农这一政策取向的必然性。费正清在《观察中国》一书中指出了新中国成立初期在巩固新政权时所面临的处境，就是如何管理和领导其庞大的农民，新政权需要一批在道义上忠于国家领导人及其平均主义革命理想的精英人士为国家制定各种制度。③ 这些人不是旧教育可以造就的，也不是苏联模式培养的，而是从老解放区走出来的精英。

毛泽东在《论人民民主专政》中指出，人民民主专政的基础是工人阶级、农民阶级和城市小资产阶级的联盟，而主要是工人和农民的联盟。因为这两个阶级占了中国人口的80%—90%，推翻帝国主义和国民党反动

---

① 甘阳. 通三统[M]. 北京：生活·读书·新知三联书店，2007. 30.

② 萧延中. “身份”的颠覆与重建——毛泽东晚年政治思想的伦理基础[J]. 湖南科技大学学报（社会科学版），2005，(4)：12－21.

③ [美]费正清. 观察中国[M]. 傅光明译. 北京：世界知识出版社，2001. 212－213.

派，主要是这两个阶级的力量。从新民主主义到社会主义，主要依靠这两个阶级的联盟。① 然而这一联盟中的精英——工农干部，随着形势和身份的转换，面临的挑战也随之出现。大批的工农干部开始担负各种不同的领导工作，成为社会主义革命和建设的骨干，是党和国家方针、政策的具体执行者。但是他们的文化程度却普遍比较低。根据河北省的统计，全省县长级以下，区助理员级以上干部中的工农干部所占的比例是：县长级占45%，区长级中占69.7%，区助理员级中占71.9%。在县区级的工农干部中，有相当多的干部，文化水平不及高小程度。② 在全国县（科）级以上领导干部中，初中肄业以下程度，需要继续提高文化的，约占50%左右；初中毕业程度，需要系统学习专业理论知识的，约占30%。在区、乡基层领导骨干中，初小以下文化程度的约占45%，高小程度的约占44%。③ 如不首先解决这些工农干部的文化问题，中国当时的政治、经济工作就不可能顺利推进。在第一次全国工农教育会议上，马叙伦阐释了工农教育的意义在于它是巩固与发展人民民主专政，建立强大的国防军与强大的经济力量的必要条件。④ 这样，开展工农教育就不仅仅是一个普及或大众化的问题，而是一个重大的政治任务。⑤

因此，高等教育向工农开门，在一定意义上可以理解为首先是为工农干部开门，并且，高等教育面向工农开放，其维护政权建设，保障政令畅通，推动社会经济发展方面的考量要远大于对平等的追求，至少在新中国成立初期的高等教育领域是如此。这从工农教育的方针和工农速成中学的招生中就可以清楚地看出。

第一次全国工农教育会议提出了当前工农教育的实施方针：在教育对象方面，必须首先着重对工农干部和积极分子的教育，并有条件地推广到有组织的男女青年和迫切要求学习的工农群众中去。这样，“工农”，尤其是“工农干部”以及与此相关的“党员”和“共青团员”作为一种“政

---

① 毛泽东. 论人民民主专政(1949年6月).

② 李致远. 关于工农干部文化教育的几个问题[J]. 人民教育, 1951, (2): 12－15.

③ 詹卓. 培养工人阶级知识分子要抓紧首要环节[J]. 人民教育, 1958, (5): 3－5.

④ 马叙伦. 关于第一次全国工农教育会议的报告[J]. 人民教育, 1950, (1): 12－13.

⑤ 钱俊瑞. 为提高工农的文化水平，满足工农的文化要求而奋斗[J]. 人民教育, 1951, (5): 12－16.

治身份”在获取高等教育入学机会方面开始占据很大的优势。不过需要指出的是，这一“身份”在获得高等教育机会的优势主要是针对那些工农中的“优秀分子”而不是“普通大众”。

二、政治标准的实践——“向工农开门”的制度建设

为了贯彻高等教育向“工农开门”的政策，政府主要采取了三项举措。

其一，在高校招生中对工农干部、产业工人等考生给予一定的优惠待遇。如在《教育部关于高等学校1950年度暑期招考新生的规定》中，对招考条件做出了特别的规定。“有三年以上工龄的产业工人；参加工作三年以上的革命干部及革命军人；兄弟民族学生；华侨学生，考试成绩虽差，得从宽录取。”此后又陆续通过对工农干部和革命军人、产业工人采取优先录取、降低分数线、免考外语等方式扩大其进入高等院校的机会。

其二，为了更多地培养工农出身的新型高级知识分子，还设有以招收工农干部和产业工人为主的新型高等学校。例如，中国人民大学、华东政法学院，此外，中国农业大学举办劳模研究班，有的学校和军事部门建立联系，帮助军事部门培养技术干部。① 由于中国人民大学是新中国自己创办的第一所新型大学，对其他大学建设具有示范和指导作用，具有一定的典型性，因此，有必要对其任务和使命以及具体的招生情况进行简要的介绍。

新中国成立后，随着各项建设事业的开展，亟须大批懂政治、懂技术、懂管理、有文化、有实际工作经验的建设人才。为此，党在1949年7、8月份就积极筹备一所党领导下的新型社会主义大学。② 1949年12月，政务院做出了《关于成立中国人民大学的决定》（以下简称《决定》）。在《决定》中，对中国人民大学的办学方针和任务进行了清楚的规定。“它是为了适应我国各项建设的需要，采用苏联先进的经验，并聘请苏联教授，有计划、有步骤地培养新国家的各种建设干部。”③

---

① 曾昭抡.三年来高等教育的改进[J].人民教育,1953,(1):11－15.

② 黄达.吴玉章与中国人民大学[M].太原:山西教育出版社,1996.136.

③ 胡锡奎.介绍中国人民大学[N].人民日报,1951－01－23.

中国人民大学是学习苏联经验建立起来的一所由党领导的新型正规大学。它主要招收和培养以产业工人和革命干部为主的新型知识分子。1950年教育部在《关于成立中国人民大学的指示》中对中国人民大学的招生条件作了如下规定：本科所收学生共分四种：甲、参加军队或地方工作8年以上，具有相当于初中程度的文化水平的老干部，年龄在35岁以下者。乙、参加革命斗争3年以上，或在解放区参加有关业务部门工作3年以上，具有相当于初中程度的文化水平的干部，年龄在32岁以下者。各地招生时首先应从军队与地方抽调合乎甲、乙两类的干部。丙、具有相当于初中程度的文化水平，有3年以上工龄，暂无家室之累，思想进步，可以继续深造的产业工人，年龄在17—32岁。丁、具有高中毕业以上的文化水平，思想进步的青年知识分子，年龄在27岁以下者。中国人民大学的招收办法是由政府有关部门及各地区按条件保送，或由学校规定其他办法招收，所有人员均需经考试合格方得入学。① 从以上规定可以看出，中国人民大学招生标准非常严格，它当时的领导人也并没有否认这一点。在1950年中国人民大学的开学典礼上，吴玉章也指出，我们的招生是很严格的，主要招收3—5年以上做过革命工作的干部。专修科要5—8年的干部。对于招收的那些没有入过正式学校，文化水平低的工农干部、产业工人，特设立一个文化补习班，使他们学习1—2年再进入本科。在中国人民大学1950年创办之初招生时，规定非常严格。例如，外交系招生，除工作年限之外，还必须是党员和区营级以上的干部才能报考，工厂管理系主要培养基层厂矿的厂长和经理，因此，主要招收干部和产业工人中的劳动模范。②

从表3-5中可以看出，革命干部和学生所占比例较大，而工人在其中所占的比例则很小。显然，作为培养新型知识分子队伍的中国人民大学，它主要培养的是新中国各项建设事业的骨干，而并不是面向普通大众的。

---

① 转引自胡建华. 现代中国大学制度的原点:50年代初期大学改革[M]. 南京:南京师范大学出版社,2001. 156－157,153.

② 黄达. 吴玉章与中国人民大学[M]. 太原:山西教育出版社,1996. 161－162.

表 3-5　中国人民大学 1950 年 2 月入学本科生统计

	革命干部						工人			学生	合计
	3 年以下	3—8 年	8 年以上	军队	地方	小计	3 年以下	3 年以上	小计		
合计	74	428	297	119	680	799	19	117	136	630	1565
百分比（%）	4.7	27.4	19	7.6	43.5	51.1	1.2	7.5	8.7	40.2	100

资料来源：根据胡建华. 现代中国大学制度的原点：20 世纪 50 年代初期大学改革[M]. 南京：南京师范大学出版社，2001. 157 页整理。

其三，进行学制改革和开办工农速成中学，把“向工农开门”的政策进一步制度化了。与前两项相比，它最重要，产生的影响也较深远。

（一）新学制的建立

为了贯彻向工农开门的政策，教育制度的改革是必需的。在新中国成立之初，事实上存在两种学校系统，一类是旧有的学校系统；一类是革命根据地学校系统。经过两年的整顿，人民政府大力发展工农教育事业，对原有的系统进行改革成为必然。在《政务院关于改革学制的决定》中明确指出：“我国原有学制（即各级各类学校的系统）有许多缺点，其中最重要的是工人、农民的干部学校和各种补习学校和训练班，在学校系统中没有应有的地位。”人民教育社论指出，原有的学制对当前人民教育的发展已经成为一种障碍，再不改变，就会极大地阻挡我们的前进。① 因此，中国政府在 1951 年颁布了新的学制。新学制是毛泽东教育思想和教育政策在新中国现阶段教育制度上的体现，它总结了二十余年来革命根据地的教育经验，吸收了旧学制的某些可用的部分，并参考两年来全国的新经验而制定。② 它的特点是，一方面反映了我们政权的性质；另一方面适应了建设的需要。见图 3-1。

① 政务院关于改革学制的决定[N]. 人民日报，1951-10-03.

② 社论. 学制改革的重大意义和新学制的基本精神[J]. 人民教育，1951，(10)：5-6.

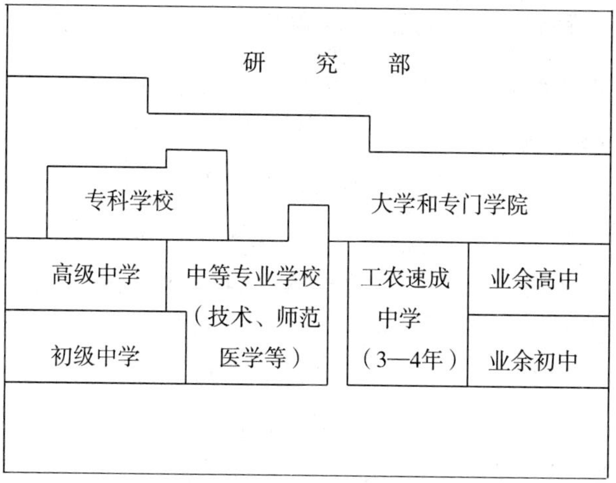

图 3-1　1951 年中国教育系统

资料来源:曲士培.中国大学教育发展史[M].太原:山西教育出版社,1996.644.

新学制的显著特点是把工农教育制度化。在新学制中，有工农速成教育和各级各类业余教育的规定，而且这两类教育不是占次要地位，而是与其他各种教育占同样重要的地位。① 这就把在旧中国一向被忽视的工农群众和工农干部学校按照其程度分别归入相应的正规教育体系中，并且使其基本上相互衔接，不但给工农受教育以重要的地位，而且给其升入高等学校的机会。它是贯彻教育为工农开门的方针，顾及过去为着革命斗争而致失学的干部和受着剥削而致失学的工农大众必须有的举措。② 这是新学制的特点之一，也是体现革命精神最突出的地方。③人民教育社论指出，新中国成立之后，“中国人民自己的学校系统才在新的政治经济基础上，以法令的形式，明确地建立起来。它标志着中国劳动人民在文化教育上的新胜利。中国劳动人民在文化教育上无权利和无地位的时代一去不复返”。

新学制的第二个特点是紧密和国家建设结合在一起。当时，国防和经济建设是重点，这种建设要求大批科学技术干部。而旧学制的基本缺点就是轻视技术教育，技术教育没有一定的制度。因此，在新学制中要求全部

① 周恩来教育文选[M].北京:教育科学出版社,1984.28.

② 曾昭森.新学制的优越性[J].人民教育,1951,(10):21-22.

③ 社论.学制改革的重大意义和新学制的基本精神[J].人民教育,1951,(10):5-6.

的学校应适应这种建设的要求，以培养和造就千百万技术干部。

正如钱俊瑞所指出的，这个学制是在中华人民共和国初期，在为工农服务，为经济建设服务的教育方针指导下制定的。不可避免地具有过渡的性质。① 如果说它的“过渡性”体现在把“工农速成学校”之类的机构纳入正规学校系统的话，那么，这样的学制很难实现如它先前宣称的那样，能够改变工农接受教育，特别是高等教育的境遇。因为，就这一学制本身而言，它是一个单一性质的——完全公立的，单一层次的（办学目标一致，仅有大学和学院层次的）——学制，因此，它扩展人们受教育机会的能力是有限的。以现在的比较经验来看，扩大高等教育机会需要通过多样化的办学体制，多类型、多层次的学校结构来实现，否则便会带来大众与精英之间、规模和质量之间的冲突，后来对工农招生政策的改变以及对学术标准的强调都证明了这一点。因此，与其说新学制把“工农速成中学”等类型的学校纳入其中在于改变工农获得高等教育的处境，不如说这样的学制本身就是一个造就新的精英的制度。

(二)工农速成中学的举办和发展

随着我国建设事业的发展，需要大量的建设人才，因此，就需要用革命的办法培养中级和高级的建设人才。② 新中国的高级建设人才主要有三个来源：第一，培养和提高现有工农干部，特别是老干部和各级领导骨干（包括厂矿企业和区、乡的基层领导骨干），使他们通过各种形式的学习，掌握文化和科学技术知识，由外行变成内行，变成既红又专的红色专家。第二，在各级各类学校里，用革命办法增加工农成分学生的比重，培养又红又专的新知识分子。第三，改造现有的知识分子，使他们抛弃资产阶级的立场和观点，变成红透专深的红色专家。在上述三方面当中，工农老干部和各级领导骨干的培养和提高被看作重点。这是由于中国是工人阶级领导的，以工农联盟为基础的无产阶级专政的国家，工人阶级在过去的革命斗争中处于领导地位，在现在的经济建设中也不能放弃这个责任。因此，必须培养工农干部成为高级专门人才，办工农速成中学正是出于这样

---

① 钱俊瑞.用革命精神实施新学制[J].人民教育,1951,(11):6－8.

② 中央教育部中学教育司.第一次全国工农速成中学工作会议总结摘要[J].人民教育,1952,(2):11－14.

的目的。具体而言，就是使工农干部和产业工人在工农速成中学学完相当于普通中学的基本课程，毕业后能升入各种高等学校继续深造。

在第一次全国教育工作会议上，为了贯彻为工农服务的方针，要求一部分高校在自己的学校里附设工农速成中学，作为升入高等学校的预备班。为创建工农速成中学，第一次全国教育工作会议草拟了工农速成中学的实施方案："建议全国解放军、各机关、工厂、学校尽量举办工农速成中学，招收工农干部及工农青年入学。"根据该次会议的精神，1950 年 9 月第一次全国工农教育会议修正通过了《工农速成中学暂行实施办法》。同年 12 月，政务院颁布了《关于举办工农速成中学和工农干部文化补习学校的指示》（以下简称《指示》）。《指示》指出，工农干部是建设人民国家的骨干，为了认真提高他们的文化水平以适应建设事业的需要，人民政府必须给予他们以专门受教育的机会，培养他们成为新的知识分子。为此决定在全国范围内有计划、有步骤地举办工农速成中学和工农干部文化补习学校。《指示》还对工农速成中学的学生来源进行了说明：工农速成中学和工农干部文化补习学校的学生，应由各机关、工厂、学校有计划地抽调或选送。同时指出，各单位选调学员时，必须认识到工农干部对于文化的迫切需要和国家建设的长远利益，按照规定选送，不得敷衍充数。①

1951 年，根据《指示》精神，教育部对《工农速成中学暂行实施办法》（以下简称《办法》）进行补充修订。其中规定工农速成中学的任务是：招收参加革命或产业劳动一定时期之优秀的工农干部及工人，施以中等程度的文化科学基本知识的教育，使其能升入高等学校继续深造，培养成为新中国的各种高级建设人才。通过采取速成的办法，在 3—4 年内完成普通中学 6 年的课程，以加快人才培养的速度。② 在《办法》中，还对工农速成中学的招生标准进行了规定：

（1）工农家庭出身或本人是工农成分的干部，参加革命三年以上者。

---

① 政务院关于举办工农速成中学和工农干部文化补习学校的指示[J]. 人民教育，1951,(1):65.

② 工农速成中学暂行实施办法[J]. 人民教育,1951,(4):72.

（2）非工农家庭出身，本人又非工农成分的干部，参加革命五年以上者。

（3）工厂、矿山、农场等产业部门的青年工人，工龄在三年以上者。

自《指示》和《办法》颁布后，工农速成中学发展迅速。1950年上半年，全国开办工农速成中学12所，学生数1459人。到年底，全国共开办工农速成中学24所，招收学生4400人，加上各地自行增加的名额，约计5000余人。此外，部队办的各校学生人数估计比这个数字多。在这些学生中，出身工农的占80%，加上革命职员则在90%以上。例如，北京试验工农速成中学出身工农的占91.4%，苏南的占84.4%，从学生的政治质量来看，参加革命工作的年限都在3年以上，多数在3—5年，党团员占学生总数的80%以上。他们来自不同的工作岗位，但多数为工作积极的优秀干部和优秀工人。以东北实验工农速成中学为例，全校学生118名，其中，模范工作者、创造新纪录者、劳动模范、战斗英雄约占三分之一。①

然而，在工农速成中学创建之初，由于对这一类新型的学校在性质和任务上认识模糊，在实际的招生和录取上出现了一定的偏差。由于工农速成中学采取选送和招考相结合的方式招录新生，一些机关、军队、团体等基层单位领导存在"短视"和"本位"的想法，对于选送工农干部和青年入学，以期培养成新中国的各种高级人才这一问题上的认识不够。②不愿意把优秀干部抽调出去，于是出现一些不正常的现象，在工作中表现好的同志得不到学习的机会，甚至对有迫切学习需求的干部进行阻挠，③导致

① 其中的数据来源于张健. 中国教育年鉴(1949—1981)[M]. 北京：中国大百科全书出版社，1984. 175. 师唯三. 全国工农速成中学概况[J]. 人民教育，1950，(5)：50-52.

② 东北区工农速成中学的发展计划是到1951年年末，开办8所工农速成中学，学生规模达到4300多人，但是多数学校的招生人数不足。陈润齐. 关于东北工农速成中学的几个问题[J]. 人民教育，1951，(5)，47-49. 这也可以从北京市实验工农速成中学的招生情况看到。第一批招收的学员多数是科员、办事员、通讯员和收发人员，见北京市实验工农速成中学概况介绍[J]. 人民教育，1950，(2)：14.

③ 人民教育1950年登载了一封"小明同志的来信"。信中反映一个工农干部因想上学而不得的苦闷和抱怨。见人民教育1950，(7)：19-21. 孙时锦. 一个工农干部的来信[J]. 人民教育，1951，(5)：70.

工农速成中学在初期往往招生不足。如在东北地区，多所工农速成中学的招生任务不能完成。而送去学习的往往是在工作中无足轻重或犯了错误的人。① 一些领导干部存在一些偏见，把工农速成中学看作“干部招待所”，送些有病的、文化程度低的、不易分配工作的，甚至在工作上犯严重错误的干部来“学习”。②

为此，在第一次全国工农速成中学工作会议上对工农速成中学的性质和任务进行了说明。工农速成中学的性质不同于以往的短训班性质的培训，它既不同于普通中学的性质（从招收对象和培养目标上可以看出），也不是一般的干部学校或党校性质的学校。事实上是一种采取“革命”的办法，在正规教育体系中快速培养政治和技术精英的机构。它的基本特点是（1）招收对象：参加革命工作三年以上的工农干部或工龄在三年以上的产业工人；（2）目的：升入各类大学；（3）教育内容，相当于普通中学的基本课程；（4）学习期限比普通中学短，是速成的。在这四个特点中，最主要的是第一个特点，根据这个特点，不仅非工农分子不能进入，而且即使是工农分子，如果不具备一定的条件，也不能进入。因此，工农速成中学可以说是工农干部教育的一部分，但却不能简单地说它的性质是一般干部学校或党校的性质。③在 1953 年，人民日报社论进一步对工农速成中学的性质进行了说明，指出，工农速成中学是要在 3—4 年内教完普通中学（初中和高中）的基本课程。为学生直接升入高等学校打好基础。如果认为工农速成中学仅仅是为了提高一般工农的文化水平，和一般干部文化补习学校的性质、任务混同起来，那显然是错误的。工农速成中学不能和普通中学等量齐观，它必须成为中等教育的重点。④

1952 年 11 月，中央教育部总结了北京大学、清华大学附设工农速成中学的经验，颁布了《关于工农速成中学附设于高等学校的决定》，使工农速成中学有领导地逐步附设于高等学校，高等学校附设工农速成中学原

---

① 程今吾.迎接工农速成中学的创办[J].人民教育,1950,(1):30－33.

② 师唯三.做好工农速成中学的招生工作[J].人民教育,1951,(5):24－25.

③ 中央教育部中学教育司.第一次全国工农速成中学工作会议总结摘要[J].人民教育,1952,(2)11－14.

④ 社论.必须重视和改进工农速成中学[N].人民日报,1953－08－29.

则上必须根据高校的系科设置情况，采用相应的教学计划。工农速成中学学生毕业后，一般即直接升入本高等学校继续深造。①

在吸收过去三年招生工作的经验后，1953年7月，高教部、教育部联合发布了《关于1953年工农速成中学招生工作的指示》。指示着重说明创办工农速成中学的目的是为了培养工人阶级出身的技术专家和建设骨干，因此要求严格招生条件。为此，对工农速成中学的招生对象作了详细的规定。

（1）凡铁路、海运、邮电、交通等企业部门及有职工100人以上的公私合营厂矿产业工人，公营建筑公司的固定职工，国营农场工人，具有三年以上工龄，思想进步，工作积极，身体健康，年龄在18岁以上30岁以下，并具有相当于高小毕业的文化程度者（厂矿劳动模范不受工龄限制）。

（2）机关部队及民主党派、人民团体，24级（部队为排级）以上的工农家庭出身或本人是工农成分的干部，参加革命工作三年以上，思想进步，工作积极，身体健康，年龄在18岁以上30岁以下，具有相当于高小毕业文化程度者。

（3）农业增产模范，思想进步，身体健康，年龄在18岁以上30岁以下，具有相当于高小毕业文化程度，经区级以上人民政府评选为劳模，由县级以上人民政府证明和选送者。

（4）工农家庭出身的优秀小学教师，有三年以上教龄，思想进步，工作积极，身体健康，年龄在18岁以上30岁以下，但文化程度仅具有相当于高小毕业，由区级以上人民政府证明和选送，可报考高等师范学校附设工农速成中学。

（5）工农速成初等学校毕业生在入工农速成初等学校前原有相当于24级（或排级）以上的干部（曾在战斗中立特等、一等、二等功者，可不受级别限制），思想进步，工作积极，身体健康，年龄在18岁以上30岁以下，能长期坚持学习者。②

---

① 张健.中国教育年鉴(1949—1981)[M].北京:中国大百科全书出版社,1984.175.

② 同上书,第176页.

1950—1954 年间，各地区、各部门认真贯彻政务院关于举办工农速成中学的指示，5 年中，工农速成中学有了很大的发展（见表 3－6）。但正如前述，工农速成中学在性质上属于工农干部教育的一部分，它的招生主要面向现有的工农干部和即将成为工农干部的优秀分子，而不是针对普通大众。从表 3-6 中可以看出，工人和干部占有很大的比例。而农民出身的学生比例很低，这主要是由于工农速成中学只招收"农业增产模范"的缘故。

表 3-6　1950—1954 年工农速成中学发展规模以及学生的职业构成

年份	学校数（所）	招生数（人）	工人（%）	农民（%）	军人（%）	干部（%）	其他（%）	合计（%）
1950	24	4400	28. 7		8. 1	56. 2	7. 0	100
1951	41	7100	23. 8		5. 9	61. 1	9. 2	100
1952	51	11 600	23. 2		6. 5	60. 6	9. 7	100
1953	58	12 200	25. 5	0. 4	8. 8	56. 4	8. 9	100
1954	87	29 200	33. 7	0. 7	11. 6	44. 8	9. 2	100
合计	261	64 700						

资料来源：张健. 中国教育年鉴（1949—1981）[M]. 北京：中国大百科全书出版社，1984. 175，1020.

工农速成中学的设立是老解放区大学培养干部的经验在新中国的体现，同时把速成中学附设于大学，成为实际意义上的大学预科，又或多或少是受了苏联的影响。它的设立是"教育服务工农"政策的具体体现，由于工农速成中学的学生一般可以直接进入高等学校，如 1953 年工农速成中学第一届 1680 名毕业生中，有 1622 人升入高等学校。① 因此，它在培养工农干部，扩大工农接受高等机会方面发挥了重要的作用。当然，由于这一举措主要是针对工农中的优秀分子，使得它在扩大工农接受高等教育方面的作用是有限的。并且，这一政策在 1955 年发生了转变。

① 张健. 中国教育年鉴（1949—1981）[M]. 北京：中国大百科全书出版社，1984. 176.

(三)人民助学金制度的建立

建立人民助学金制度是新中国成立初期保障贫困子弟受教育权的重要举措。1949 年北平和平解放后，为保障劳动人民子女的教育权利，北平市人民政府教育局即颁布了公私立中等学校“贫寒学生临时救济金办法”。1949 年 5 月，文化接管委员会就颁布了《北平国立专科以上学校学生人民助学金条例》，把以前上大学公费的做法改为“人民助学金”。这是新中国成立之前颁布的第一部学生助学金条例。资助对象是经济上确有困难而学业优良志愿为人民服务的学生。人民助学金供给的标准：甲种人民助学金：每月供给小米八十五斤。乙种人民助学金：每月供给小米六十五斤。丙种人民助学金：每月供给小米四十五斤。丁种研究生人民助学金：每月津贴小米二百斤。人民助学金的评定办法是学生申请，人民助学金评议委员会审核，并发动该生所属系级群众进行讨论。

助学金的发放从一开始就和学生的思想改造相互结合。并且，正如在入学标准上受到一定照顾一样，革命烈属、革命军人、工农干部、产业工人、少数民族及归国华侨子女在助学金评议方面同样受到政策的优先照顾。把“公费”改为“人民助学金”制度后，政府部门面临的首要问题是如何让学生接受这一制度安排。思想改造就成为必要的手段和方式。助学金的评议过程中“贯穿了对于个人平日的生活作风、学习态度的批评与自我批评”。要求学生们抛弃“助学金是应享的权利”的思想。“自觉地节省人民财富，不以获得助学金为应得权利。”同时要清晰认清“旧公费的本质是国民党反动派对付爱国学生的卑劣阴谋，而人民助学金则是人民节衣、缩食培养新中国建设人才的血汗钱”。① 在思想改造和党团员积极分子先锋主义的“带头”作用下，出现了许多学生不顾实际困难放弃申请助学金的情况。为此，华北高等教育委员会专门发文对人民助学金申请评议过程中“左”的做法进行了修正，提出要实事求是地做到需要且应该享有助学金的（学习努力且愿为人民服务者）一定享有，不需要或不应该享有的一定没有。同时决定新生人民助学金及私立大学人民助学金最高名额之

① 金凤.清华北大等校学生热烈评议助学金，明确人民是用血汗助学，许多学生自动放弃申请[N].人民日报，1949-05-24.

限制仍维持原定之百分之五十与百分之二十五。① 然而，随着“三反”“五反”运动的开展，这一趋势并没有根本扭转。

除了人民助学金制度外，部分学校还实行公费制。公费和人民助学金性质不同。公费是为特殊群体——革命烈士子女及经济困难且具备一定条件之革命军人和供给制干部的子女——而设。1952 年，政务院对全国高等学校及中等学校学生人民助学金进行了调整。决定将全国高等学校及中等学校学生的公费制一律改为人民助学金制，同时扩大了人民助学金的资助范围，提高并统一了资助标准。调整后的助学金以适当地解决学生的伙食和其他实际的物质困难为目的。除普通中学外，伙食费须同等地和普遍地发给每一个学生；生活津贴应按照需要者的各人具体经济情况，分为若干等级发给。

1952 年对人民助学金的调整是回应经济发展对大规模人才迫切需求做出的适当反应，同时也是扩大和保障工农子弟、工农干部有机会接受高等教育的重要举措。这次调整后，所有中等技术学校、师范学校和高等学校的学生，百分之百每月都得到人民助学金，以工农干部和产业工人身份入学的，每人每月发给数量较多的人民助学金。这样不仅全部学生的伙食费由国家供给，而且国家还要解决部分生活费用。至此，完全由国家“包”下来，致力于培养精英——革命干部和革命知识分子的体系就初步形成了。

三、政治标准与学术标准的抵牾——“向工农开门”政策面临的冲突

新中国成立初期，重构高等教育制度的目的在于开展意识形态方面的教育，培养和造就无产阶级的知识分子队伍，以迎接经济建设高潮的到来。在这支队伍中，作为巩固无产阶级政权，进行社会主义建设的主要依靠力量，工农大众（主要是工农干部）是其中的一个重要组成部分。但是，他们并不会自然而然地承担起这一任务，而是必须经过一个知识化的过程。毛泽东在 1956 年召开的知识分子问题的会议上指出，“现在我们

① 华北高等教育委员会关于人民助学金评定工作的决定[N]. 人民日报,1949-10-13.

革什么的命，革技术的命，革没有文化、愚昧无知的命，所以叫技术革命、文化革命；搞技术革命，没有技术人员不行，不能单靠我们这些大老粗，这一点要认识清楚，要向全体党员进行深入教育；中国要培养大批的知识分子，要有计划地在科学技术上赶超世界先进水平，先接近，后赶超，把中国建设得更好。”①这其中就蕴含着要求工农干部知识化这一命题，即要求工农干部努力提高自身的学术水准，以适应经济建设的需要。当我们回溯工农速成中学的发展和工农教育方针的变迁时就可以看到这一点。

工农速成中学是通过“革命”的方式把工农干部输入“正规”高等教育系统的，它是在新中国重建任务繁重，人力短缺（旧有的知识分子面临改造，高等教育需要调整）时的一种具有过渡性质的举措。但是，这种借助“政治身份”进入高等教育的举措一直面临着其自身如何融入这种“正规化”体系中的困境。② 同时，它还面临着追求质量标准的“正规化”高等教育的质疑。③ 随着社会政治、经济秩序的恢复，教育事业恢复和调整的完成，它也就完成了自己的历史使命。

1955 年，教育部、高等教育部和中华全国总工会在北京联合召开的“全国工农速成中学教育会议和全国职工业余文化教育会议”。会议确定，今后培养工农知识分子以业余教育为主要形式。④ 同年 7 月，教育部、高教部联合发出《关于工农速成中学停止招生的通知》。《通知》指出，要求大批优秀工人骨干和干部长期脱产学习，目前是办不到的。今后

① 薄一波.若干重大决策与事件回顾(上)[M].北京:中共中央党校出版社,1993,504－507.

② 如在《1953 年全国高等学校招生委员会关于今年高等学校统一招生发榜后从人民来信、来访中发现的问题及处理过的报告》中指出,由于片面强调照顾工农入学,将某些考试成绩不够录取标准的工农速成中学毕业生和在职干部,勉强分配入报考人数较少的学校和系科,产生了一些问题。如将有 7 年煤矿工龄的工农速成中学的毕业生分配到天津大学测量绘图专科,将有 7 年建筑工龄的在职三级技术员,分配入政法学院等。杨学为.高考文献(上)1949—1976[M].北京:高等教育出版社,2003.34.

③ 苏人.普通教育“办糟了”吗[J].人民教育,1957,(8):13－15.

④ 教育部、高等教育部和全国总工会召开会议 确定培养工农知识分子的方针任务[N].人民日报,1955-03-10.

对广大工农干部和工农群众的学习，应坚决贯彻业余为主的方针，不再采用举办工农速成中学的办法。因此，决定工农速成中学自1955年秋季起停止招生。这实际意味着工农教育被排除在正规的教育制度之外。

与此相对应的是，针对工农速成中学毕业生进入高校的政策也发生了转变。在《高等教育部人事第二司关于1955年高等学校招生工作的几个主要问题的意见》中，针对工农速成中学毕业生的升学问题提出如下建议：

（1）附设于高等学校的工农速成中学毕业生，由附设的高等学校，根据高等学校的要求、毕业生的条件、升学志愿，经过毕业考试，部分地（有条件亦可全部地）直接升入所属的高等学校。

（2）未附设于高等学校的工农速成中学毕业生和虽附设于高等学校的工农速成中学毕业生而未能直接升入所属高等学校者，一律参加高等学校统一招生考试（试题可以照顾工农速成中学毕业生的特点，单另拟制），合乎高等学校入学条件者，录取入学。

（3）不合高等学校入学条件的工农速成中学毕业生，不必勉强吸收入学，由原毕业的学校联系有关部门酌情分配工作。①

在《高等教育部、教育部关于全国高等学校1955年暑期招考新生的规定》中对工农速成中学的毕业生升学进行了明确的规定，由先前的“一般地直接”进入高等学校转变为“在与一般报考青年成绩相同或相近时，优先录取”。② 在这样的规定下，一些学校开始以保障质量为“借口”不愿招收工农速成中学的毕业生。③

工农速成中学的停办和工农速成中学毕业生升学政策的转变至少传递出这样一种信息，即依靠“工农”“干部”这样的政治身份获得正规化高等教育机会方面的优势已经不像它初创时那样了。同时也表明，在它导致的体制内紧张和冲突中（服务工农、服务经济建设的双重使命），服务经

① 杨学为.高考文献(上)1949—1976[M].北京:高等教育出版社,2003.74.

② 同上书,第110页.

③ 同上书,第160页.

济建设、注重学术标准在高等教育机会分配中开始处于优势地位。学术标准日益成为比“政治身份”更为重要的入学标准是教育事业恢复和经济建设发展对教育质量诉求的必然反映。

依据学术能力获得高等教育入学机会是新中国高等教育招生政策的基本选择。新中国成立后，很快恢复了高校的招生，以选择和培养服务经济建设的专门人才。但在1952年之前，高校实行单独招生，单独录取的办法。1952年，针对当时高中毕业生难以满足高校招生需要的情况，建立了全国统一招生考试制度，国家实行了全国统一招生考试制度，即统一计划、统一组织领导、统一报考和统一录取调配。

随着第一个“五年计划”的开展，对学生学术能力的要求不断提高，先前盲目追求数量忽视质量的形式主义偏向遭到了批判，整顿巩固、重点发展、提高质量、稳步前进成为这一阶段文教工作的总方针。① 随着经济建设的全面展开，先前把成绩考核看作阻碍工农子女入学的看法发生了转变，开始强调成绩考核的重要性。② 马叙伦在1953年全国高等学校招生委员会的讲话中也指出，高校招生要注重质量（包括政治质量、健康条件和文化程度），要求适当提高文化程度方面的录取标准，做到宁缺毋滥。③这一要求即使对进入工农速成中学的工农干部和调干生也不例外。1953年，为了保证高校录取新生的质量，高等教育部发布了《关于干部学生升入高等学校考试办法》，规定了干部补习班干部学生升学办法，要求调干生一律参加考试，不经考试或考试不合格，不得升入高等学校。④

除此之外，政府还借助行政权力，动员扩大报名人数，提高选拔比例，保障录取新生的质量并确保国家重点建设的需要。

从表3－7中可以看出，通过动员社会各方面成员参加高考，高校录取比例在逐年递减，相应的选拔程度在不断提高。

---

① 张健.中国教育年鉴(1949—1981)[M].北京:中国大百科全书出版社,1984.89.

② 社论.必须重视成绩考核的工作[J].人民教育,1953,(3):5.

③ 杨学为.高考文献(上)1949—1976[M].北京:高等教育出版社,2003.23.

④ 同上书,第24页.

表 3-7 各年份报考人数、招生人数和录取比例(单位:人)

成分 年份	报考人数					招生人数	录取率(%)
	高中毕业生	工农速成中学	升学干部	其他	合计		
1952	37 143	—	2000	—	57 000	51 000	91.40
1953	54 193	1750	2000	19 500	90 000	70 000	71.8
1954	69 018	3729	23003	29 330	125 080	90 505	69.8
1955	110 954	8617	3770	19 460	170 000	96 328	56.7
1956	156 000	—	81864	—	350 000	189 849	54.2

资料来源:杨学为.高考文献(上)1949—1976[M].北京:高等教育出版社,2003.据其历年版本中的招生计划整理。其中部分数据并不精确,因为招生计划和实际招生数存在一定的差距,但并不影响总体的发展趋势。

注释:1. 其他是指社会考生、中等师范学校毕业生和中等专业学校毕业生、小学教师以及归国华侨子弟等。

2. 报考人数中不包括单独参加考试的学生数。

3. 表格中的"—"表示数据缺失,其中工农速成中学 1950 创办,1953 年才有第一届毕业生。

对教育质量的强调同样体现在对教育结构的调整方面，而这一调整也在一定程度上加剧了两种标准之间的冲突。《教育部 1952 年工作计划要点》规定，要采取短期速成与长期培养相结合的方式，大量举办专修科，迅速有效地为国家培养各种建设人才。但到 1953 年，专修科却被看作一种过渡性质的制度和办法。随着“整顿巩固、重点发展、提高质量、稳步发展”政策的出台，明确要求高等工业学校应逐步减少专修科招生名额的比例。1955 年，国务院召开全国文化教育工作会议，确定今后一个时期各项文化教育工作以提高质量为重点，专修科除必要外，应尽早停办。① 这就导致专科学生人数锐减，学生更多地被要求更高的本科院校吸纳（见图 3－2）。这种单一、同质的机构必然使学生和学校之间没有任何的回旋余地：它只能在学生屈服于学术标准和学校屈服于政治标准之间进行选

① 刘英杰.中国教育大事典 1949—1990(上)[M].杭州:浙江教育出版社,1993.47.

择、平衡。新中国成立初期选择了前者，而在教育“革命”时期，选择了后者。

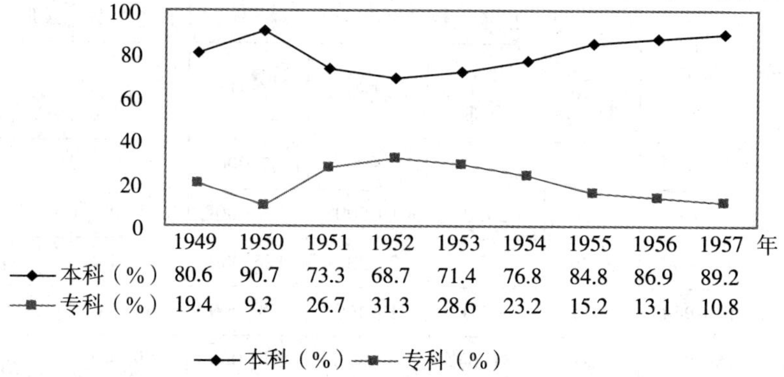

图 3-2　1949—1957 年本、专科学生在校生比例

资料来源：张健. 中国教育年鉴（1949—1981）[M]. 北京：中国大百科全书出版社，1984. 967.

对学术标准的强调，必然会影响工农干部进入高等学校的机会。针对这种情况，曾昭抡指出，由于工农劳动人民在过去反动统治时期完全被剥夺了受教育的机会，因此在现阶段吸收具有相当于高中文化水平的工农干部直接进入高等学校，是受到一定限制的。① 以北京师范大学为例，在 1952、1953 年的新生中，工农成分的学生在新生录取比例中不及 20%。

另外，从表 3－8 中可以看出，其他“身份”的群体依据学术优势进入高等学校的机会依然明显。在新中国成立初期，他们在高等学校仍然占有很高的比例。这部分是由于对学术标准的重视，使得先前在文化地位上占有优势的其他阶级子弟从中获益，部分是因为，在新中国成立初期，继续坚持了“统一战线”的原则。② 因此，所有认同新政权的其他阶级（主要包括民族资产阶级、民主党派和民主人士）成为团结、改造的对象，他们子女求学的权利并没有随着新政权的建立而被剥夺。

① 曾昭抡. 三年来高等教育的改进[J]. 人民教育，1953，(1)：11－15.

② 毛泽东在《为争取国家财政经济状况的基本好转而斗争》和《不要四面出击》中反复强调了这一点.

表 3-8 北京师范大学 1952—1953 年入学本科新生家庭出身统计表

	合计(人)	工农出身		剥削阶级及反动阶级家庭出身		其他出身	
年份		小计(人)	占合计(%)	小计(人)	占合计(%)	小计(人)	占合计(%)
1952	468	79	16.88	210	44.87	179	38.25
1953	1215	212	17.45	577	47.49	426	35.06

资料来源:北京师范大学档案馆 1958 年第 30 卷,长期卷

注释:工农出身包括工人、贫农、中农和革命干部;

剥削阶级及反动阶级家庭出身包括地主、富农、资本家、房主、反动军官、官僚;

其他出身包括:教员、医生、小土地出租者、城市贫民、小资产阶级、职员和其他。

通过以上分析可以看出，新中国成立初期扩大工农进入高等教育的举措收效甚微，借助“政治身份”获得高等教育的优势只对那些“优秀分子”才有效。而依据苏联模式建立起来的新制度实际上造就的是新的政治精英和技术精英，它并没有根本改变普通工农大众在获得高等教育方面的处境。事实上，拘于当时的历史条件限制和现实考虑，新的高等教育制度没有，也不可能达到这样的意愿。

第三节 左右平衡——对政府角色的评述

艾萨克·多伊彻曾指出，中国的共产主义革命呈现出奇怪的情形，这个最古老的国家渴望输入最现代的革命学说、最新型的革命，并且将之转变为行动。由于本国没有开山鼻祖，因而，中国的共产主义直接继承了布尔什维克主义，毛泽东站在了列宁的肩上。① 而在斯科特看来，列宁是一位极端的现代主义者，极端现代主义是列宁理论中心思想不可或缺的一部分。同时他把苏维埃的社会实践看作极端现代主义的试验场。他进一步引用鲍曼的观点指出列宁政治学在勾画蓝图时的应用。鲍曼指出，共产主义

① [美]莫里斯·迈斯纳.马克思主义、毛泽东主义与乌托邦主义[M].张宁等译.北京:中国人民大学出版社,2006.64.

是现代性最投入、最有生气和最有气势的倡导者……正是在共产主义制度下，现代性梦想摆脱了冷酷无情而无所不能的国家的障碍，从萌芽发展到极致：宏大的设计、无限制的社会工程、巨大的技术、对自然的总体改变。费正清指出，中国的革命领导人选择了一条建设新中国的最容易的道路，办法是在继承下来的最高权力结构中，保持受过信仰熏陶的官僚集团和能使中国社会井井有条的普遍的正统观念。①

现代性在一定程度上是对理性主义的崇拜，而极端现代性就是对理性的极度崇拜。斯科特认为，极端现代主义生长的历史土壤包括国家权力危机（如战争和经济危机），以及国家不受阻碍地计划能力极大扩张的环境（如革命权力的交替）。革命者相信通过对整个社会秩序进行彻底的和理性的操作，可以按照自己的蓝图重建社会。毛泽东在新中国成立初期力主推行的“走俄国道路”的倡导以及诸多实践——在社会、经济领域开展的土改、阶级成分划分、组织实施“一五”计划；在教育领域内，学习苏联，大规模院系、专业调整、课程教材改革、高等学校招收工农干部，并且通过思想改造、“三反”“五反”运动成功地消除了各种反对的声音——似乎印证了这一点。

不过，正如越来越多的研究者指出的那样，新中国成立初期所选择的发展道路充满了矛盾性：一方面学习苏联经验，希冀通过政治精英和专业人才建立一部管理有效的国家机器推进现代经济的发展，但同时又对由此可能产生的官僚主义以及干部和知识分子与工农脱节的现象深恶痛绝。因此，政策的选择一直在二者之间徘徊，这种矛盾在高等教育领域体现得尤为明显。

新中国成立初期，政府全面接管旧有的公立学校，整顿和改造了私立学校和受外资津贴的学校，并试图以老解放区经验为基础，吸收旧有传统，借鉴苏联经验，重构新中国的高等教育体系。最终的结果是形成一个高度集中统一的，办学体制单一、办学目标趋同的高等教育体系。然而这一体系却要承载起“为工农服务，为经济建设服务”的双重任务，并要在

① ［美］R. 麦克法夸尔，费正清. 剑桥中华人民共和国史（1949—1965 年）［M］. 北京：中国社会科学出版社，2007. 36.

三种传统中寻求平衡，其面临的矛盾和冲突是显而易见的。

当教育被看作新的政治、经济秩序的一部分，被看作服务于无产阶级政权建设和经济建设的工具的时候，政府对教育的控制和改造就成为必然。事实上，在新中国成立初期，政府的这种控制和改造不仅有利于新中国教育体系的重构，而且有利于促使高等教育更契合政权建设和经济发展的需要。同时，也正是由于政府强有力的控制的存在，它才能一方面通过院系调整，促使高等教育的区域布局较先前更为合理；另一方面通过采取一系列措施保障人们的受教育权利，如实施向工农开门的政策，在招生中给予少数民族学生优先录取的举措，以及保护妇女的受教育权利等，从而使不同群体在获得高等教育机会方面的处境在较短的时间有较大程度的改善。

然而，依据苏联模式建立起来的高度集中统一的教育体制，却使政府独自承担起供给和保障高等教育入学机会的责任。尽管在当时，由于教育基础薄弱，高等教育的发展规模处于“非饱和”状态，人们的升学需求并没有给政府造成什么压力，相反，政府尚需借助行政力量以及鼓励、动员等手段来激发人们的升学需求，以不断扩大高等教育的规模。即便如此，这种由体制自身所带来的困境在新中国成立初期也已经逐步显露出来。这主要体现在教育管理体制、学校教育制度和办学体制等几个方面。

其一，高度集中统一的教育管理体制抑制了地方和社会办学的积极性。这一体制的显著特点是政府包办了教育事业的全部，它集举办者与管理者于一身。正是由于政府对教育事业的完全掌控，抑制了地方政府和社会办学的积极性，这就使作为高等教育入学机会供给者的政府在扩大高等教育规模，促进高等教育区域均衡发展的努力在一定程度上受到了限制。毛泽东在《论十大关系》时指出，在巩固中央统一领导的前提下，扩大地方的权力，给地方更多的积极性，让地方办更多的事情。这对我们建设社会主义国家比较有利。但这一主张在新中国成立初期并没有有效地落实。

另外，这一体制建立的初衷在于加强高等教育事业发展的“计划性”。但事实上，政府很难对人才需求和高等教育发展规模进行有效的计划，因此，这一“计划性”意愿带有很大的随意性和盲目性。以招生计划为例，1952 年大量招生，照顾质量不够；1955 年因为要注意质量，招生增长率略略收缩（比 1954 年仍然有增加），大家又认为太少；1956 年招生增长率又直线上升，比 1955 年增多 90% 以上。这样忽上忽下的计划，会给国家建设事业带来损失。①尽管如此，政府的改革路径不是放权，以充分发挥中央和地方两方面的积极性，而是试图通过进一步制定“科学”的计划来克服其中的盲目性。②

这种高度集中统一的教育管理体制在恢复和重建新的教育秩序方面具有一定的积极意义，但是，一旦新秩序重建之后，它在发展教育事业方面的局限性就逐步显露出来，必将成为教育事业发展的改革动因。

其二，层次单一、目标趋同的学校教育制度导致了构建高等教育的“三种传统”之间的紧张，并使得扩大工农入学机会的努力陷入困境。尽管新中国的高等教育的重构来源于三种传统，但事实上，它是通过改造老解放区经验和旧有传统并最终促使它们融入苏联模式而建立起来的。例如，扩大工农进入高等学校的主要举措之一的工农速成中学，就被纳入这一体系之中，而通过思想改造运动，也使旧知识分子逐步“认同”了这一模式。进一步而言，这一模式是适应当初经济恢复和发展的需要而建立的，培养的目标是符合社会各项事业所需要的专门人才，因此，强调教育的正规性，关注教育的质量，对学术标准的要求是其应有之意。然而，这一点对于文化程度低微的工农干部而言显然难以达到，政府不得不通过设立另外的一个入学标准——政治标准——把工农干部的培养纳入进来。但是，这一“人为”的举措与该模式对学术标准的要求是不相融的，随着工农进入高等学校规模的扩大，日益引发了人们对教育质量的关切。政府显然在构建这一体系时就已经认识到这一点，把高等教育向工农开门的政策严格限定在工农干部之中，特别是其中的优秀分子之中，并且不断提高对他们的学术要求，以此化解二者之间的紧张。但这样一来，就实际导致曾经允诺的向工农开门的意愿难以达成，使得高等教育系统日益成为了培养

① 张宗麟. 关于高等教育的成就和几个问题的商讨[N]. 人民日报,1956－09－04.

② 杨秀峰在分析新中国成立初期高等教育事业发展规模时指出,从现在高等学校主观力量来看,招生任务和新校数字已经很大了,保证一定质量已经有不小的困难,而最近各方面还在不断提出新的要求。在这种情况下,我们以为,进一步核实需要,摸清高级的同中级的以及各类专业之间的合理的培养干部比例,并充分估计到可能条件,作妥当的安排,是非常必要的。见高等教育部长杨秀峰在第一届全国人民代表大会第三次会议上的发言[N]. 人民日报,1956－06－22.

和造就精英的机构，享有高等教育机会的依然还是“少数人”的权利。

高度趋同、单一的学校教育体制是新中国成立初期为适应经济建设发展的需要而建立起来的，但是这样的体制在形成之后就在通过采用政治标准扩大工农干部入学机会和通过学术标准培养专才之间形成一种悖论。一种试图均衡二者的手段随着对正规化、专业化要求的不断提高，实际上就成了非此即彼的选择。政府通过设立政治标准实践高等教育向工农开门的意愿与其说是吸收老解放区的传统，具有一种平等主义的价值取向，不如说是为了让工农干部更好地适应这一体制的要求。简而言之，政府的目的在于让工农干部来适应这一体制，而不是为了更好地向工农开门而改变这一体制，这就与它向工农开门的意愿渐行渐远。

另外，需要指出的是，政府对教育的控制和改造在新中国成立初期一直在不断加强，在新中国成立后召开的有关高等教育发展的各级会议中，大学自治与学术自由等都未列入会议议题，而讨论的核心问题是如何加强党的领导以及高等教育如何才能够为新中国的社会主义政治和经济服务，如何才能实现为工农开门。这样，高等学校自身性问题就被悬置，它们无法也不可能按照自身的意图选择学生。尽管在新中国成立初期，各个学校继续实行单独招生，并且在 1955 年、1957 年也曾经讨论过联合招生、单独招生的问题，但是由于考生来源较少，出于担心各地区、各学校和各专业招生报考人数的不均衡，以及出于经济和效率的考虑，更重要的是出于有计划性地培养人才的考虑，除艺术类高等学校外，高校的招生主要采取的是全国统一招考的形式。

毋庸置疑，新中国成立初期构建的高等教育体制（包括管理体制、办学体制和学校教育制度等），是适应当时需要的一种理性选择。但历史的辩证法就是如此，促成成功的因素在新的时空条件下有可能成为障碍性的因素。在它日益导致工农大众与知识分子之间的分离，体力劳动与脑力劳动之间的分离，正规教育与非正规教育的分离，更重要的是导致政治与教育的分离，教育与生产劳动分离时，这样的制度引发了对教条地学习苏联模式的批判，同时也开启了对符合中国本土国情的新的教育制度的探索，这就导致了后来的教育“革命”。

第四章

教育“革命”时期政府在高等教育入学机会分配中的角色

无产阶级在夺取政权后,从一开始就不言而喻,无论在任何情况下,在开始都不可能立即从已经被推翻的阶级中得到承认。他们不会立刻忍受新制度的产生。它只有先在意识形态上被制伏后,才会自愿地去为新社会服务。①

——[匈]卢卡奇

我们打碎的决不仅仅是一种考试制度,我们打碎的是几千年来套在人民脖子上的文化枷锁,我们打碎的是产生精神贵族和高薪阶层的温床,我们打碎的是产生现代修正主义的阶石。

北京四中全体革命师生,1966

第一节 大破与大立——中国本土式高等教育体系的探索

教育“革命”时期分为两个阶段,第一阶段是1958年开始的教育“大跃进”阶段;第二阶段是开始于1966年的“文化大革命”阶段。前一阶段是后一阶段的准备,构成了“文化大革命”的最初起源,②而后一阶段则是完成前一阶段任务的继续“革命”。“文化大革命”期间,1971

① [匈]卢卡奇.历史与阶级意识[M].杜章智等译.北京:商务印书馆,2004.362.

② 郭艳,陈兴玛.“大跃进”中的政治变迁与“文化大革命”的起源[J].湖北民族学院学报(哲社版),2005,(2):104－108.

年《全国教育工作会议纪要》盛赞了1958年的教育革命，又称1961年的调整"扼杀"了教育革命的新生事物，使推行的所谓修正主义路线达到了猖狂的程度，这就清楚地表明了"文化大革命""教育革命"的起源和来源。① 由于二者之间存在密切的关联，本书把它们置于一处进行分析。

在生产资料所有制的社会主义改造基本完成之后，中国的社会主义经济、政治和文化教育应怎样建设和发展的问题就提到了全党和全国人民的面前。但是，如何在中国建设社会主义，全党缺乏足够的理论和思想准备，只能在实践中不断探索和前进。这种探索是试图摆脱苏联模式的影响，不断进行大破与大立的过程。

一、教育"革命"的前奏

教育"革命"发轫于毛泽东对农业合作化运动中存在的右倾错误的批判。1955年毛泽东为《中国农村的社会主义高潮》所作的序言中指出，从1955年的下半年，中国的情况起了根本的变化。中国60%以上的农户，大约有7000多万户，经过半年的时间，就加入了半社会主义的农业生产合作社。而1955年7月，这个数字才有1690万户。这件事情告诉我们，中国工业化的规模和速度，科学、文化、教育、卫生等各项事业的发展规模和速度，已经不能完全按照原来所想的那个样子去做了，而应当适当地扩大和加快。但是，现在存在的问题，还是右倾保守主义思想在作怪，使许多方面的工作不能适应客观情况的发展。现在的问题是经过努力本来可以做到的事情，却有很多人认为做不到。因此，不断地批评那些确实存在的右倾保守思想，就有完全的必要了。②

毛泽东的批判给教育部门造成很大的压力，迫使教育事业加速发展。1956年1月，《人民教育》社论号召"为加速发展教育事业和提高教育质量而奋斗"。社论指出，我们当前面临的情况和问题是教育事业大大落后于经

① 全国教育工作会议纪要[A]. 瞿葆奎. 中国教育改革[C]. 北京：人民教育出版社，1991. 531. 杨东平. 艰难的日出——中国现代教育的20世纪[M]. 上海：文汇出版社，2003. 163.

② 新华网. 毛泽东. 中国农村的社会主义高潮(序言一)[EB/OL]. http://news.xinhuanet.com/ziliao/2004-12/27/content_2386175.htm. 2007-08-20.

济建设事业，造成这一局面的根本原因是各级教育部门首先是教育部的领导干部存在着严重的保守主义思想，对于革命形势认识不足……强调客观困难多，发挥主观能动性和依靠群众力量不够。因此提出要按照速度快、费用省、数量多、质量好的要求大力发展教育事业。① 通过对“右倾保守主义”错误的批判，导致的直接后果是1956年教育事业的超常规发展，据统计，1956年，高等学校数从1955年的194所增至227所，学生数从28.8万增至40.3万，高校招生人数从9万余人，增至18万左右。

教育事业的大发展，加剧了教育体系内部的紧张和矛盾。正如前文所述，学习苏联模式建立起来的单一的、正规的高等教育体系难以承载高等教育急剧扩张的任务，因此，引起的矛盾和不满就成为必然的结果。教育状况的不理想也引起了学生的不满。据不完全统计，从1956年9月到1957年3月的半年内，有几十个城市发生大、中学校学生罢课、请愿事件，共有10 000多人。②

另一个值得忧虑的问题是，伴随着农村社会主义运动高潮，出现了农村中小学退学潮现象，据1955年初步统计，全国学校中途辍学的小学生达510万人，初中生达15万人。据湖南、江苏、河北、河南、吉林、黑龙江、福建7个省189所中学不完全的统计，当年春季到2月为止，退学、休学的学生达到9499人，一般中小学学生退学休学人数都在10%以上，有些地方中学生退学休学的人数竟达50%以上。之所以如此，主要是在农业合作化以后，由于农民生产发展，迫切要求青年学生回乡参加生产劳动；其次是有些人一时还不能解决上学的费用问题。如果不及时制止这种现象，就会严重影响高等教育和中等教育的发展，妨碍国家培养建设人才计划的实现。教育部部长张奚若指出，目前普通教育面临最突出的问题是中学生不足，高中毕业生一直到1958年都不能满足高校招生的数额。③

对此的调整主要有两个方面：一方面，国家通过鼓励学生返校继续学

① 社论. 为加速发展教育事业和提高教育质量而奋斗[J]. 人民教育,1956,(1):4－7.

② 薄一波. 若干重大决策与事件的回顾(下卷)[M]. 北京:中共中央党校出版社,1993. 569.

③ 张奚若. 目前国民教育方面的情况和问题[J]. 人民教育,1956,(7):8－11.

习，要求各厂矿、企业不应招收在校学生等措施制止学生的流失；①另一方面，在教育事业的发展中，要求把普及和提高、质量和数量结合起来，采取既反对保守主义观点，也反对盲目冒进的综合平衡的策略。② 针对1956 年出现的“冒进”现象，《人民日报》发表了“要反对保守主义，也要反对急躁情绪”的社论，该社论指出，“右倾保守思想对我们的事业是有害的，急躁冒进思想对我们的事业也是有害的”。要求制订工作计划和步骤时要符合客观实际的可能性。③ 自此，各行业开始调整工作计划，在教育领域，国务院提出，1957 年的教育事业计划，要“适当收缩，保证重点”，切实注意质量，务使计划放在既积极又充分稳妥可靠的基础上，高等教育要保证质量，适当减少招生人数。在这样的情况下，1957 年的高校招生计划确定为 10. 7 万人，④相比于 1956 年的 18 余万人有了很大收缩。但是，反冒进的策略遭到了毛泽东的坚决反对。在中共八届三中（扩大）会议，以及后来的杭州会议、南宁会议、成都会议和汉口会议上，毛泽东对“反冒进”进行了严厉的批判。⑤ 最终导致了 1958 年的“大跃进”运动，同时也开启了中国式社会主义道路的曲折探索。

二、对苏联教育模式的批判

自新中国成立以来，对建构中国式高等教育体系的探索就从来没有中断，如果说在新中国成立初期，其建构过程中着力批判的对象是旧有的、深受英美影响的教育制度的话，那么在生产资料所有制的社会主义改造基本完成后，其致力于批判的对象则是前一阶段建构起来的深受苏联经验影响的教育制度。

事实上，对苏联模式的质疑和批判在新中国成立初期就一直存在，不过这样的批判主要集中在旧知识分子当中，⑥而在政府内部对苏联模式的

---

① 金铁宽. 中华人民共和国教育大事记(Ⅰ)[M]. 济南:山东教育出版社,1995. 343.

② 张健. 中国教育年鉴(1949—1981)[M]. 北京:中国大百科全书出版社,1984. 91.

③ 社论. 要反对保守主义,也要反对急躁情绪[N]. 人民日报,1956 - 06 - 20.

④ 杨学为. 高考文献(上)1949—1976[M]. 北京:高等教育出版社,2003. 267.

⑤ 谢春涛. “大跃进”运动研究述评[J]. 当代中国史研究,1995,(2):25 - 34.

⑥ [英]纳拉纳拉扬·达斯. 中国的反右运动[M]. 西安:华岳文艺出版社,1989. 84 - 85.

批判主要集中在如何使苏联模式更好地契合中国的实际需要方面。当然，这一阶段的批判是比较隐讳和模糊的。从1956年起，随着三大改造的完成和社会主义建设高潮的出现，对苏联模式的批判则开始明朗化。毛泽东的《论十大关系》以及根据此精神撰写的中共八大的政治报告，已经表明中国开始以苏为鉴，探索根据中国的情况走自己的路。① 在《论十大关系》中，毛泽东提出学习苏联经验要批判地学而不要盲目地学，以及发挥中央和地方两个积极性等方面就表明了这一点。毛泽东非常关注教育事业的发展，在1957—1958年，他批判了教育领域的"三脱离"（教育与政治、教育与生产、教育与工农脱离）问题，提出要加强党的领导和开展思想政治教育的要求，鼓励厂矿、企业、机关办学，并对教育领域教条移植苏联模式进行了严厉的批判。在成都会议上，毛泽东就指出，教条主义多的部门，一个是重工业部门，一个是教育部门；②在全国宣传工作会议上，他还质问教育部是苏联的教育部还是中国的教育部。③ 刘少奇在1958年回顾学习苏联经验的历程时也指出，1954、1955年，无产阶级教条主义很严重，照搬苏联的。④ 周恩来在1957年总结过去几年教育工作的经验时指出，教育部门在实行教育改革时也发生若干偏差，主要是否定了旧教育的某些合理部分，对解放区革命教育的经验没有做出系统的总结，加以继承，并且在学习苏联经验的时候同我国实际情况结合不够。⑤

对苏联模式的批判固然有中苏交恶的国际因素，但更重要的是其已经难以适应和完成教育"革命"时期的任务和使命。

其一，教育"大跃进"受到了"苏联模式"的掣肘，这是导致改造苏联模式的直接动因。随着1956年对反右倾保守主义思想的批判，以及在1958年总路线提出的要"鼓足干劲、力争上游、多快好省地建设社会主义"的号召下，要求教育事业的发展要紧跟上经济和社会发展的步伐，多快好省地发展，逐步达到工农群众知识化、知识分子劳动化。为了实现这

① 林蕴晖.中共八大与"以苏为鉴"[J].中共党史研究,2006,(5):11－15.

② 陆定一同志在全国教育工作会议上的讲话[A].转载自何东昌.中华人民共和国重要教育文献(1949—1975)[Z].海口:海南出版社,1998.822－829.

③ 金一鸣.中国社会主义教育的轨迹[M].上海:华东师范大学出版社,2000.194.

④ 刘英杰.中国教育大事典1949—1990(上)[M].杭州:浙江教育出版社,1993.17.

⑤ 周恩来.关于教育改革问题[N].人民日报,1957－06－27.

一目标，就需要调动一切积极因素，实现办学主体和办学形式的多样化，开辟出发展和普及教育的新路。在《关于教育工作的指示》中还明确提出："争取在15年左右的时间内，基本做到使全国青年和成年，凡是有条件的和自愿的，都可以受到高等教育。"而先前那种"单轨"（只有国家办学、只有正规教育）的制度显然难以完成这样的要求，因此就需要对它进行改造。

其二，教育"革命"的信念与苏联模式之间的背谬是导致改造苏联模式的根本动因。教育"革命"时期的教育方针在于强调教育为无产阶级政治服务，教育与生产劳动相结合，最终的目的在于实现教育与政治的结合，劳心与劳力的结合，消除"三大差别"。而依据苏联模式建构的高等教育实际上形成了一个高度科层化、等级化的系统。尽管在新中国成立初期，采取了多种措施扩大工农的入学机会，不过最终的结果是这些举措都被"消融"于苏联模式所营造的"正规"教育和追求专才培养的教育体系中，导致了新的政治精英和经济精英的再生产。因此，迈斯纳指出，这种为经济进步而建构的体系所产生的社会结果与政治结果与毛泽东对未来的设想是不一致的。① 在"反右运动"时期，毛泽东越来越认识到这一模式对专才和技术的倚重会削弱政府所开展的"无产阶级革命"在思想上的依持，从而会产生修正主义的危险，与革命背道而驰。② 因此，对它的改造也就是必然的。

不能否认，在新中国成立之初，在苏联模式影响下，中国的高等教育体系的改革曾经获得巨大的成就。通过建立起一种高度集中统一的高校体制，它成功地实现了培养一代新的政治精英和技术精英，以取代旧的资产阶级精英的目的，同时，它在适应经济快速增长的需要方面，更是如此。然而，这一表象背后政治和文化方面的情况则不容乐观。在政治上，由于这一体制对正规化和专门化的强调，普通工农青年仍然被拒之于高等院校的大门之外。而在文化上，苏联模式则强化了作为"考试制度"特征的知

---

① [美]莫里斯·迈斯纳.毛泽东的中国及后毛泽东的中国[M].成都:四川人民出版社,1989.361.

② 姚若冰.中国教育1949—1982[M].台北:华风书局,1986.37.

识集中和思想统一。① 这就使它在一定程度上存在着教育与政治脱离、教育与生产劳动脱离，并会加剧“劳心”和“劳力”之间的分裂和忽视党的领导的危险。因此，这一体制事实上又在“复制”着先前曾经批判过的旧教育的种种弊端。随着这一体制日益被强化和制度化，对它改造的要求也就越强烈。

三、建构本土式高等教育体系的探索

1958 年的教育“革命”是我国试图摆脱苏联模式影响，探索适合本土实际的高等教育制度的开始。这种探索和尝试除了苏联模式本身与教育“革命”时期的任务和使命不适应外，它还受到来自国际和国内环境的影响。如“波匈事件”、中苏交恶，以及国内“整风”和“反右”运动等，这些因素是推动中国教育体系建构的外部因素。同时，中国自主意识的觉醒则是推动探索的内在动力。② 这些因素不仅引发了中国教育体系的自主建构，同时也在很大程度上决定了这种建构的性质和方向。

毛泽东在天津大学视察时指出，高等学校应抓三个东西：一是党委领导；二是群众路线：三是把教育和生产结合起来。③ 这在一定程度上反映了毛泽东教育主张的三个方面。而刘少奇关于《我国应有两种教育制度、两种劳动制度》和陆定一《教育必须和生产劳动相结合》则对建立新的教育制度进行了积极的探索。不过，大规模的探索和实践中国式的教育发展道路则集中体现在 1958 年的“大跃进”时期和后来的“文化大革命”时期。我们可以从 1958 年 9 月中共中央和国务院颁发的《关于教育工作的指示》（以下简称《指示》）④和 1971 年的《全国教育工作会议纪要》（以下简称《纪要》）中窥其一斑。其中《指示》所确定的方针路线直到

---

① ［加］许美德.中国大学 1895—1995:一个文化冲突的世纪［M］.张晓军译.北京:教育科学出版社,2000.121－122.

② 有关这方面的论述见诸李庆刚.十年来“大跃进”研究若干问题综述［J］.当代中国史研究,2006,(2):53－65. 齐霁.八十年代以来“大跃进”运动研究若干问题述评［J］.北京党史,1999,(6):39－42. 谢春涛.“大跃进”运动研究述评［J］.当代中国史研究,1995,(2):25－34.

③ 毛泽东同志论教育工作［M］.北京:人民教育出版社,1958.67.

④ 关于教育工作的指示［N］.人民日报,1958-09-20.

"文化大革命"期间仍然在发挥作用，在批判"修正主义路线"时，它仍然是判断路线是非的标准。毛泽东在 1964 年曾说，（《指示》）所确定的教育的方针是正确的，只是方法不对。① 因此，《指示》就成为我们了解当时中国探索社会主义教育发展道路的主要依据。

《指示》是在吸收老解放区经验和建国后教育工作的经验和教训，以苏为鉴的基础上提出的社会主义教育纲领。它肯定了新中国成立以来教育工作所取得的成就，并认为成绩是主要的，这一点与《全国教育工作会议纪要》不同，后者提出的"两个估计"的判断，②基本否定了新中国成立以来"十七年"的成就。不过，《指示》同时也批判了以往工作的不足。主要体现在：教育脱离劳动、脱离实际，并在一定程度上忽视政治、忽视党的领导。它要求同那种"为教育而教育""劳心和劳力分离""外行不能领导内行"的资产阶级思想进行坚决的斗争。同时，《指示》还系统地阐述了我国的教育方针、教育制度以及教育事业发展的设想，为社会主义时期的教育工作勾画了清晰的蓝图。

(一)注重意识形态控制,加强党的领导

新中国成立以来，注重意识形态的控制，加强党的领导一直是建构教育体系的认识基础。不过在新中国成立初期，为了重构一种新的教育体系，意识形态的控制和行政控制是结合在一起的。然而，由于对在"反右"运动中提出的"专家领导"和"教授治校"等口号被看作两条路线的斗争，是资产阶级向无产阶级夺权的斗争。③ 因此，在教育"革命"时期，意识形态的控制和党的领导被放在了突出重要的地位，成为确保教育事业社会主义方向不被修改的重要举措。《指示》中对教育方针的提法从先前教育为经济建设服务转变为教育为无产阶级政治服务，并且再次重申"一切教育行政机关和一切学校，应该受党委的领导"。"在一切高等学校中，应当实行党委领导下的校务委员会负责制"。认为"一长制"容易

① 金一鸣.中国社会主义教育的轨迹[M].上海:华东师范大学出版社,2000.193.

② "两个估计"即十七年来(1949—1966 年)毛主席的无产阶级教育路线"基本没有得到贯彻执行",教育战线是资产阶级专了无产阶级的政,"黑线专政";教师队伍中的大多数和十七年培养的学生大多数"世界观基本上是资产阶级的"。

③ 陆定一同志在全国教育工作会议上的讲话[A].转载自何东昌.中华人民共和国重要教育文献(1949—1975)[Z].海口:海南出版社,1998.822-829.

脱离党的领导。为了加强党的领导，中央各部门抽调了1000名高中级党员干部（其中司局长以上干部200名，处科级干部800名），加强文教战线，派到高校担任院长、党委书记的就有100多人。① 不过，《指示》颁布之后，有关部门并没有很快制定相应的政策措施。直到1961年，《教育部直属高等学校暂行工作条例（草案）》（简称《高教十六条》）的发布才使“党委领导下的校务委员会负责制”在制度上明确起来。②

在“文化大革命”期间，这一点被继续强调，1971年的《纪要》指出，教育战线上存在着两个阶级、两条路线之间的斗争，为巩固工人阶级在教育阵地上的领导权，必须加强党的领导，实行党的一元化领导。为此，要求学校必须政治挂帅，成为无产阶级专政的工具，担负起培养社会主义事业建设“接班人”的重任。③ 与此相对应的是政治思想表现和政治觉悟就成为了学校中任用教师，选拔学生的首要标准。

（二）鼓励全民办学，调动中央地方两个积极性

在强调党的领导的同时，在行政方面注意分权以充分调动地方的积极性是教育“革命”时期探索中国式道路的一个创举。这一点在毛泽东的《论十大关系》中明确地提出，毛泽东在该文中指出，中央和地方的关系是一个矛盾。解决这个矛盾，目前要注意的是，应当在巩固中央统一领导的前提下，扩大一点地方的权力，给地方更多的积极性，让地方办更多的事情。这对我们建设强大的社会主义国家比较有利。我们的国家这么大，人口这样多，情况这样复杂，有中央和地方两个积极性，比只有一个积极性好得多。我们不能像苏联那样，把什么都集中到中央，把地方卡得死死的，一点机动权也没有。④ 1958年“总路线”（鼓足干劲、力争上游，多快好省地建设社会主义）提出后，为多快好省地发展教育事业，陆定一在全国教育工作会议上指出，要改变过去教育管理体制中“以条条为主”的方式，实行地方为主和“块块为主”，充分调动地方和各方面的办学积极

---

① 余立.中国高等教育史(下册)[M].上海:华东师范大学出版社,1994.58.

② 张斌贤.我国高等学校内部管理体制的变迁[J].教育学报,2005,(1):36－42.

③ 北京大学无线电系1972级工农兵学员.学校应当成为无产阶级专政的工具[N].人民日报,1975-12-05.

④ 毛泽东.论十大关系[N].人民日报,1976-12-26.

性，把计划性和多样性统一起来。在《指示》中也明确提出，必须动员一切积极因素，既要有中央的积极性，又要有地方的积极性和厂矿、企业、农业合作社、学校和广大群众的积极性，必须采取统一性和多样性结合、普及与提高结合、全面规划与地方分权结合的原则。同时，为了充分发挥地方积极性，《指示》要求将各级各类学校下放给省、市、自治区和厂矿、企业、农场管理。这一举措极大地激发了各方的办学热情，推动了教育规模的迅速扩张。“文化大革命”时期，《纪要》继续提倡“两个积极性”的问题，并且在高等教育管理体制上实行“中央统一计划下，实行‘块块为主’的管理体制”。

（三）普及与提高相结合，强调“两条腿走路”

随着教育事业的快速发展，普及和提高就成为教育事业发展迫切需要解决的问题。邓小平指出，普及与提高二者不能偏废，我们在任何时候都要坚持两条腿走路。① 为了实现普及与提高的结合，先前的所谓“单轨制”，即“只许国家办学”“只许办一种学校”“只许专家办学”，强调学校的“正规性”的做法被看作资产阶级的教育主张和少慢差费的教育发展路线而受到了批判，批评者指出，如果按照这种主张，要想我国普及教育，使工农群众知识化，即使不是毫无希望，也不知道要推迟到多么遥远的时候才能实现。② 而在《指示》中，对二者的结合进行了明确的说明：在计划性和多样性原则的指导下，主张“五个并举”的做法，即实行国家办学和厂矿企业、机关团体、军队、人民公社、城市街道办学并举；全日制、半日制、业余教育并举；普通教育和职业教育并举；学校教育和自学并举；免费教育和不免费教育并举。并称，我们的原则，是在普及的基础上提高，在提高的指导下普及，是“两条腿走路”，不是“一条腿走路”。这一做法被看作推动教育事业多快好省地发展，实现普及与提高相结合，实现工农群众知识化的重要的条件。陆定一在解释这一举措时指出，没有这一举措，我们要想普及中小学教育就很困难，要想普及高等教

---

① 邓小平. 办教育一要普及，二要提高［A］. 何东昌. 中华人民共和国重要教育文献（1949—1975）［Z］. 海口：海南出版社，1998. 822 - 829.

② 林枫. 大搞文化革命，实现工农群众知识化，知识分子劳动化——1960 年 6 月 1 日在全国教育和文化、卫生、体育、新闻方面社会主义建设先进单位和先进工作者代表大会上的报告［J］. 人民教育，1960，(6)：7 - 18.

育就毫无希望，因为国家无法负担这笔庞大的经费，而且生产也会受到损失。为此，他宣布，这是共产党人与资产阶级学者的不同。①

需要指出的是，通过“五个并举”事实上形成了两类不同性质的学校，它们分别承担着不同的任务，一部分学校侧重于普及，如半工半读学校和业余学校，而一部分学校，如全日制学校则承担着提高的任务。这一带有“双轨制”性质的制度设计必然会引发人们对其平等性的质疑。对此，陆定一承认这一制度的不平等性的确存在，不过他解释道，现在的不平等是为了将来的平等。②

然而，在“文化大革命”时期，这一制度被看作修正主义教育路线以及旧教育制度的残余而受到了批判。《纪要》根据毛泽东的“五七指示”③和“七二一指示”④描绘了一幅浪漫的、具有乌托邦色彩的蓝图，即学生不但学文，也要学工、学军、学农，强调政治挂帅，从有经验的工人农民中间选拔学生，到学校学习几年以后，又回到生产实践中去。这些举措被认为是彻底破除脱离无产阶级政治、脱离生产劳动、脱离工农兵群众的旧教育制度……避免修正主义和教条主义，培养无产阶级革命事业接班人的正确道路。

(四)教育与生产劳动相结合，培养又红又专的工人阶级知识分子

教育与生产劳动相结合是老解放区的基本经验，它不仅具有经济方面的意义，有利于多快好省地发展社会主义教育事业，更具有政治和教育方面的意义，是贯彻党的教育方针，消灭劳心和劳力、体力劳动和脑力劳动差别，克服教育脱离生产、脱离工农，进而脱离政治的“唯一方法”。⑤毛泽东在《关于正确处理人民内部矛盾的问题》中指出，我们的教育方针，应该使受教育者在德、智、体几个方面都得到发展，成为有社会主义觉悟的

① 陆定一. 教育必须与生产劳动相结合[A]. 瞿保奎. 中国教育改革[C]. 北京:人民教育出版社,1991. 265－266.

② 陆定一同志在全国教育工作会议上的讲话[A],转载自何东昌. 中华人民共和国重要教育文献(1949—1975)[Z]. 海口:海南出版社,1998. 822－829.

③ 全国都应当成为毛泽东思想的大学校[N]. 人民日报,1966-08-01.

④ 从上海机床厂看培养工程技术人员的道路[N]. 人民日报,1968-07-22.

⑤ 陆定一. 教育必须与生产劳动相结合[A]. 瞿保奎. 中国教育改革[C]. 北京:人民教育出版社,1991. 271.

有文化的劳动者。陆定一对此进行了进一步的解释，他认为，有社会主义觉悟的劳动者就是既懂政治，又有文化，既能从事脑力劳动，又能从事体力劳动的人。就是又红又专，就是工人化的知识分子和知识分子化的工人。而要达到这样的目标，在他看来就必须把教育和生产劳动结合起来。教育与生产劳动相结合有利于使工农群众和知识分子双方各自向自己缺乏的方面发展，消灭两方面的落后现象，即消灭工农群众缺乏文化的现象，也消灭知识分子中轻视劳动和体力劳动者，只专不红的资产阶级思想。

《指示》中对教育与生产相结合的原则进行了具体的规定，所有的学校都被要求把生产劳动列为正式的课程，学校应在所在地区政府的指导和帮助下办农场和工厂。① 这一点在“文化大革命”时期被推到了极致，这从上述“五七指示”和“七二一指示”可以看出。并且，在“文化大革命”时期，教育与生产劳动相结合的经济意义已经让位于这一结合所产生的政治意义，即更被看作培养无产阶级接班人、防止修正主义的主要措施。

在教育“革命”时期，新中国的教育体系一直在破与立之间进行艰难的探索，如果说在新中国成立之初，高等教育体系的构建是在三种传统之

① 1958 年教育“革命”的核心问题在于把教育和生产劳动相结合，各地根据党的教育方针，创造了教育和生产劳动相结合的各种具体形式。主要有：学校大办工厂、农场，学校不仅要培养新人，也要试制和生产新产品；工厂和人民公社大办学校，工厂和人民公社不仅要生产物的产品，也要担负培养新人的任务。学校分为全日制学校、半日制（半工半读）学校和业余学校三种。各级学校都必须把生产劳动作为正式课程列入教育计划，所有学生必须按照规定的时间参加生产劳动。全日制学校以教学为主，学生必须参加一定的生产劳动，并尽可能地与所学专业相结合。半日制的学校，实行半工半读（半日学习半日劳动，或者隔日学习隔日劳动，或者一周学习一周劳动），这种学校的学生，既是学生也是工人或农民。学生参加生产劳动采取三种形式：一是在校内工厂农场劳动，这便于教学工作统筹安排，使生产劳动经常化、制度化；二是与工厂、人民公社协作或签订合同下厂下乡劳动，这有利于师生联系工农群众和扩大学生知识的领域；三是参加公社公益劳动，这特别有利于培养不计报酬的共产主义的劳动态度。这三者应当统筹安排，不可偏废。这样就实现了教育结合生产劳动，又实现了生产劳动结合教育，使两者各向自己所缺乏的方向发展。三种学校联系起来，就能够大大促进知识分子劳动化和工农群众知识化。这一革命与毛泽东所提出的“五七模式”具有很大的相似性。见杨秀峰. 我国教育事业的大革命和大发展[J]. 人民教育，1959，(11)：8 – 15.

间的冲突中最终确立了苏联模式的主导地位的话，那么，在教育“革命”时期，则是试图打破苏联模式所强调的正规化、专门化和制度化传统，而尝试建立起一种革命化、劳动化、大众化的教育制度。① 最终的目标是调动一切积极因素，鼓足干劲、力争上游，多快好省地普及教育，培养出一支数以千万计的又红又专的工人阶级知识分子队伍。这种尝试几乎是在一种大破大立的过程中进行的，两者的冲突构成了认识教育“革命”时期教育发展的基本线索，同时也是认识这一阶段高等教育机会分配状况的基本线索。

第二节　理想与现实——教育“革命”时期高等教育入学机会的分配

一、高等教育入学机会分配的制度构建

为了实现上述目标，教育“革命”时期的教育发展策略与新中国成立初期“移植苏联经验”，偏重“正规”教育，偏重“集中控制”的策略有所不同，它更强调调动一切积极的因素，依靠群众发展教育事业。不过这一策略总是在试图冲破现实的制约与对理想的追诉中交织进行，具体体现在以下两个方面。

(一)教育行政管理权的下放

教育管理权下放是在发挥“中央和地方两个积极性”的指导思想下进行的。从1958—1963年，各级教育事业管理权下放，主要由省、市、自治区进行管理。1958年8月，中共中央、国务院发布《关于教育事业管理权力下放问题的规定》，强调“必须改革过去条条为主的管理体制，根据中央集权和地方分权相结合的原则，加强对地方教育的管理和领导”。在1958年9月颁布的《指示》中更进行了明确规定，此外，中共中央还颁布了《关于高等学校和中等技术学校下放问题的意见》，这些规定主要有以

① 杨东平.艰难的日出——中国现代教育的20世纪[M].上海:文汇出版社,2003.159.

下几个方面的内容：

1. 为了在教育工作中既能发挥中央人民政府各部门的积极性，又要发挥地方的积极性，全部的小学、中学和大部分的高等学校……已经下放给省、市、自治区管理。

2. 今后教育部和中央各主管部门，应该集中主要精力研究和贯彻执行中央的教育方针和政策，综合平衡全国的教育发展规划，在中央领导下协助地方党委进行思想政治工作。

3. 过去国务院或教育部颁布的全国通用的教育规章、制度，地方可以结合当前工作发展情况，因地制宜、因事制宜地决定存、废、修订，或者另行制定合适于地方情况的制度。

4. 各大协作区应该根据自己的实际情况和需要，建立起一个完整的教育体系。各省、市、自治区也应该逐渐建立起这种比较完整的教育体系。然后，每个专区，每个县也应该这样。

5. 没有设立综合大学的省、市、自治区，可以新办或者以现有的专业学校为基础办一所综合大学。

6. 各个地区的招生计划，由各省、市、自治区和协作区初步汇总和平衡；然后由中央进行全国范围的汇总和必要的平衡。

……

根据以上的规定，中央的权限被限定在制定教育规划和确保党对教育事业意识形态的领导和控制上面，而高等学校的办学权和管理权被下放到地方。在1958年，原来由中央有关部门举办的229所高等学校中的187所（约占总数的81%）下放地方，这一政策极大地调动了地方办学的积极性。通过教育“大跃进”，全国绝大多数地区，基本上做到了人民公社队队有幼儿园、小学，社社有初中，县县有高中，专区有中等专业学校和专科学校，省、市和自治区有各类高等学校的局面。① 各地基本上都建立了包括综合大学在内的高等教育系统，一批省属的、地方性大学应运而生。

---

① 杨秀峰. 我国教育事业的大革命和大发展[J]. 人民教育，1959，(11)：8－15.

如北京化工学院（成立于1958年9月）、大庆石油学院（1960年改建）、江苏工学院（1960年新建）、华东工学院（1960年新建）、湘潭大学（1958年新建）、暨南大学（1958年新建）等。① 此外，各地还自主建立了一批有地方特色的学院。其中，中医学院就是一个很引人注目的例子，在1950—1960年间，几乎每个省和自治区都建立了一所中医学院。② 先前没有或者仅有个别高等学校的省份，如青海、宁夏、新疆、内蒙古等省份经过自己的努力或在其他学校的援助下都有了很大的发展，如新疆大学（1960年10月成立）。一批来自内地知名高校的师资对于推动地方大学的发展也发挥了积极的作用，如北京师范大学的毕业生支援了青海师范大学的建设，清华大学的毕业生支援了内蒙古工程学院的建设。

在“文化大革命”时期，教育“革命”贯彻毛泽东关于教育、医疗、卫生事业面向农村的主张，高等教育资源的城乡、区域分布有了进一步调整。大批农业院校被下放农村或“内迁”。全国原有的52所农业院校有17所被撤销，搬迁23所。医学院校的情况也是如此。同样，其他大学也是“越办越向下”，北京迁往外地的大学计15所。③ 截至1971年，全国共搬迁或裁并106所高等学校。④ 高等院校的下放严重影响了学校的教学和科研工作的开展，这一点毋庸置疑。但它也直接改变了高等教育资源的布局结构，随着一些内地和沿海高等学校的“内迁”，高等教育基础薄弱的西部省份有了进一步的发展，许美德称其为社会主义计划体制的胜利成果。⑤

如果不把教育“革命”时期的调整考虑进来，我们可以看出，在这一阶段，促进高等教育地区布局的发展在很大程度上是以地方群众的积极性为基础的，它与“院系调整”时期的宏观计划和集中管理存在很大的不同。而这一政策产生的结果已基本奠定了我国高等教育的布局结构。

---

① 余立.中国高等教育史(下册)[M].上海:华东师范大学出版社,1994.60.

② [加]许美德.中国大学1895—1995:一个文化冲突的世纪[M].张晓军译.北京:教育科学出版社,2002.126-127.

③ 周全华."文化大革命"中的"教育革命"[M].广州:广东教育出版社,1999.172-174.

④ 张健.中国教育年鉴(1949—1981)[M].北京:中国大百科全书出版社,1984.235.

⑤ [加]许美德.中国大学1895—1995:一个文化冲突的世纪[M].张晓军译.北京:教育科学出版社,2002.244.

在这一时期，高等学校的数量及入学人数增长幅度都是惊人的。见表 4-1。

表 4-1 1956—1965 年高等学校在校生人数和招生人数

年份	高等学校数	在校生人数	招生人数
1956	227	403 176	189 849
1957	229	441 181	107 000
1958	791	659 627	126 465
1959	841	811 947	226 955
1960	1289	961 623	263 169
1961	845	647 166	172 227
1962	610	829 699	105 804
1963	407	750 118	137 019
1964	419	685 314	154 245
1965	434	674 436	164 212

资料来源：

1. 张健. 中国教育年鉴(1949—1981)[M]. 北京:中国大百科全书出版社,1984. 965. 966.

2. 1965 年以前的招生数据来源与历年的招生计划,但实际招生人数可能少于或多于该数据。见杨学伟. 高考文献 1949—1976(上)[M]. 北京:高等教育出版社,2003. 159. 223. 525.

3. 1965 年的招生数据来自中国教育年鉴(1949—1981)[M]. 北京:中国大百科全书出版社,1984. 969. 两个数据在统计口径上存在差异,在此仅表示一种发展趋势。

由于高等教育的过度发展，超越了当时国民经济的负担能力，特别是超越了农业生产水平，也超越了教育事业本身。1960 年中央文教小组向中共中央呈报《1961 年和今后一个时期文化教育工作安排的报告》，重申了 1959 年提出的“调整、巩固、充实、提高”的方针，提出高等教育要把质量摆在第一位。对新建高等学校必须进行整顿，集中力量办好 64 所重点高等学校。同时还讨论了“缩短战线、压缩规模、合理布局、提高质量”等问题。1962 年，中共中央批发了教育部党组《关于进一步调整教育事业的规模和精简学校教职工的报告》，要求对教育事业，特别是对高等学校和中等专业学校进行进一步的调整。根据中央的批示，从 1962 年开始，高等学校被大幅度裁撤合并了，特别是专科学校，保留下来的高等学校逐步缩小规模，并确定今后高等学校基本上由国家办，其中，认真办好一批重点学校。1963 年，中共中央、国务院颁布了《关于加强学校统一领导，分级管理的决定（试行草案）》，决定对高等学校实行中央统一领导，中央和省、市、自治区两极管理的制度。① 同年，又增设了四所重点大学，重点大学总数达到 68 所。与前一阶段相同，专科学校同样成为保障教育质量的“牺牲品”而被大量裁撤。在“文化大革命”时期，高等学校招收“工农兵学员”，不分本专科。

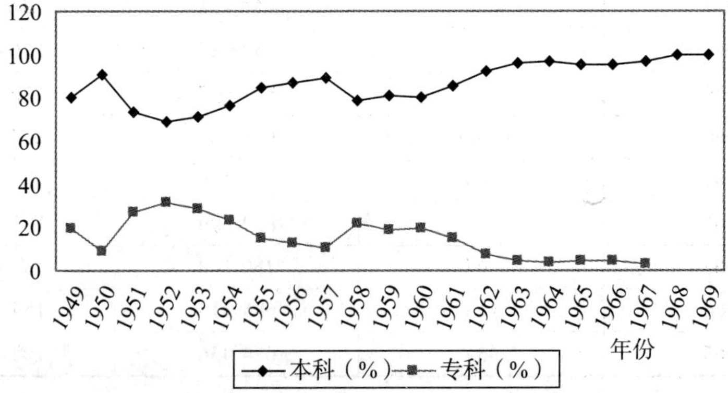

图 4-1　1949—1969 年本、专在校生比例(％)

资料来源：张健. 中国教育年鉴(1949—1981)[M]. 北京：中国大百科全书出版社,1984. 967.

经过调整，高等教育的规模开始大幅度缩减。到 1965 年，全国共有高等学校 434 所，属国家直接举办的 34 所，中央有关部门举办的（也属国家举办）的 149 所，属于省、市、自治区举办的 251 所。其中国家举办的占总校数的 42%，地方举办的占 58%。这样，我国高等教育“条”（中央部门）、“块”（地方政府）分割办学的格局基本形成。②

教育行政管理权的下放，使中国高等教育开始走向非集权化。但是，它并非反映了当时基层强烈反对通过宏观计划将高等教育统得过死这一现实，③至少并不完全是。教育行政管理权的下放更多地是针对“总路线”

① 张健. 中国教育年鉴(1949—1981)[M]. 北京：中国大百科全书出版社,1984. 92－93.

② 郅大光. 21 世纪初中国高等教育体制改革研究，教育部人文社会科学重点研究基地重大项目。项目编号：2000ZDXM880011,2006. 18.

③ [加]许美德. 中国大学 1895—1995：一个文化冲突的世纪[M]. 张晓军译. 北京：教育科学出版社,2002. 126.

和毛泽东在《论十大关系》中提出的调动一切积极因素建设社会主义所作的一种必然的反映。

尽管这一阶段高等教育的发展由于受“左”的错误的影响，出现急躁冒进、盲目发展的现象，但是并不能否定这一政策在导向办学主体多元化这一方向的正确性，它在很大程度上扩大了高等教育的供给，对于扩大高等教育规模，促进区域教育发展的平衡，改善高等教育入学机会方面的成就也是不能否认的。相比较于国家的集中控制和只有国家（中央部委）办学而言，它是从量上改善高等教育入学机会的一种更加合理的选择。

（二）“两种教育制度”与“五七模式”

教育“革命”前期（1958—1966年）的学制改革是在我国经济发展水平落后的情况下，顺应教育事业大发展，贯彻普及与提高、教育与生产劳动相结合的原则下的一种探索。1957年，针对中小学发展迅速带来的中小学毕业生的安置和就业问题，刘少奇通过对多个省的调研后指出，由于国家经费有限，同时多数家庭也难以供给所有的子女都读完中学或大学，中小学毕业生还不能全部或多数升学，要有很大一部分转入农业生产战线。他认为这是教育发展必然提出来的重要问题，这种情况还会有发展，在今后很长的一段时间内，总的趋势是有更多的中小学毕业生不能升学。① 为了缓解这一问题，1958年，刘少奇首先提出了“两种教育制度，两种劳动制度”的设想。他说：“我们国家应该有两种主要的学校教育制度，一种是现在的全日制的学校教育制度，这是主要的。此外，是不是可以采用一种制度，跟这种制度相并行，也成为主要制度之一，就是半工半读的学校教育制度。”②在他看来，“这是采用群众路线，多快好省地培养工人阶级和劳动人民的知识分子的一种方法”。1964年，刘少奇进一步提出了建立“两种教育制度”的主张。不过这一阶段，刘少奇的关于“两种制度”的思想有了进一步发展，不仅把其看作把普及和提高结合起来的重要手段，而且认为这一制度有利于提高工人、农民的文化水平，消除“三大差

---

① 刘少奇.关于中小学毕业生参加农业生产问题[N].人民日报,1957-04-08.

② 刘少奇.我国应有两种教育制度、两种劳动制度[A].瞿保奎.中国教育改革[C].北京:人民教育出版社,1991.229－232.

别”，对于改变国家整个面貌、进入共产主义具有重大意义。①

1. 半工（农）半读学校的创办

从1958年开始，全国各地开始进行较大规模的半工（农）半读试验，包括高等学校、中等学校等不同层次的学校。在高等教育领域，对半工半读最典型的实践是1958年创办的江西共产主义大学，对于这所学校，毛泽东给予了高度的肯定，在1961年对该校的指示中写到："你们的事业，我是完全赞同的。"并要求党、政、民（工、青、妇）机关，也要办学校，半工半学。②此后，许多地区也创办了类似的共产主义劳动大学。大规模地实践半工半读是在1964年到1966年，许多全日制高等学校也进行半工半读的试点，北京地区58所高校中有33所进行试点，江苏、安徽、云南、天津等地也试办半工（农）半读的高等学校。1965年年底到1966年年初，高等教育部在北京召开全国半工（农）半读高等教育会议。会议确定，按照"决心要大、步子要稳"的精神进行半工（农）半读试验和对全日制的改革。半工（农）半读高等学校的形式主要有三种：一是全日制高等学校试办半工（农）半读专业；二是独立设置半工（农）半读高等学校；三是厂矿、企业举办半工（农）半读高等学校（班）。据统计，在1965—1966学年初全国全日制高等学校共有434所，其中进行半工（农）半读试点的就有177所，占全日制高等学校总数的40.8%，1965年，全日制高等学校招收新生16.4万人，其中半工（农）半读的2.6万人，占招生总数的15.6%。③

半工（农）半读大规模的实验主要体现在初等和中等教育方面。从1958年开始，各地举办了各种农业中学以及其他职业中学。由于这类学校的举办者主要是地方的厂矿、企业和农业合作社，经费全部或大部分由举办者负担，并且在师资方面采取"能者为师"的原则，因此，在发展方面受到的限制很少，发展的速度非常快。尽管由于1961年的政策调整，半工半读学校的规模被急剧缩减，但是在1964年刘少奇重提两种制度之

① 李国钧,王炳照. 中国教育制度通史(第八卷)[M]. 济南:山东教育出版社,2000. 107.

② 毛主席一九六一年七月三十日关于江西共产主义劳动大学的指示[J]. 人民教育,1975,(8):3.

③ 余立. 中国高等教育史(下册)[M]. 上海:华东师范大学出版社,1994. 84－85.

后，半工（农）半读学校被作为今后教育的发展方向和长久方针的时候，①这类学校的规模又急剧扩大。（见表4-2）

表4-2 1958—1965年农业中学及其他职业中学与普通高中基本情况 （单位:万人）

年份	学校数(万所)		招生数		在校生数		专任教师		职工数	
	A	B	A	B	A	B	A	B	A	B
1958	2.0	0.4	200.0	56.2	200.0	117.9	6.0	5.1	1.4	
1959	2.2	0.4	105.0	65.6	219.0	143.6	6.5	6.3	2.5	
1960	2.3	0.5	95.3	67.8	230.0	167.5	8.5	8.0	3.9	
1961	0.7	0.4	29.7	44.7	61.2	153.3	2.9	8.2	1.4	
1962	0.3	0.4	15.0	41.7	26.7	133.9	1.3	8.1	0.6	
1963	0.4	0.4	16.7	43.4	30.8	123.5	1.6	8.0	0.7	
1964	1.5	0.4	88.5	43.8	112.3	124.7	4.7	7.9	2.0	
1965	6.2	0.4	306	45.9	443.0	130.8	19.7	7.8	10.9	

资料来源:张健.中国教育年鉴(1949—1981)[M].北京:中国大百科全书出版社,1984.1000.1001.1003.1017页数据整理而成.

注释:图表中的A代表农业中学及其他职业中学;B代表普通高中。

半工（农）半读学校是教育大发展的情况下，在国家无法为所有人提供进一步学习机会的情况下，满足工农学习的需要而出现的，后来又逐步被赋予了更多的现实批判和理想追求的意义。在1965年召开的全国城市半工半读教育会议上，半工半读学校被认为是巩固无产阶级专政、防止资本主义复辟的根本措施之一。②在同年的《政府工作》报告中，周恩来遵照刘少奇的指示，更是把举办这类学校的意义提升到一个新的高度，认为“这类学校是一种教育与劳动相结合的新型学校，这种新型学校能够培养出既能体力劳动、又有文化技术的全面发展的新型人才，为逐步消灭脑力劳动和体力劳动的差别创造条件。这种新型的学校，是社会主义、共产主

① 张健.中国教育年鉴(1949—1981)[M].北京:中国大百科全书出版社,1984.93.李国钧,王炳照.中国教育制度通史(第八卷)[M].济南:山东教育出版社,2000.112.

② 新华社.巩固无产阶级专政、防止资本主义复辟的根本措施之一:半工半读教育制度显示出鲜明优越性[N].人民日报,1965-12-06.

义教育的长远发展方向”。①

不过，这类学校起初就被界定为一种职业性质的学校，虽然其中的优秀学生也能到高一级的学校学习，但是它和普通中学负担着不同的任务，两者被认为是不能相互取代的。② 在 1965 年召开的全国城市半工半读教育会议上，更进一步对半工半读学校的办学方向进行了明确的界定：

> 办半工半读学校，面向农村，支援农业，这是一个方针性的问题。城市学校的毕业生，一部分在城市升学或就业，大部分要上山下乡。城市半工半读学校要为农村大量培养有觉悟、有文化、有生产技能的人才。可以把学校办在农村，招收城市的学生，毕业后就在农村分配工作；也可以办在城市或郊区，面向农村，学生毕业后，上山下乡。这项工作今后要重视起来，应该采取积极态度，把事情办好。

从以上可以看出，半工（农）半读学校从来就不是作为一种为学生准备向上流动，接受更进一步的教育这一目的而存在的。这与它相对的另一极——全日制中学的办学定位存在本质的差异，（尽管这一类学校的学生也被鼓励去参加农业生产劳动 ③）。全日制学校的主要目的在于向更上一级的学校输送人才，他们的规模和质量都要求得到有效的保障。从上表可以看出，在教育“革命”时期，普通高中的规模并没有明显的起伏，其中的教师数也是如此。这一点尤其体现在政府举办的重点中学方面。

2. 重点中学的建立和发展

建立重点中学开始于新中国成立初期。1953 年，根据毛泽东的指示，各地开始创建重点中学，这一时期共建立重点中学 194 所，占全国普通中学总数的 4.4% 。④ 1959 年，周恩来在二届人大会议的《政府工作》报告中提出，各级全日制的正规学校中，应当把提高教学质量作为一个经常的基本工作，而且应当首先集中较大力量办好一批“重点”学校，以便为国

① 周恩来总理在三届人大首次会议上作的政府工作报告[J]. 人民教育，1965，(3)：1.

② 社论. 大量发展民办农业中学[N]. 人民日报，1958-04-24.

③ 李风程. 党的教育方针的胜利——教育、动员高中毕业生参加农业生产的前前后后[J]. 人民教育，1957，(9)：24－26.

④ 刘英杰. 中国教育大事典 1949—1990(上)[M]. 杭州：浙江教育出版社，1993. 341.

家培养更高质量的专门人才，迅速促进我国科学文化水平的提高。① 1961年教育部部长杨秀峰提出，在各级各类学校中，确定一批重点学校。1962年，教育部颁布了《关于有重点地办好一批全日制中、小学的通知》（以下简称《通知》），要求各省、市、自治区选定若干所中学，集中力量办好这些学校。1963年，教育部就重点办好一批中小学的有关问题复函云南省教育厅，指出：（1）要保持和逐步办好一定数量的全日制中小学，作为教育事业合理布局的稳固基础，与高一级学校形成“小宝塔”。这类学校的数量和规模要考虑和高一级学校的招生保持适当的比例，高中应该全部包括在这一类学校内。（2）有重点地办好一批基础较好的学校，是指集中力量办好一批“拔尖”学校。

根据1963年的统计，27个省、市、自治区共确定重点中学487所，占公办中学总数的3.1%。这批学校的布局是：北京、吉林、江西等9省、市、自治区的135所重点中学，其中城市84所，占62%，县镇43所，占32%，农村8所，占6%，有7个省、自治区没有选农村中学为重点中学。②

与半工（农）半读学校不同，重点学校基本上设置在城市和县镇，它们的办学经费、师资等办学条件都得到了政府的有力保障，为了保证教学质量，对其班级规模和教学时间给予了明确的规定。③ 作为教育体系中的“小宝塔”，其目的是为学生进入更高一级的学校作准备。1980年全国重点中学工作会议颁布的《关于分期分批办好重点中学的决定》中明确地提出：“重点中学担负着双重任务，既要为高等学校输送合格的新生，又要为社会培养

---

① 周恩来.政府工作报告：一九五九年四月十八日在第二届全国人民代表大会第一次会议上[J].人民日报，1959-04-19.

② 张健.中国教育年鉴（1949—1981）[M].北京：中国大百科全书出版社，1984.197－168.

③ 例如，1962年5月，中共中央批准的教育部党组关于普通中小学的编制是：重点高中每班教职工为4人（一般高中每班为3.6人），其中教师每班为3人（一般高中为2.6人）；重点初中每班教职工为3.5人（一般初中为3.25人），其中教师为2.5人（一般初中为2.25人）。见张健.中国教育年鉴（1949—1981）[M].北京：中国大百科全书出版社，1984.167.

优良的劳动后备力量”，与普通中学相比，它们被要求做得更好。①

尽管半工（农）半读学校在初创时被看作和全日制学校同样重要的一种学校教育制度，不过，两种教育制度不均衡发展的路线已经很明确地形成了。但这是1958年《指示》的直接的必然的结果。《指示》中明确地把半工（农）半读学校和全日制学校区别开来，前者主要的任务是普及，而后者的主要任务则是提高，并且认为，这些学校的质量应该得到保障，降低全日制学校的水平，对整个教育事业的发展是不利的。这种明显带有双轨性质的制度以及其固有的不平等（尽管或许非制度设计者本意）已经使它越来越接近一直批判的苏联模式，而与毛泽东的期待则越来越远。

如果回顾一下新中国成立初期扩大工农入学机会的策略就会发现，之前是把工农速成中学“内置”于正规的学校教育制度，而现在则是把半工（农）半读学校 “外置”于正规教育制度。但正规教育制度本身依然岿然不动，所有对这一制度（只专不红、劳心与劳力分离、脱离政治等等）的指控丝毫没有触动这一制度的根本。正如苏珊·佩珀指出的那样，中国的新战略（两条腿走路——笔者注）实际上并未放弃苏联模式，更确切地说，是力图造成一种能让人接受的对苏联模式的适应性。② 这种有悖教育“革命”初衷的做法在“文化大革命”时期遭到了批判。“两种教育制度”被认为仍是资本主义的“双轨制”的翻版，使劳动人民子女只能享受有限的、低层次的实用教育。对其被批判原因的追溯，就使我们有必要去分析一下毛泽东在这一时期的“教育主张”。

3. “五七模式”

对于毛泽东的教育主张，已有很多学者进行了研究。不过要认识“两种制度”之所以在后来被批判的原因，仍然有必要对毛泽东的教育主张进行简单的阐释。在“三大改造”完成之后，毛泽东就对教育领域教条学习苏联模式进行了批判，这就导致了后来《指示》的颁布。然而“两种教育制度”的发展越来越与毛泽东的初衷相悖，正如毛泽东批判的“方针正

① 张健. 中国教育年鉴(1949—1981)[M]. 北京：中国大百科全书出版社，1984. 169.

② [美]R. 麦克法夸尔，费正清. 剑桥中华人民共和国史(1949—1965年)[M]. 北京：中国社会科学出版社，1992. 422.

确，方法不对”。在1964年，毛泽东开始对学校的课程、考试、学制等方面进行了全面、严厉的批判。① 这就促使他通过“大破”的方式重新建构一种新的教育制度。这一制度的设想主要体现在他的“五七指示”当中：

人民军队是一个大学校。这个大学校，要学政治、学军事、学文化，又能从事农副业生产，又能办一些中小工厂……

工人以工为主，也要兼学军事、政治、文化。也要搞社会主义教育运动，也要批判资产阶级……

公社农民以农为主，（包括林、牧、副、渔），也要兼学军事、政治、文化。在有条件的时候，也要由集体办些小工厂，也要批判资产阶级。

学生也是这样，以学为主，兼学别样，即不但学文，也要学工、学农、学军，也要批判资产阶级。学制要缩短，教育要革命，资产阶级知识分子统治我们学校的现象，再也不能继续下去了。②

在“五七指示”中，1958年提出的教育为无产阶级政治服务，教育与生产劳动相结合，实现工农群众知识化，知识分子劳动化的思想得到了具体体现。研究中国党史的学者王禄林认为，“五七指示”是毛泽东深思熟虑的产物，是他心目中的新世界宣言书，是在回答“砸烂旧世界”之后，建设一个什么样的新世界这个问题。“五七指示”描绘的世界是：第一，一个逐步消灭分工的社会；第二，一个逐步消灭商品的社会；第三，一个平均主义的社会。这个社会消灭了工农、城乡、体力劳动和脑力劳动这三大差别，实现人们在劳动、教育、物质生活方面的平等。③

对毛泽东教育主张的实践主要体现在“文化大革命”时期大规模开办的“五七大学”和“七二一大学”。④ 这些学校实行“开门办学”，走与

---

① 周全华.“文化大革命”中的“教育革命”[M].广州：广东教育出版社，1999.24.

② 全国都应当成为毛泽东思想的大学校[N].人民日报，1966-08-01.

③ 马立诚.五七指示解读[N].文摘报，2006-05-23.

④ 所谓“五七大学”和“七二一大学”是根据毛泽东在1966、1968年发布的两个《指示》而命名的，其实在“大跃进”时，各地已经成立了各种“红专大学”，典型的就是江西共产主义大学，后来《指示》发布后，许多大学改名为“五七大学”和“七二一大学”。

工农兵相结合的道路。到 1976 年，“五七大学”已发展到 7449 所，在校生 92.28 万。同样，“七二一大学”自 1971 年在上海机床厂成立第一所后，到 1976 年，已经发展到 33 374 所，学生达 148.5 万，为普通高等学校学生数的 3 倍。（1976 年普通高校在校生为 50.6 万人）。① 尽管很多学校名不符实，多数学校由公社或大队开办，招生的学生一般来自本社本村，文化程度一般不高。② 但就其指导思想而言，就是试图打破所谓知识分子对教育的垄断，实现工农大众的知识化，最终消除脑体之间的差别。后来“朝阳农学院”实行的“社来社去”的办学经验以及 1975 年辽宁省实行的“三来三去”（社来社去、厂来厂去、哪来哪去）的招生政策，提出培养与工农“画等号”的普通劳动者的口号也表明了这一点。③

毛泽东的这一主张和实践尽管后来被认为是“乌托邦主义”或一种道德理想主义的实践，④但也清晰地表明了他的主张与刘少奇的“两种制度”之间的间隙。正如杨东平指出的那样，毛泽东的追求，并不是构建“两种制度”，而是“一种制度”，那就是走“五七道路”，即把所有的学校，乃至整个社会都变成亦工亦农、学文学军的“五七公社”。⑤ 在“文化大革命”时期，重点中学被看作培养“精神贵族”的“小宝塔”遭到批判并被取消，“两种教育制度”由于被看作资本主义双轨制的翻版而被批判，中等职业教育被全面否定，大量发展普通中学，形成了中等教育结构单一化的局面。大学被分散到农村和内地办学。这些举措被看作“文化平均主义”的策略。⑥ 不过，这更是毛泽东对“一条道路”即“五七道路”探索的实践。

---

① 周全华.“文化大革命”中的“教育革命”[M].广州:广东教育出版社,1999.206-212.

② 李贵芝.河南遂平卫星人民公社红专大学的调查报告[J].北京师范大学学报(社会科学版),1959,(1):37-44.

③ 杨学伟.高考文献(上)1949—1976[M].北京:高等教育出版社,2003.722.

④ 迈斯纳在其著作《马克思主义、毛泽东主义与乌托邦主义》中就持这样的一种观点；袁振国在其主编的《对峙与融合——20 世纪的教育改革》中认为毛泽东的教育模式体现了道德理想主义的典型特点。见该书第 50 页。

⑤ 杨东平.艰难的日出——中国现代教育的 20 世纪[M].上海:文汇出版社,2003.174-175.

⑥ 周全华.“文化大革命”中的“教育革命”[M].广州:广东教育出版社,1999.159.

毛泽东对“五七道路”的探索并不依赖于把其建立在一个生产和经济高度发达的社会基础之上，在他看来，人的政治觉悟和精神力量是更为重要的。政治关系到社会或个人发展方向的问题，正如他指出的，政治是生命线，没有正确的政治观点，就等于没有灵魂。① 而精神则是政治实践持久不息的推动力。

二、政治标准的确立与高等教育入学机会的分配

（一）确立政治标准的缘由

在教育“革命”时期，“政治标准”成为高等教育入学机会的主要分配标准。对此，不同研究者有不同的评价。有研究者认为这是一种平等主义的策略。苏珊·佩珀指出，取消全国入学统考，其目的在于建立结构和内容上更为平等的高等教育，不仅为工人和农民创造更大的受教育机会，而且产生出新型的知识分子。这个目标明显地超出了“文化大革命”前大学扩大招收工农的目的。② 也有研究者指出了这一标准蕴含的不公平性，认为这是一种歧视性政策，限制、剥夺了非无产阶级和剥削阶级家庭子女的教育机会，而干部子弟这一阶层的特殊利益以新的形式得以存在。③ 也有研究者指出这是与学术标准的普遍主义特性相对立的一种新的特殊主义的分配标准。尽管其表面上实现了普通劳动人民向新的社会精英流动的机会，而事实上加剧了人为的不平等带来的整个教育体系和教育质量的破坏，而且也引发了由特殊主义造成的社会风气的败坏。④ 但是，对这一标准本身的认识需要追溯当初设立的缘由，离开这一点，就很难对它的优劣进行评价。

对于这一标准设立的缘由，有研究者（如姚若冰、罗伯特·泰勒等）指出这是当权者两种不同发展策略交替选择的必然结果。在新中国成立初期，发展策略为发展经济，因此高校招生以学术标准为主；而在教育“革

---

① 毛泽东论教育工作[M].北京:人民教育出版社,1958.8.

② [美]R.麦克法夸尔,费正清.剑桥中华人民共和国史(1966—1982)[M].北京:中国社会科学出版社,2007.576.

③ 杨东平.艰难的日出——中国现代教育的20世纪[M].上海:文汇出版社,2003.171.

④ 金生鈜.高等教育入学体制与社会身份——对教育机会分配的教育哲学分析[J].高等师范教育研究,2001,(6):1-7.

命”时期，发展策略为政治革命，因此高校招生以政治标准为主。不过这样的解释只能说明在不同发展策略下，高校招生标准具有的某种特征，但很难在两种策略和两种标准之间建立起必然的联系。因此，对这一标准确立的缘由应当回归到当时的历史场景和发展图式中去认识，王绍光和萧延中则作了进一步的解释。王绍光从“社会排斥”的角度进行了解释，他认为在新中国成立以来，中国社会形成了两个精英集团，一个是以工农干部为代表的新精英集团，一个是以留用的旧知识分子为代表的老精英集团。在“反右”运动时期，老精英集团和新精英集团开始分裂，互相排斥（即所谓轮流坐庄）。因此，当老精英集团以知识、能力、学术自居要求掌权时，新精英集团则通过个人身份上的优势（如家庭成分、政治表现）进行反击。这就是后来强调家庭“成分”的由来。①费正清认为，强调阶级出身及政治表现的目的，在于防止具有自由主义思想的知识分子子女继续管理新中国。② 事实上，根据薄一波对当时情况的回顾，也确实表明在“反右”运动中存在要求轮流执政，对党统治合法性质疑的声音。研究中国“反右”运动的英国学者纳拉纳拉扬·达斯在其《中国的反右运动》一书中也搜集了当时反对政府的右派观点。③ 邓小平后来也谈到，1957 年的“反右斗争”还是要肯定，当时确实有一股势力、一股思潮是反社会主义的，想要否定共产党的领导，扭转社会主义的方向，不反击，我们就不能前进。④ 王绍光立足于当时中国面临的冲突，看到了所谓“两条道路”的冲突和斗争，揭示了两个“精英集团”分裂的事实。不过，就当时中国社会的情况而言，社会潜在的分裂还不至于此，还存在着两个精英集团同群众分离的危险。 整风运动的目的就在于解决此问题。在开展整风运动时，毛泽东就认可刘少奇提出的在工人阶级中存在一个工人阶级贵族的看法，并指出，不进行整风，“我们就一定会被革掉”。⑤ 毛泽东在解释整

---

① 王绍光.历史的逻辑与知识分子命运的变迁[EB/OL].http://www.eduww.com/Article/Class27/200702/11470.html.2008-01-20.

② [美]费正清.观察中国[M].北京:世界知识出版社,2011.218.

③ [英]纳拉纳拉扬·达斯.中国的反右运动[M].陕西:华岳文艺出版社,1989.71－85.

④ 邓小平文选(第二卷)[M].北京:人民出版社,1994.294.

⑤ 薄一波.若干重大决策与事件的回顾(下卷)[M].北京:中共中央党校出版社,1993.605.

风运动的目的时指出：

> 就是用批评与自我批评解决党内矛盾的一种方法，也是解决党同人民之间矛盾的一种方法。通过整风运动，把党的艰苦奋斗的传统好好发扬起来。因为革命胜利了，一些同志的革命意志有些衰退，革命热情有些不足，全心全意为人民服务的精神少了，过去跟敌人打仗时的那种拼命精神少了，闹地位、闹名誉、讲究吃、讲究穿，比较薪水高低、争夺名利，这些东西多起来了。①

萧延中正是在对更多社会分裂认识的基础上进行揭示的。他从毛泽东的政治伦理逻辑：压抑—创新的视角指出，在“官”与“民”之间；脑力劳动与体力劳动之间；权威与小人物之间，毛泽东非常清楚这种特殊的“身份”与“权力”之间的对等关系，他认识到，如果不对特殊“身份”进行必要的变革，“权力导致腐败，绝对的权力将导致绝对的腐败”的政治铁律必将自然地产生效应，这将不可避免地使他终生追求的“社会主义”事业付之东流。而在毛泽东看来，后者较前者具有更高的革命性和创新性。因此通过赋予和抬高他们在“身份”上的优势，就能与前者进行互换，从而能够消除人与人之间的身份差异，达到“等贵贱”的价值平均效果。②

迈斯纳提出的“三种关于阶级的理论”则比较系统、概括地阐释了新中国不同时期的社会矛盾。第一种理论反映了1956年前的社会阶级结构，对阶级的划分是依据经济基础和上层建筑之间的对应关系进行的。第二种理论是关于新的社会本身产生的新的官僚统治阶级的理论。第三种理论是以个人的政治觉悟和政治行为决定他的阶级地位的理论。在他看来，“三种有关阶级的理论”都成为中国人民政治意识的组成部分。而第三种理论是毛泽东在“文化大革命”时期所坚持的。③

---

① 新华网. 毛泽东. 坚持艰苦奋斗，密切联系群众. [EB/OL]. http://news.xinhuanet.com/ziliao/2005-01/05/content_2418464.htm. 2007-09-02.

② 萧延中. “身份”的颠覆与重建——毛泽东晚年政治思想的伦理基础[J]. 湖南科技大学学报（社会科学版），2005，(4) 12－21.

③ [美]莫里斯·迈斯纳. 毛泽东的中国及后毛泽东的中国[M]. 成都：四川人民出版社，1989. 410—411.

上述研究者立足于从当时现实社会存在的分裂进行的解释已经颇为深刻，但是如果我们承认毛泽东是一个“乌托邦主义者”或“道德理想主义者”的话，就不能不从其对未来发展图式的设计这一视角去认识。正如前述，毛泽东的“五七模式”致力于构建的是一个消除一切差别的理想社会形态。而这一点也体现在其对理想“新人”的塑造——“又红又专”这一点上。又红又专这一目标不仅指向党政干部（政治精英）和知识精英（专业精英），而是对全体社会成员的普遍要求。它的提出有效消解了两种精英各自的优势，同时，“红”更是作为一种立场观点和方法，即工人阶级立场、共产主义世界观和为人民服务的人生观和价值观被置于首位。① 因此，迈斯纳指出，这一目标不仅有助于（至少试图如此）专业精英与政治精英的结合，而且有助于两种精英与一般群众缩小差距。②

理论的建构为我们认识政治标准之所以必要提供了指引，不过我们仍然需要回归现实，从历史的变迁中去梳理和认识这一标准的形成过程。这一点可以从党的知识分子政策的转变和培养“新人”的努力中清晰地看出。

在反右运动前期，知识分子被给予了基本的信任。1956 年，周恩来在《关于知识分子问题的报告》中提出用新的政策，改善知识分子的待遇，以充分调动他们的积极性，增进其服务国家建设的贡献。③ 为了争取更多知识分子的支持与合作，政府在 1957 年开展了“百花齐放”运动，原意是鼓励知识分子对国事作有建设性的公开批评和建议。S. 施拉姆认为，毛泽东在 1957 年提出的“百花齐放”政策，主要是考虑到这样一个目的，即在提高他们的修养、改造他们思想的过程中，让他们积极参与政治生活和社会生活，旧式知识分子（出身资产阶级，或在西方，或在从欧美和日本留学回来的人）的忠诚可靠是可以得到的。④ 然而，在“反右”运动期

① 论又红又专[M]. 北京：中国青年出版社，1958. 12.

② [美]莫里斯·迈斯纳. 马克思主义、毛泽东主义与乌托邦主义[M]. 张宁等译. 北京：中国人民大学出版社，2006. 108.

③ 周恩来教育文选[M]. 北京：教育科学出版社，1984. 102－139.

④ [美]R. 麦克法夸尔，费正清. 剑桥中华人民共和国史（1966—1982 年）[M]. 北京：中国社会科学出版社，1995. 30.

间，一部分知识分子（后来被划分为资产阶级右派——笔者注）向党向社会主义发动了猖狂的进攻，甚至对共产党统治的合法性和统治方式也表示异议。[①] 这引起了毛泽东的高度警惕，随着1957年反右斗争的进一步发展，他改变了八大一次会议关于我国社会主义主要矛盾的判断，提出当前我国社会主义的主要矛盾仍然是无产阶级和资产阶级，社会主义道路和资本主义道路的矛盾，并把正在逐步接受社会主义改造的民族资产阶级和知识分子列为剥削阶级的范围。他认为，当前的知识分子，包括大学生，大多数出身于地主、富农、资产阶级以及富裕的中农，多数在思想方面、精神方面，还是跟稻草一样，风一吹就要摇。并指出，在民主党派和高等学校中，右派表现的最猖狂。[②]

这就表明，毛泽东对知识分子的策略较新中国成立初期有了较大的改变。在新中国成立初期，对旧知识分子给予了基本的信任，一般采取“包下来”的做法，尽管强调了思想改造的重要性。而在教育“革命”时期，毛泽东在很大程度上表现出对旧“知识分子”的不信任。

需要指出的是，尽管毛泽东对旧知识分子表现出很大的不信任，但是并不能因此就认为毛泽东不重视知识分子在社会主义建设中的作用。在反右斗争高潮的1957年7月，他还指出，为建设社会主义，工人阶级必须有自己的技术干部队伍，必须有自己的教授、教员、科学家、新闻记者、文学家、艺术家和马克思主义理论家的队伍。这是一个宏大的队伍，人数少了是不成的。……在这个工人阶级知识分子宏大新部队没有造成之前，工人阶级的革命事业是不会充分巩固的。在同年的10月，他还说，无产阶级没有自己的庞大的技术队伍和理论队伍，社会主义是建不成的。我们要在这十年内，建立无产阶级知识分子队伍。……各级特别是省、地、县这三级要有培养无产阶级知识分子的计划，不然，时间过去了，人还没有培养出来。[③]而这些论述也成为后来批判“文化大革命”极端做法的佐证。

---

① 薄一波．若干重大决策与事件的回顾（下卷）[M]．北京：中共中央党校出版社，1993．611．

② 新华网．毛泽东．事情正在起变化．[EB/OL]．http://news.xinhuanet.com/ziliao/2004-12/31/content_2401244．htm．2008-01-04．

③ 新华网．毛泽东．做革命的促进派．[EB/OL]．http://news.xinhuanet.com/ziliao/2004-12/30/content_2401244．htm．2007-12-20．

从以上的阐述可以看出，毛泽东非常重视知识分子的作用。不过，在认为存在资产阶级和无产阶级争夺领导权，存在两种斗争和两条道路的前提下，他更看重的是如何培养“我们自己的知识分子队伍”即工人阶级的知识分子队伍、无产阶级的知识分子队伍，这样的队伍应该是又红又专的，并且“红”（政治）是主要的，第一位的。①

在1964年，毛泽东进一步提出了关于“接班人”的五条要求：②

他们必须是真正的马克思列宁主义者

他们必须是全心全意为中国和世界绝大多数人服务的革命者

他们必须是能够团结绝大多数人一道工作的无产阶级政治家

他们必须是党的民主集中制的模范执行者

他们必须谦虚谨慎，戒骄戒躁，富于自我批判精神，勇于改正自己工作中的缺点和错误。

这五条标准是高度政治化的，是在反对修正主义和防止和平演变的情况下提出的，正如《关于赫鲁晓夫的假共产主义及其在世界历史上的教训——九评苏共中央的公开信》中指出的那样，接班人问题是关系到无产阶级马克思列宁主义的事业是不是后继有人的问题，是关系到我们党和国家的领导能不能继续掌握在无产阶级革命家手中的问题。因此，这五条具有浓厚政治色彩的标准的提出是契合当时的政治现实需要的。

在“文化大革命”时期，在“反右”和“防修”意识的支配下，学校自然被看成资产阶级和无产阶级争夺领导权的阵地，因此，必须强调政治挂帅，必须改造成为无产阶级专政的工具，担负起为无产阶级革命事业培养接班人的任务。由于事关两个阶级、两条道路（资产阶级还是无产阶级道路）的根本问题，加强政治审查，突出政治挂帅便成为必然的选择。

如果再结合先前毛泽东在“五七指示”和“又红又专”的表述中所体

① 新华网. 毛泽东. 做革命的促进派. [EB/OL]. http://news.xinhuanet.com/ziliao/2004-12/30/content_2401244.htm. 2007-12-20.

② 社论. 关于赫鲁晓夫的假共产主义及其在世界历史上的教训——九评苏共中央的公开信[N]. 人民日报, 1964-07-14.

现出的那种强烈地对无差别和平等的追求，就会发现，政治标准的确立不是由于某一方面的因素决定的。它是现实斗争（“反右、防修运动”）和理想指引（建立乌托邦式的“五七公社”）共同作用下的必然结果。

（二）政治标准作为分配标准的基本情况

政治标准确立的直接体现是政治成分（家庭出身）和政治表现（党、团员）在高等教育入学机会方面处于绝对优势。对这一标准的政策实践是在高校招生中实行政治审查和对工农成分的学生实行保送入学制度。

对高等学校学生进行政治审查开始于 1953 年，到 1958 年得到了强化。1958 年，教育部、公安部等多个部门联合颁发了《关于对报考高等学校的考生进行政治审查的通知》（以下简称《通知》）。《通知》要求，今年高校招生，在整风运动和反右派斗争的基础上，必须努力做好对考生的政治审查工作，确保新生的政治质量。负责对考生进行政治审查的单位，应该对考生的政治历史、家庭成分、直系亲属和主要社会关系的政治面貌、本人的政治表现等审查清楚。① 同年，教育部对在过去招生工作中存在忽视党的领导，业务脱离政治、没有政治挂帅的错误进行了检讨。在颁布的《关于高等学校 1958 年招考新生的规定》中明确指出，高等学校录取新生的原则是：“在保证政治质量的前提下，结合学业、健康条件，选择录取质量较好的新生入学。”②这样，与其他要求（学业、健康）相比，政治标准被置于首位。学生能够有机会接受高等教育，不再凭个人的努力，而是取决于其所身处的家庭，甚至受制于其家庭历史和亲属的政治清白。

与此同时，在新中国成立初期几乎被取消的针对工农速成中学的学生和老干部的优惠政策得到了恢复。1958 年，教育部颁布了《关于工农速成中学毕业生、工人、农民、工农干部和老干部以及优秀的高中毕业生保送入学的通知》，指出为了贯彻阶级路线，保证新生的政治质量，工农速成中学毕业生可以免试直接升入高等学校。而工人、农民、工农干部和老干部，政治、健康条件合乎标准，文化程度能够跟班上课的，可以保送入

---

① 杨学为.高考文献(上)1949—1976[M].北京:高等教育出版社,2003.311.

② 同上书,第 321,327 页.

学。① 为此，许多学校专门开设招收工农干部和老干部的班级。如同济大学、广州中山医学院、北京铁道学院等。②

自此，通过这一系列的措施，考试成绩作为进入高等院校的选拔标准被弱化，而政治出身和政治表现在高等教育的机会分配中的作用得到了强化。这可以从表 4 - 3 中清晰地看出。

表 4-3　1958—1964 年高等学校录取新生政治、学业情况统计表　（单位:人）

人数 年份	家庭出身及本人成分						
	合计	工农家庭及本人工农成分的	%	剥削阶级家庭出身的	%	其他家庭出身的	%
1958	126 465	69 904	55. 28	21 464	16. 97	35 097	27. 75
1959	226 955	123 918	54. 50	43 537	19. 12	59 500	26. 3
1960	263 169	150 837	57. 40	48 866	18. 60	63 466	24. 00
1961	172 227	114 733	66. 7	18 985	11. 00	38 398	22. 30
1962	105 804	56 749	53. 62	16 570	15. 66	32 504	30. 72
1963	137 019	81 610	59. 56	18 061	13. 18	37 346	27. 26
1964	154 245	10 216	70. 10	8212	5. 32	37 907	24. 58

注释:本表所列历年录取新生人数中,不包括以往保送生人数、预科和附中直升人数以及 1962 年裁并学校的学生转学一年级顶替招生名额的人数。因此,该数据与中国教育统计年鉴 1949—1981 中的数据存在很大差别。本书没有采用教育统计年鉴中的数据,其数据来源为杨学为. 高考文献(上)1949—1976[M]. 北京:高等教育出版社,2003. 525. 下表同.

根据表 4 - 3 可以看出，剥削阶级家庭出身的子弟逐步被剥夺了接受高等教育的机会，到 1964 年，剥削阶级家庭出身的子弟在录取新生中所占的比例降到了 5. 32%，其他家庭出身的子弟在录取新生的比例也在逐年下降。而工农家庭及本人工农成分的在历年录取新生的比例则逐年上升，到 1964 年上升到了 70. 10%。

① 杨学为. 高考文献(上)1949—1976[M]. 北京:高等教育出版社,2003. 314 - 315.

② 社论. 做好高等学校的招生工作[N]. 光明日报,1958-07-03. 周全华."文化大革命"中的"教育革命"[M]. 广州:广东教育出版社,1999. 186.

表 4-4　1958—1964 年高等学校录取新生政治、学业情况统计表(单位:人)

人数 / 年份	政治条件						
	合计	可入绝密专业人数	%	可入机密专业人数	%	可入一般专业人数	%
1958	126 465	—	—	38 452	30.4	88 013	69.6
1959	226 955	—	—	81 413	35.8	145 542	64.2
1960	263 169	—	—	96 946	37.0	166 223	63
1961	172 227	—	—	85 909	49.9	86 318	50.1
1962	105 804	38 647	36.53	35 215	33.28	31 942	30.19
1963	137 019	48 688	35.60	47 794	34.94	40 294	29.46
1964	154 245	64 098	41.55	56 001	36.31	34 146	22.14

资料来源:杨学为.高考文献(上)1949—1976[M].北京:高等教育出版社,2003.525.

此外，从表 4－4 可以看出，政治身份不仅影响接受高等教育的机会，它还直接影响到接受什么样的高等教育的机会。由于政治出身的缘由，每年有近 1/3 的学生不能进入绝密专业和机密专业学习。在重视工业建设，尤其是国防建设的年代，这些“热门”专业将直接关系到人们的未来的社会境遇。但对于“非劳动阶级”子女而言，这些专业并不是他们能够企及的。

表 4-5　1958—1964 年高等学校录取新生政治、学业情况统计表(单位:人)

人数 / 年份	政治面貌						
	合计	党员	%	团员	%	非党团员	%
1958	126 465	2393	1.89	75 077	59.36	48 995	38.75
1959	226 955	41 059	1.80	126 272	55.60	96 624	42.60
1960	263 169	4761	1.18	128 034	48.65	130 374	49.54
1961	172 227	3352	1.95	87 527	50.85	81 237	47.20
1962	105 804	737	0.70	48 255	45.60	56 831	53.70
1963	137 019	538	0.39	68 207	49.81	68 178	49.80
1964	154 245	854	0.55	83 307	54.01	70 084	45.44

资料来源:杨学为.高考文献(上)1949—1976[M].北京:高等教育出版社,2003.525.

从表 4 - 5 可以看出，1958—1964 年，历年的新生当中，党团员所占的比例都高于非党团员。这表明，除了家庭出身之外，个人的政治表现也是影响到其能否接受高等教育的重要因素。与非党团员相比较，党团员接受高等教育的机会相对而言要容易一些。

自 1958 年以来，在高校招生政策中，政治成分和政治表现被突出强调，但是并没有从根本上取消把考试成绩作为接受高等教育机会的标准。高等教育的入学机会在一定程度上还取决于学业成绩和健康状况。在 1959 年调整政策提出后，学术标准得到了一定程度的重视。1960 年《人民日报》社论指出，高校招生要贯彻普及与提高相结合的“两条腿走路”的方针，要优先保证重点学校，特别是全国重点学校的新生质量。① 1962 年，中央转批聂荣臻《关于审定高等学校录取新生和各方面录用高等学校毕业生政治审查标准的报告》，根据《报告》精神，对学生的政治审查也从全面考查家庭和社会关系转为主要看“本人的表现”。② 这可以从下表中对学生学业成绩的统计看出。当然，由于各地对政审执行标准存在一定的差异，一些表现优异的学生也会因为家庭因素而不是“个人表现”而丧失进入高等学校的机会。

表 4-6　1958—1964 年高等学校录取新生政治、学业情况统计表

人数 / 年份	学业成绩					
	合计	70 分以上的%	60 分以上的%	60 分以下的%	50 分以上的%	50 分以下的%
1958	126 465	—	—	—	—	—
1959	226 955	4. 6	18. 2	81. 80	—	—
1960	263 169	44. 00	71	29. 00	—	—
1961	172 227	41. 87	67. 89	32. 11	—	—
1962	105 804	73. 41	96. 53	3. 74	—	—
1963	137 019	32. 67	76. 33	23. 67	98. 29	1. 71
1964	154 245	15. 16	50. 13	49. 87	86. 90	13. 10

资料来源：杨学为. 高考文献(上)1949—1976[M]. 北京：高等教育出版社，2003. 525.

① 社论. 力争超额完成高等学校招生任务[N]. 人民日报，1960 - 07 - 01.

② 刘英杰. 中国教育大事典 1949—1990(上)[M]. 杭州：浙江教育出版社，1993. 1498.

从表4-6中可以看出，由于实行教育“革命”，盲目扩大高等教育的规模，片面追求向工农开放的政策，高等教育的质量受到了影响。在1959年录取的新生当中，60分以下的占81.80%。而由于随后实行调整、巩固、充实、提高的政策，学术标准被重提，高等院校（尤其是重点大学）的质量得到了一定程度的保障。

由于学业成绩仍然作为进入高等学校的标准之一。高等教育入学机会在向工农子弟和党团员开放的情况下，依然为“非劳动阶级”的子女进入高等院校留下了一条狭窄的缝隙。

随着“文化大革命”的开展，以学业成绩作为选拔标准的高校招生政策受到了攻击。北京女一中高三（四）班写信给党中央和毛主席强烈要求废除旧升学制度。她们认为现行的升学制度，就是中国封建社会几千年来的旧科举制度的延续，是一种很落后的、很反动的教育制度，其具体罪状如下：

（一）使许多青年不是为革命而学，是为考大学而钻书堆，不问政治。不少同学有严重的“唯有读书高”“成名”“成家”“个人奋斗”“走白专道路”等剥削阶级的反动思想。现行的考试制度助长了这种思想。

（二）使许多学校片面追求升学率，而造成许多“特殊”“重点”学校，专收“高材生”，这种学校为一些只钻书本、不问政治的人大开方便之门，把大批优秀的工农、革命干部子女排斥在外。

（三）对学生德、智、体的全面发展起严重的阻碍作用，特别是德育。这种制度从根本上忽视青年的思想革命化，其实质是邓拓一伙黑帮所说的“量才而教之”，“量才而用之”。

因此，这种升学制度，是为资本主义复辟服务的，是造就新资产阶级分子、修正主义分子的工具。①

高考被看作“分数挂帅”，违反了党的阶级路线，把优秀的工人、贫下中农、革命干部、革命军人和革命烈士的子女排斥在学校大门之外，为资产阶级培养接班人大开方便之门，是产生修正主义的祸根。因此，迫切地要求

① 新华社. 北京女一中高三（四）班学生敢想、敢说、敢做、敢闯、敢革命，写信给党中央和毛主席强烈要求废除旧升学制度[N]. 人民日报，1966-06-18.

把它扔入到历史的垃圾堆里去。① 1966 年，高校招生制度被停止。

1970 年，遵照毛泽东“七二一指示”关于“走上海机床厂从工人中培养技术的道路，要从有实践经验的工人农民中间选拔学生，到学校学习几年，又回到生产实践中去”的精神，北京大学和清华大学开始招生（试点）工作。招生对象是政治思想好，有 3 年以上实践经验，初中以上文化程度的工人、贫下中农、解放军战士和青年干部。同时，还招收一些有丰富实践经验的工人、贫下中农，他们不受年龄和文化程度的限制。招生方法采取群众推荐、领导批准和学校复审相结合的方式。此后，“自愿报名、群众推荐、领导批准、学校复审”（“十六字方针”）成为“文化大革命”时期分配高等教育机会的基本制度。这一制度彻底废除了考试，即使在 1973 年曾提出在招生中进行文化考查的建议也被看作“智育第一”，违反了毛泽东“七二一指示”精神而受到了批判。在国务院教课组关于《1974 年高等学校招生工作的请示报告》中明确提出，选拔学生要无产阶级政治挂帅，把政治表现和政治觉悟放在首位，在保证工农子女有享受教育的优先权的前提下，可以适当招收确实表现好的剥削阶级家庭出身的子女和“可以教育好的子女”。这样，对学生德、智、体的全面考查就简化为对“德”（政治表现）的单一要求了。

这种对政治标准的极度推崇导致的是对学术标准的极度贬抑。这一点，我们可以从北京师范大学 1973—1976 年的招生情况窥其一斑。（见图 4-2）

1973—1976年北京师范大学新生政治面貌图

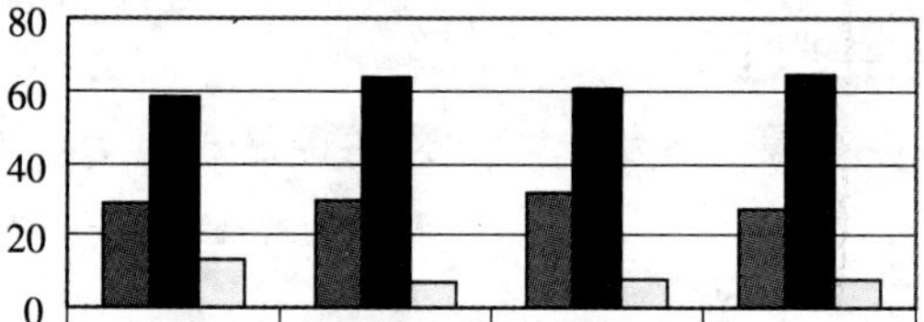

	1973	1974	1975	1976
党员%	28.7	29.5	31.9	27.5
团员%	57.9	63.8	60.4	64.5
群众%	13.4	6.7	7.7	8

■党员%■团员%□群众%

① 社论.彻底搞好文化革命，彻底改革教育制度[N].人民日报，1966-06-18.

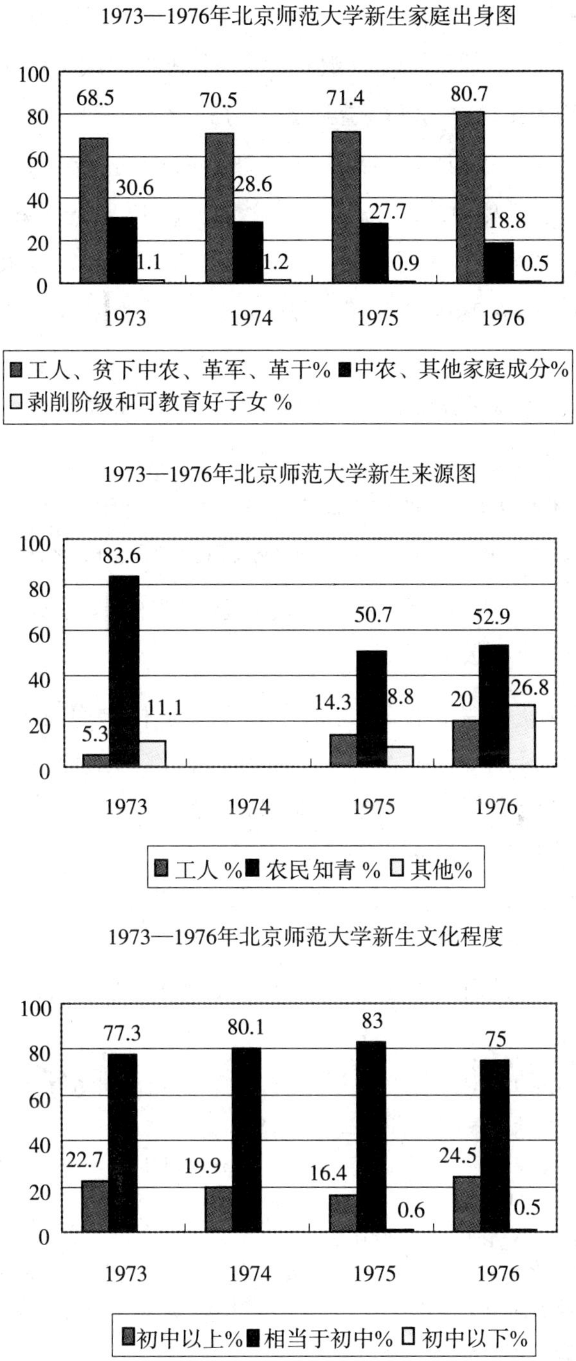

图 4-2　北京师范大学 1973—1976 年新生概况

从1970年招收第一届工农兵学员开始至1977年高考恢复，高等学校共招收了7届工农兵学员，总人数94万，占新中国成立以来毕业大学生数的21.4%。① 后来，这一举措遭到了严厉的批判。对它的批判不仅在于重政治、轻学术，更在于认为“文化大革命”时期的“十六字方针”是走后门的方针，埋没了人才，助长了不正之风。② 周雪光的研究也表明，从1972—1976年，通过推荐上大学的学生中有70%是干部子女或者是有政治背景的。③ 罗伯特·泰勒和苏珊·佩珀持有同样的观点。笔者在对北京师范大学1973—1976年的招生总结进行分析整理后也发现存在同样的问题。1973年招生的工农兵学员中，来自基层的干部（包括公社党委副书记、党委委员、大队党总支委以及支书、副支书；大队团总支书记到支委各级团干部；此外，还有大队干部、小队干部和民兵、妇女干部）高达250人，占当年招生总数的29%；1974年，招收的基层干部则多达340多人，占招生总数的37%。④ 其中还不包括来自各条战线的劳动模范、学习马列著作、毛泽东著作的积极分子等。

同样不能否认的是，由于把高等教育入学机会分配权下放到基层单位，甚至领导个人手中，在没有统一、客观标准的前提下，难以避免地存在着不规范和“走后门”的现象。如在推荐过程中，某些单位为了留住某人不放，在政审时就把缺点写的多，为了甩掉某人这一“包袱”又突出地写优点。⑤ 一些单位的领导人为个人和领导谋取利益，推荐自己的子女上大学等。周雪光、侯立仁在《文化大革命中的孩子：当代中国的国家与生命历程》一文指出，所有的社会群体都受到不利的国家政策的负面影响，

---

① 根据1970—1976年招生数整理而成，资料来源于张健．中国教育年鉴(1949—1981)[M]．北京：中国大百科全书出版社，1984．969．

② 查全性．直言恢复高考 邓小平当场拍板赞成[EB/OL]．荆楚网 http://news.tom.com/2007-01-31/002D/20974214.html．2007-01-31．刘道玉．大学校长口述——高考在1977年恢复[N]．新京报，2007-03-13．

③ 李毅．中国社会分层的结构与演变[M]．美国大学出版社，第四章第六节，该书是网络版．

④ 根据北京师范大学1973年招生工作的计划、总结、统计表及有关文件．1974年招生工作总结的数据统计得出。北京师范大学档案馆：1973年，第15卷，1974年，第15卷．

⑤ 1973年本校有关招生工作的计划、总结、统计表及有关文件，北京师范大学档案馆，1973年，第15卷．

但官僚阶层具有一定的能力，可以减少这些负面影响对他们的子女造成的冲击。①

在笔者查阅的档案中也有相关的记载：一些村民抱怨基层干部只推荐自己的子女或亲戚，普通工农和下乡知青很难获得推荐的机会。为此，1972 年中共中央还专门发出《关于杜绝高等学校招生工作中“走后门”现象的通知》②。总之，当国家主导政策推动的社会宏观动荡与变迁支配着中国人的地位获得和流动时，个人向哪儿流动，怎样流动，并不仅仅依靠个人努力，而是受制于国家政治与社会形势。

尽管“文化大革命”时期的推荐制度为后来所诟病，但在否定其消极影响的同时，也应注意其中蕴含着的一些积极意义。事实上，推荐制度与招生中的投机行为是两个层面的问题，至少在 1973 年高考恢复前，推荐制度并不像人们想象的那样混乱。由于高校中的招生人员在其中发挥着重要的作用，那些具有真才实学，但出身不好的学生是能够获得上大学的机会的。另外值得关注的是“高等学校”作为真实的一支力量参与了高等教育入学机会的分配过程。在“十六字方针”中，高等学校虽然被排在了最后，不过他们作为一个“独立”的主体已能真实地参与了高校招生的几乎全部过程。他们能对不满意的推荐进行考察和否决，能对自己满意但没有推荐的学生竭力争取。笔者在对 1973—1976 年北京师范大学档案资料的分析中发现这已不是简单的个例。而对于这一点，在新中国成立初期，甚至在改革开放早期都没有体现。尽管学术标准在两个时期成为高等教育入学机会的主要标准，不过高等学校更多地是作为一个被动的“接受者”，而不是主动地“参与者”存在的。当然，在“文化大革命”时期，在学校被看作无产阶级专政工具的情况下，高等学校作为自主力量的体现仍然显得“微不足道”。

---

① 周雪光，侯立仁. 文化大革命中的孩子：当代中国的国家与生命历程[EB/OL]. http://www.sociologyol.org/yanjiubankuai/xuejierenwu/zhouxueguang/2008-01-21.

② 杨学为. 高考文献(上)1949—1976[M]. 北京：高等教育出版社，2003. 646.

第三节 走向控制——对政府的角色评述

教育“革命”时期是中国试图摆脱外来模式（苏联模式）影响，建构本土发展策略的开始。其基本特征是强调教育为无产阶级政治服务，教育与生产劳动相结合，目的在于通过调动一切积极的因素，采取多快好省的方式，实现工农大众知识化，知识分子劳动化（即又红又专的劳动者），彻底消除三大差别，最终走向毛泽东所期待的“五七道路”。

强化党的领导，加强意识形态控制，在这一阶段被摆在突出重要的地位。之所以如此，不仅在于它是确定国家和社会发展方向的“舵手”，更在于它能确保所选择的发展方向不被修改和遮蔽。在“整风”运动和“反右”运动中，那些被认为是影响或企图改变社会发展方向的思想和做法都是促使党的领导和控制进一步加强的理由。欧克肖特对政治意识形态所下的定义清楚的体现了这一点：

> 一种政治意识形态意味着一个抽象的原则，或一套抽象原则，它独立地被人预先策划。它预先给参加一个社会安排的活动提供一个明确表述的、有待追求的目的，在这么做时，它也提供了区分应该鼓励的欲望和应该压抑或改变其方向的欲望的手段。①

政治控制的后果是国家的力量全面渗透到社会和个人的一切领域，社会和个人的自主性受到限制并最终完全消失，最后只剩下一个强大到无所不在的国家权力，即列宁说过的所谓“兵营式的社会主义”。②

在加强党的领导和意识形态控制的同时，在这一时期，国家采取了与

① [英]迈克尔·欧克肖特. 政治中的理性主义[M]. 张汝伦译. 上海：上海译文出版社，2004. 41.

② 高华. 中国共产革命中的毛的因素[EB/OL]. http://www.tecn.cn/data/detail.php?id=11259. 2008-02-26，该文是高华在2003—2004年期间在台湾和大陆多所大学所作的学术报告.

新中国成立初期不同的发展策略（见表4－7）。依据苏联模式建立起来的高度计划性的、单一性的管理和办学体制被打破，分权下放取代了集中管理，办学主体由单一化走向了多元化，“两种教育制度”取代了仅有“正规学校”的教育制度，一切积极因素在打破苏联模式的过程中被唤起。这就形成了“政治集权”与“行政分权”共存的局面。托克维尔区分了政治集权和政治分权、行政集权和行政分权两对概念，政治集权是指国家具有统一的政治意志，整个国家就像一个单独的人在行动，它可以随意把广大群众鼓动起来，将自己的全部权力集结和投放在国家想指向的任何目标。而同时行政分权又可以充分调动各方的积极性以贯彻国家的目标。在托克维尔看来，实现国家的繁荣，就需要在政治集权和行政分权之间建立起均衡。甘阳认为，在毛泽东时代，实际体现了中国式的“政治集权”与“行政分权”的统一。即一方面强调党的一元化领导和控制；另一方面又强调行政管理权向地方下放。① 例如在1958年，国家逐步下放高等教育办学权，许多原来由中央政府和中央有关部门管理的学校下放地方，同时允许地方办学。

表4-7　新中国成立初期与教育“革命”时期中央与地方权力关系比较

	行政集权	行政分权
政治集权	新中国成立初期	教育“革命”时期 改革开放后
政治分权	—	—

正如本文前述，这种通过权力下放，并调动地方办学积极性的策略与前一阶段仅仅依靠国家办学的选择相比较，在扩大高等教育的规模和促进区域高等教育布局上，是一种更有力的举措。尽管当时的确存在“急躁冒进”的现象，但的确改变了新中国成立初期高等教育主要集中于东部沿海地区、仅有少数人有机会获得高等教育机会的局面，在各省、市、自治区基本建立了包括综合大学、专科学校、地方特色学校在内的高等教育系统，这一点在高等教育基础薄弱的西部地区尤为明显，极大地改善了高等教育供给不足的状况。即使我们在认识改革开放后高等教育的成就时，特

① 甘阳．统三通[M]．北京：生活·读书·新知三联书店，2007．32－33．

别是审视当前高等教育大众化背景下高等教育的发展时，也不能否认这一政策取向的现实意义。

与政治控制紧密结合在一起的是学校被要求成为无产阶级专政的工具，担负起培养社会主义事业“接班人”的重任。政治成分和政治表现成为这一阶段获取高等教育机会的主要标准。与学术标准相比，它体现了很强的“封闭性”和“控制性”。它使高等院校的大门并不是向所有有能力者开放，而是仅仅在某一阶级内开放，具体而言，就是在所谓工农劳动阶级中开放，非劳动阶级的子女几乎被剥夺了接受高等教育的机会，并且，由于是被看作专政的对象，他们得不到任何的补偿。能否进入高等院校的不是依赖于个人的努力与高等学校的选择，而是取决于个人的政治表现、所处的家庭以及政府的政治意图，其目的在于保证“接班人”队伍的纯洁性——又红又专，确保社会主义发展方向不会被修改。但由于过于强调政治标准，并没有达成毛泽东所期望的“又红又专”的结合。费正清指出，中国的政治生活由于包容了农民，就被落下到严重的无知的农民水平，这是社会变革的一种代价。① 另外，由于政治标准缺乏统一性和客观性，在很多情况下取决于个人的主观界定，易受政治运动和权力的侵蚀，因此，在向“阶级内开放”的同时并没有真正实现“阶级内的平等”。

教育“革命”时期的发展图式（特别是“文化大革命”时期）后来被看作一种“浩劫”而要求对它的理论、方针、方法、组织和活动进行彻底的否定。② 教育“大跃进”导致的混乱被看作“急躁冒进和盲目乐观”；“反右运动”被看作阶级斗争扩大和对知识分子的打击；“文化大革命”时期对政治标准推崇导致的对知识的贬抑，以及对高等学校大规模的裁撤和下放被看作反文化、反文明、反现代化的政治运动等。③ 而作为所有这些手段背后的毛泽东对理想社会的探索被看作在地上建立天国。④ 波普尔

① 费正清. 伟大的中国革命(1800—1985)[M]. 刘尊棋译. 北京：世界知识出版社，2003. 351.

② 席宣，金春明. 文化大革命简史[M]. 北京：中共党史出版社，1996. 3 - 23.

③ 杨东平. 艰难的日出——中国现代教育的20世纪[M]. 上海：文汇出版社，2003. 174 - 175.

④ 顾准. 顾准文稿[M]. 北京：中国青年出版社，2002. 392.

对乌托邦和激进主义所带来的后果的揭示可能在一定程度上契合我们对毛泽东所追求的理念和实践的认识：

> 唯美主义和激进主义必然引导我们放弃理性，而代之以对政治奇迹的孤注一掷的希望。这种非理性的态度源于迷恋建立一个美好世界的梦想……但它总是诉诸我们的情感而不是理性。即使怀抱着建立人间天堂的最美好的愿望，但它只是成功地制造了人间地狱——人以其自身的力量为自己的同胞们准备的地狱。①

事实的确如此，在这一阶段（特别是“文化大革命”时期），许多高等学校被裁撤、合并和下放，校舍被占，数量锐减，高校数量从1965年的434所削减为1976年的392所，在校生规模从67.4万下降到56.5万，副教授以上的教师从7888人减少到5819人。1971—1974年毕业生数仅为9.6万，仅及1965年（18.5万人）的一半。②七届招收的94万工农兵学员中，文化程度一般比较低。根据1972年对北京市11所院校工农兵学员文化程度的调查，学生中相当于小学文化程度的占20%，初中程度的占60%，初中以上程度的占20%。③伤痛还不止这些，更大的阵痛是思想和观念上的：对知识的轻蔑、对知识分子的打击，对人性的压抑和扭曲，对整个社会秩序，特别是教育秩序的破坏，以及导致青年对信仰的迷失和思想的混乱等。④《关于建国以来党的若干历史问题的决议》指出，“文化大革命”不是也不可能是任何意义上的革命或社会进步。⑤

---

① [英]卡尔·波普尔.开放社会及其敌人(第一卷)[M].北京:中国社会科学出版社,2007.314－315.

② 张健.中国教育年鉴(1949—1981)[M].北京:中国大百科全书出版社,1984.965,969,971,973.

③ 高奇.新中国教育历程[M].石家庄:河北教育出版社,1996.220.

④ “文化大革命”时期发生的“白卷英雄”“马振抚事件”等对教育秩序的冲击非常大,同样的批评可见诸陆定一同志谈教育方针问题[N].光明日报,1980-03-04.蒋南翔.谈谈当前的教育形式[J].人民教育,1980,(10):3－4.张晓初.教育在建设“两个文明”中的地位和作用[J].人民教育,1982,(11):4.

⑤ 关于建国以来党的若干历史问题的决议(一九八一年六月二十七日中国共产党第十一届中央委员会第六次全体会议一致通过)[N].人民日报,1981－07－01.

然而，医治伤痛、避免灾难重演的最好的办法应该是进行总结和甄别。即哪些是应当全部否定的，哪些是毛泽东所说过的“方针对，方法不对”，进一步而言，哪些是“方法对”但缺乏制度保障。苏珊·佩珀在分析这段历史时指出：假如教育“革命”时期的一些做法不那么“过火”的话，事情会是怎样？ 历史不能假设，但我们应当清楚，既然教育“革命”被看作一种非理性的实践，那么，我们更不应用非理性的态度评价它。事实上，对一种社会形态的评价是非常困难的，迪尔凯姆指出，人们很难根据某一标准来衡量社会是出于常态还是病态。因为标准本身需要经过检验，并且对于什么是正常状态也需要检验并获得人们的认可。任何一个带来社会危害的事件，极有可能为尚未发现的益处所抵补，甚至抵补有余。① 教育“革命”阶段义务教育的发展、农村教育以及扫盲运动的成就已被诸多研究者所承认。②（本书由于主题所限，没有对这一部分进行论述）甘阳更认为改革开放之后中国经济之所以成功就是“大跃进”时期形成的“政治集权”和“行政分权”相统一的治理制度的结果。③ 这也可以从我国高等教育区域布局的发展清晰地看出。

如果抛开阶级斗争和权力争斗的限制，而把毛泽东在“大跃进”和“文化革命”时期的理念看作其探索社会主义建设道路上出现的错误的话，④如果我们承认毛泽东的实践和理念在于致力于消除各种不平等具有一定的合理性的话，那么，把毛泽东的乌托邦思想作为一种不幸的历史失误加以消除无助于促进人们理解过去，也不会像以往那样，为那些仍然憧

① 解释一个社会是否处于正常状态，取决于人们的感情和个人的价值判断，在对于宗教信仰普遍动摇的环境中，一个不信教的理论家往往把仍有人信教视为一种病态现象；而在一个信教的理论家看来，不信教才是今天的严重的社会疾病。同样，对于社会主义者来说，目前的经济组织是一种社会畸变，而正统经济学则认为，社会主义倾向才真正是病态。见[法]E. 迪尔凯姆. 社会学方法的准则[M]. 狄玉明译. 北京：商务印书馆，2004. 73.

② Suzanne Pepper. Radicalism and Education Reform in 20th-century China：The Search for an Ideal Development Mode，UK：Cambridge University Press，1996. 1 – 2；杨东平. 艰难的日出——中国现代教育的 20 世纪[M]. 上海：文汇出版社，2003. 220 – 224.

③ 甘阳. 统三通[M]. 北京：生活·读书·新知三联书店，2007. 32 – 33.

④ 黄艳. 胡绳晚年对毛泽东一生两件大事的再评价[J]. 江汉论坛，2005，(6)：84 – 87.

憬和争取新的更美好的未来的人们，提供本来必要的指导。① 黄万盛在评价“法国革命”时指出，“反对那种以革命为目的的革命狂热，同时主张保留作为手段的革命”。② 教育“革命”时期的“革命”无论是作为一种目的还是手段，它都不应被忘记或被否定，而应当成为悬置于我们心中的一把标尺，用以衡量未来改革与发展的文明程度。

① [美]莫里斯·迈斯纳.马克思主义、毛泽东主义与乌托邦主义[M].张宁等译.北京：中国人民大学出版社,2006. 序3.

② 黄万盛区分了两类革命：其一是以革命为意义本身，人为地追求革命；另一种革命是各种复杂社会因素交互作用的客观结果，不取决于少数精英的主观意志。前者是作为目的的革命，后者是作为手段的革命。见黄万盛.革命不是一种原罪——读弗朗索瓦·傅勒《思考法国大革命》[J].开放时代,2004,(5):58－71.

第五章

改革开放时期政府在高等教育入学机会分配中的角色

过去已经载入历史,今天的现实不一定适用明天,如果关注未来高等教育入学机会的分配,应该回顾过去的争论和改革。从中找到启示。深入的创新来源于对过去的理解,对未来的思考。①

——[美]约翰·奥伯利·道格拉斯

第一节　恢复与探索——改革开放时期教育发展面临的挑战

改革开放时期是中国高等教育急速变革的时期，它一方面需要迅速清理和恢复教育“革命”时期所导致的混乱，重新确立新的发展方向和任务；另一方面又需应对由深刻的社会转型带来的挑战。与前两个阶段相比，这一阶段高等教育的建构和发展处在急剧变革的社会之中，具有很大的不确定性，因此，对它的认识和阐释就变得更加困难。

一、“文化大革命”后教育秩序的整顿与恢复

“文化大革命”结束后，百废待兴、百业待举，当时的中国在一定意义上面临着同新中国成立初期几乎相同的任务，即迅速恢复和发展经济，

① [美]约翰·奥伯利·道格拉斯.加利福尼亚思想与美国高等教育1850—1960年的总体规划[M].周作宇译.北京:教育科学出版社,2008.298.

整顿和恢复教育秩序。早在“文化大革命”结束前的1975年，邓小平就提出，全党要讲大局，把国民经济搞上去，他重申了周恩来在三届人大一次会议和四届人大一次会议的政府工作报告中关于“四个现代化”的提法和关于国民经济建设两步走的设想：即第一步到1980年，建成一个独立的比较完整的工业体系和国民经济体系；第二步到20世纪末，把我国建设成为具有现代农业、现代工业、现代国防和现代科学技术的社会主义强国。①在党的十一次全国人民代表大会上通过的新宪章宣称整个社会主义历史阶段的基本路线是“在本世纪内，党要领导全国各族人民把我国建设成为农业、工业、国防和科学技术现代化的社会主义强国。”②在十一届三中全会上，党果断地停止了“以阶级斗争为纲”和“无产阶级专政下继续革命”的口号，提出在坚持“四项基本原则”的基础上把全党工作的着重点和全国人民的注意力转移到社会主义现代化建设上来，采取“调整、巩固、整顿、提高”的“八字方针”。③ “四个现代化”的核心和根本是经济建设。科学技术主要为经济建设服务。④ 这样，中国的发展道路就走到了以“经济建设”为中心的轨道上来。

在确立“四个现代化”的奋斗目标之后，教育就被认为是实现“四化”的重要条件。邓小平高度重视教育在实现现代化目标中的作用。“文化大革命”结束后，他“自告奋勇”主抓教育科技和教育工作。在1977年“尊重知识、尊重人才”的谈话中指出，我们要实现现代化，关键是科学技术要能上去。发展科学技术，不抓教育不行。为此他呼吁，一定要在党内造成一种尊重知识、尊重人才的氛围。此后，他多次重申这样的观点，在全国科学大会和全国教育工作会议上，他批判了“四人帮”鼓吹的“宁要没有文化的劳动者”“知识越多越反动”等极端错误的观点，提出，科学技术是生产力，实现四个现代化，关键是科学技术现代化，肯定了知识分子是工人阶级的一部分。同时要求，教育事业必须同国民经济发展的要求相适应，注意提高教育质量，多出人才、快出人才、早出人才，

① 邓小平文选(第二卷)[M].北京:人民出版社,1996.4.

② 中国共产党章程(中国共产党第十一次全国代表大会一九七七年八月十八日通过)[N].人民日报,1977-08-24.

③ 十一届三中全会公报提要[N].人民日报,1978-12-24.

④ 邓小平文选(第二卷)[M].北京:人民出版社,1996.240.

培养宏大的又红又专的知识分子队伍，以更好地为社会主义现代化建设服务。① 在1978年召开的全国教育工作会议上，教育部长刘西尧指出，为了配合现代化建设的需要，当前教育的任务就是要尽快提高各级各类学校的教育质量，发展教育事业，培养亿万有社会主义觉悟的能够掌握现代生产技能的劳动者，培养千千万万的各种专门人才和懂得管理现代经济和现代科学技术的专家和干部。② 在党的十二大报告中，更是把教育提高到经济发展战略重点的地位，这在中共历史上还是第一次。③

（一）对“两个估计”和“两个凡是”的批判

当教育被寄予厚望，要求承担起为实现“四化”培养人才的重任时，教育领域的“拨乱反正”工作随即展开。然而，教育领域的“拨乱反正”面临的最大阻力是如何冲破1971年《全国教育工作会议纪要》做出的“两个估计”。［即十七年来(1949—1966年)毛主席的无产阶级教育路线“基本没有得到贯彻执行”，教育战线是资产阶级专了无产阶级的政，“黑线专政”；教师队伍中的大多数和十七年培养的学生大多数“世界观基本上是资产阶级的”。］④由于这份文件是毛泽东批准发表的，在当时“两个凡是”（凡是毛主席做出的决策，我们都坚决维护；凡是毛主席的指示，我们都始终不渝地遵循。⑤）的思想禁锢下，人们不敢直接否定。邓小平首先冲破禁锢，他在1977年5月24日同中央办公厅两位同志的谈话中就明确指出，“两个凡是”不符合马克思主义。⑥ 1977年9月，在全国科学和教育工作座谈会上，针对“两个估计”，邓小平明确表态：“全国教育战线17年的工作主导方面的是红线。”并指出，我们要准确完整地理解毛泽东的思想体系，“两个估计”不符合实际。怎么能把几百万、上千万知识分子一棍子打死呢？⑦在邓小平的推动下，教育部大批判组于

① 邓小平文选(第二卷)[M].北京:人民出版社,1996.85－100,103－110.

② 刘西尧.在全国教育工作会议上的报告(摘要)[M].人民教育,1978,(6):3－9.

③ 金一鸣.中国社会主义教育的轨迹[M].上海:华东师范大学出版社,2000.451.

④ 全国教育工作会议纪要[A].瞿葆奎.中国教育改革[C].北京:人民教育出版社,1991.534.

⑤ “两个凡是”是华国锋在1977年3月在中央工作会议上的讲话中提出的。见瞿葆奎.中国教育改革[C].北京:人民教育出版社,1991.557.

⑥ 邓小平文选(第二卷)[M].北京:人民出版社,1996.38－39.

⑦ 同上书,第48－49页.

1977年在《人民日报》发表了《教育战线的一场大讨论——批判“四人帮”炮制的“两个估计”》，揭露了“四人帮”违背毛泽东指示的事实。①尽管这一篇文章没有达到邓小平提出的准确地完整地理解毛泽东思想体系的要求，但终究揭开了对“两个估计”的批判。② 随后，全国各地、各行业都掀起了批判“两个估计”的浪潮，1977—1978年的《人民日报》就有47篇文章直接对“两个估计”进行了批判。1979年，中共中央转发了《教育部党组关于建议撤销两个文件的报告》，撤消了《全国教育工作会议纪要》，正式推翻了“两个估计”，解除了教育工作者的精神枷锁。同时对“两个凡是”的批判也在关于“真理标准”问题的讨论中展开。③ 在十一届三中全会通过的《关于建国以来党的若干历史问题的决议》中，对“两个凡是”进行了批判，对“文化大革命”进行了彻底的否定，标志着党胜利地完成了指导思想上的拨乱反正。④

随着教育领域内对“两个凡是”和“两个估计”批判的开展，“文化大革命”时期对教育与政治脱离产生所谓“白专”道路的指控遭到了批判，受迫害或被划分为“右派”的干部、教师和科技人员得以平反，⑤知识分子队伍对社会主义的忠诚和对现代化建设的贡献得到了承认。把教育高度政治化、看作无产阶级专政的工具的观点被认为是对毛泽东教育方针的有意扭曲。在要求全面地正确地理解毛泽东的教育方针和“真理标准”

① 毛泽东的指示精神是:(1)17年的估计不要讲的过分。在无产阶级专政下执行了错误路线的不是大多数,而是一少部分人;(2)多数知识分子还是拥护社会主义制度的。见教育部大批判组.教育战线的一场大论战——批判“四人帮”炮制的“两个估计”[N].人民日报,1977-11-18.

② 金一鸣.中国社会主义教育的轨迹[M].上海:华东师范大学出版社,2000.446.

③ 1978年,《光明日报》发表了《实践是检验真理的唯一标准》。该文掀起了全国性的大讨论,有力地突破了“左”的思想禁区,为随后的改革开放奠定了坚实的思想基础。

④ 从根本上冲破长期“左”的束缚,端正党的指导思想:十一届三中全会的历史功绩是伟大的——胡耀邦同志回顾粉碎“四人帮”以后六年来的战斗历程[N].人民日报,1982-09-02.

⑤ 在“文化大革命”时期,仅教育部所属单位和17个省、市、自治区受到诬陷、迫害的干部教师就有14余万人,卫生部直属的14所高等医学院校674名教授、副教授中,就有500多名受到诬陷、迫害。见余立.中国高等教育史(下册)[M].上海:华东师范大学出版社,1994.132.

引发的思想解放运动中，人们已经普遍认识到，把教育仅仅看作“上层建筑”“教育是阶级斗争的工具”的说法是不准确、不科学的，教育的生产性是永恒的。① 新的教育方针应当充分体现教育为社会主义现代化建设服务、充分体现以教学为中心，要反映教育与生产力的关系，认识教育对促进经济发展的重大功能，要确立一个具有时代特点的完整的培养目标。② 这就基本上实现了对教育功能认识上的转变，为教育服务于经济发展和现代化建设奠定了思想基础。在 1985 年颁布的《中共中央关于教育体制改革的决定》中明确提出了，教育必须为社会主义建设服务，社会主义建设必须依靠教育的指导思想，它是对极左路线下造成的教育功能扭曲、教育高度政治化的修正。

(二)高考的恢复与教育秩序的整顿

在进行思想领域“拨乱反正”的同时，教育秩序也在艰难的恢复和重建，在 20 世纪 70 年代末期，对中国教育产生最重大、最深远影响的“拨乱反正”是恢复中断了十年的高等学校统一招生考试制度，重新确立了依据学术标准招录高校新生的基本原则。它是对“两个凡是”和“两个估计”批判的进一步深化，同时也是开创新局面的分水岭，是弃旧图新的标志。③

在“文化大革命”结束前，邓小平就有意恢复高考制度。1975 年 9 月，他在谈科研工作时就指出，要选择数理化好的高中毕业生入学，不要照顾干部子弟。……一点外语知识、数理化知识没有，还攀什么高峰、中峰也不行，低峰也有问题。我们有个危机，可能发生在教育部门，把整个现代化水平拖住了。④“文化大革命”结束后，他在谈到科技和现代化问题时就指出：抓科技必须同时抓教育……办教育要两条腿走路，既要注意普及、又要注意提高。要办重点小学、重点中学、重点大学。要经过严格的考试，把最优秀的人才集中在重点中学和大学。⑤ 然而，由于受到“两

① 戴伯韬.教育是实现四个现代化的重要条件[J].人民教育,1979,(8):17－21.

② 潘益大.关于教育方针的探讨[N].文汇报,1980-11-04.

③ 刘海峰.1977 年高考:一次空前的招生考试[J].教育发展研究,2007,(7－8A):1－5.

④ 邓小平文选(第二卷)[M].北京:人民出版社,1996.33－34.

⑤ 同上书,第 40 页.

个凡是”的羁绊，高考制度的恢复颇费周折。

1977年6月，教育部在太原召开招生工作座谈会，但受“两个凡是”思想的束缚，教育部的主要领导依然主张继续坚持“文化大革命”时期的招生政策。强调在坚持“七二一指示”和“十六字”方针的前提下，完善招生办法。引起很多与会人员的不满。① 同年8月，在全国科学和教育工作座谈会上，与会代表继续表达他们对高校招生“推荐”制度的不满。② 邓小平在听取各位代表的意见后当即表态，今年要下决心恢复从高中毕业生中直接招考学生，不要再搞群众推荐。③ 为此，教育部于10月再次召开高等学校招生工作会议，但依然抛不开“两个凡是”的禁锢。在是否继续实行推荐工农兵上大学制度还是恢复“文化大革命”前从应届高中毕业生中进行统一招考；招生中是继续贯彻阶级路线还是择优录取；如何进行政治审查等问题上拖延不决。为此，邓小平严厉批判了教育部主要领导，要求教育部要争取主动，不要成为阻力。④ 在他的批判的压力下，最终形成了《关于1977年高等学校招生工作的意见》（以下简称《意见》）。《意见》废除了“文化大革命”时期的招生政策，恢复了“文化大革命”前的招生政策、办法，主要是：

(1)招生办法：自愿报名、统一考试、地市初选、学校录取，省、市、自治区批准；

(2)招生对象：工人、农民、上山下乡和回乡知识青年、复员军人、干部和应届高中毕业生。从应届毕业生中招收的人数占招生总数的20%—30%；

(3)招生条件：高中毕业生的文化程度才可以报名，必须通过大学入学考试；

(4)政治审查：政治审查主要看本人表现，破除唯成分论；

(5)录取原则：德智体全面考核，择优录取。⑤

---

① 杨学为.高考文献(下)1977—1999[M].北京：高等教育出版社，2003.9.

② 查全性.直言恢复高考 邓小平当场拍板赞成[EB/OL].http://news.tom.com/2007-01-31/002D/20974214.html.2007-01-31；刘道玉.大学校长口述——高考在1977年恢复[N].新京报，2007-03-13.

③ 邓小平文选(第二卷)[M].北京：人民出版社，1996.55.

④ 同上书，第68页.

⑤ 杨学为.高考文献(下)1977—1999[M].北京：高等教育出版社，2003.70，71，577.

这样，依据学术标准招录高校新生的原则就基本确立起来了。之所以说基本确立，是因为：一方面在《意见》中规定，从应届高中毕业生中招收的比例限定在 20% —30%；另一方面，高校对“两个凡是”存在顾忌，政治出身和政治表现仍然在招生录取中具有很大的影响，直到 90 年代初，这样的影响还一直残留着。见图 5－1。

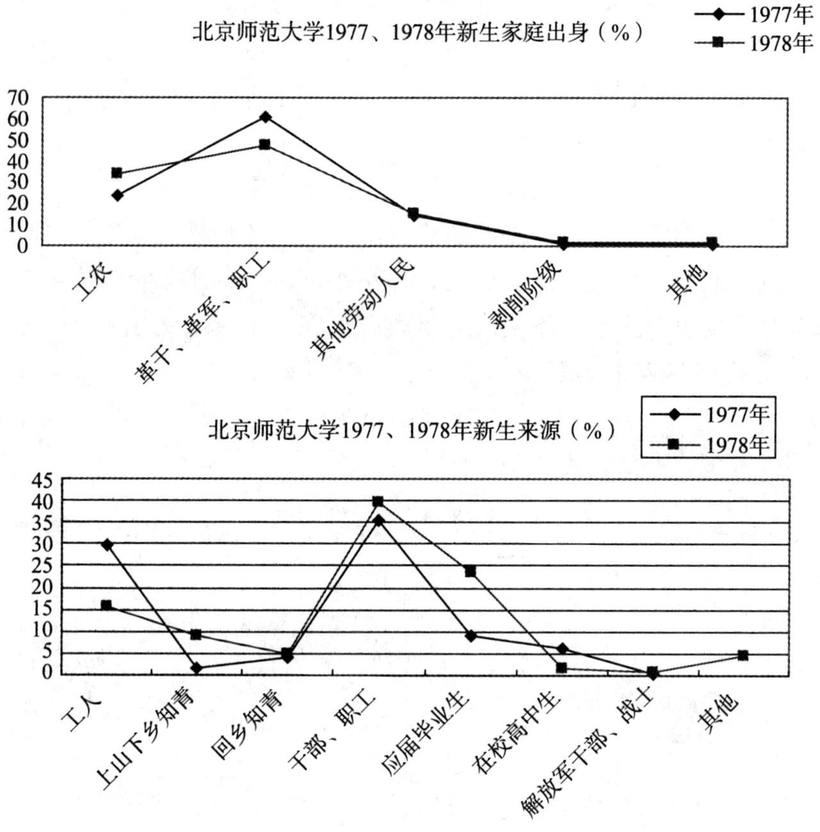

图 5-1　北京师范大学 1977、1978 年新生家庭出身、新生来源(%)

资料来源:北京师范大学档案馆:1977 年,第 22 卷;1978 年,第 23 卷、27 卷、31 卷、32 卷.

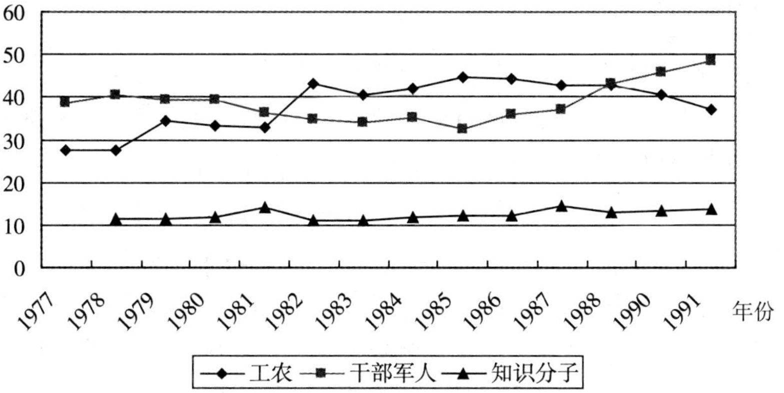

图 5-2　1977—1991 年北京大学学生家庭背景的变化(%)

资料来源:李文胜. 中国经济发展战略与中国高等教育入学机会的公平[A]. 刘海峰. 公平与效率:21 世纪高等教育改革和发展[C]. 福州:福建教育出版社,2003. 425.

不过，这不影响人们对恢复高考意义的认识。1977 年的高考是中国历史上最特别、最壮观的一次高考。由于十年积压，使得 1977 的报考人数达到了历史上的最高点。当时共有 66 届到 77 届 12 个年级的考生参加高考，如果加上当时允许部分 78 届的优秀高中生提前参加高考，实际上 1977 年共有 13 个年级的学生同场竞技。同时，这次高考也成为竞争最激烈的一次考试，当时预计有 2000 万考生，计划录取 20 万左右，录取比例为 1%。不过由于很多省市采取地市初选的办法，最终共有 570 万考生走入考场，共录取 27. 3 万余人（包括 1978 年第一季度增招 6. 3 万人，其中本科增招 2. 3 万人，专科增招 4 万人，增招比例占到当年录取总数的 29. 3%）。① 录取率仅为 4. 8%，是中国高考史上最低的录取率。

高考恢复的意义不仅在于它破除了“文化大革命”时期的“推荐制度”，恢复了依据学术标准取材的基本原则，其意义已经远远超出了教育领域，成为粉碎“左”的思想枷锁，为所谓“修正主义路线”平反的突出典型；成为推翻“文化大革命”的突出典型；成为破除“两个凡是”“两个估计”，完整准确地理解毛泽东思想的突出典型；成为全国

① 刘海峰. 1977 年高考:一次空前的招生考试[J]. 教育发展研究,2007,(7 - 8A):1 - 5.

解放思想的先声。①

高考制度的恢复正式拉开了整顿教育秩序的帷幕，而对“两个估计”的重新评估则对“文化大革命”前十七年的教育制度给予了充分的肯定。教育的钟摆又回归到了从前：②“文化大革命”时期被撤并的文科学校如财经、政法类院校以及下放的农业、医学类院校开始恢复办学，共产主义劳动大学、“七二一”工人大学和“五七”大学通过整顿要求逐步达到大专的办学水平，③后来这些学校部分转为正规学校或被裁撤，如江西共产主义大学改为江西农业大学，大寨学院被撤销等。④ 普通高校数在1977—1981年间，从404所增至704所，在校生规模从20.9万增至46.1万。⑤ 重建了重点中学和重点大学。1978年，教育部先后颁布了《关于恢复和办好全国重点高等学校的报告》和《关于办好一批重点中小学试行方案》。到1981年，全国共有4000多所重点中学，占全国普通中学数的3.8%。重点高等学校在1979年确立了97所，占当年学校数的15%。⑥ 这样，正规的、普通学校教育制度逐渐恢复。同时，1979年，中共中央转批教育部党组《关于建议重新颁布〈加强高等学校统一领导、分级管理的决定〉的报告》，肯定了1963年颁布的《关于加强高等学校统一领导、分级管理的决定》的正确性，逐步恢复了“中央统一领导，中央和省、市、自治区两级管理”的领导管理体制。这样，一种集中的，有计划性的教育管理体制又重新恢复。到1981年，国务院各部委管理的学校有226所，占普通高校数的32%；地方管理的学校有440所，占普通高校数的68%。因此，“文化大革命”结束后初期的高等教育体制，基本上是“文化大革命”前教育体制的复制和延续。

① 杨学为.高考文献(下)1977—1999[M].北京:高等教育出版社,2003.70-71,578.

② 杨东平.艰难的日出——中国现代教育的20世纪[M].上海:文汇出版社,2003.224.

③ 刘西尧.在全国教育工作会议上的报告(摘要)[M].人民教育,1978,(6):3-9.

④ 余立.中国高等教育史(下册)[M].上海:华东师范大学出版社,1994.137.

⑤ 张健.中国教育年鉴(1949—1981)[M].北京:中国大百科全书出版社,1984.965,968.

⑥ 李国钧,王炳照.中国教育制度通史(第八卷)[M].济南:山东教育出版社,2000.66.张健.中国教育年鉴(1949—1981)[M].北京:中国大百科全书出版社,1984.168,334.

之所以如此，有研究者从制度经济学的"路径依赖"①理论进行解释，认为是深厚的计划经济体制和几千年的中央集权的历史构成了这一路径依赖。② 因此，"文化大革命"后的重建工作难以避免先前的窠臼。即便如此，尚需对"集中性""计划性"何以形成进行解释。如果回顾新中国成立初期，就会发现，当前面临的局面与当时具有很大的相似性，即都面临着重构教育秩序的问题。如果说先前的教育重构是由于政权交替必须要有强有力的国家介入的话，当下的重构同样需要。如果没有国家自上而下的强制性干预，冲破"两个凡是""两个估计"的思想禁锢的艰难程度可想而知。高考恢复中的反复权衡就说明了这一点。当然，这种计划性和集中性在通过教育"革命"时期对苏联模式的批判已经有所松动。计划性与灵活性、集中与放权构成了重构教育秩序必须面临的矛盾与冲突。教育的钟摆再摆回去，已不容易回到先前的位置。

二、对"文化大革命"前高等教育体制的总结与反思

随着国家工作重心的转移和社会主义现代化建设的开展，教育的作用和地位日益凸现，但它与现代化建设要求的不相称性也日益显露，并且随着国门的逐步开放和对外交流的加深，③这一不相称性也被越来越多的人认识到。

一方面，我国的干部队伍和专业人才队伍极度匮乏，整体受教育水平不高。20 世纪 80 年代，我国有干部 1800 万人，其中受过高等教育的有 320 万人，仅占干部总数的 17%。这些人又大部分集中在科技、文教、卫生部门。党政机关、企事业单位受过专业系统训练的干部很少。例如，在财政干部队伍中，受过系统财政专业教育的只有 12% 左右。在专业人才队伍方面，1978 年，我国工业部门工程技术人员只占职工总数的 3%，经过

---

① 根据制度经济学的理论，所谓路径依赖是指制度变迁一旦走上某一条基本路径，她的既定方向会在以后的发展中得到自我强化，很难甚至根本无法扭转。见王洪涛. 制度经济学——制度及制度变迁性质解释[M]. 上海：复旦大学出版社，2003. 73.

② 杨方方. 从缺位导归位——中国转型期社会保险中的政府责任[M]. 北京：商务印书馆，2006. 6.

③ 仅《人民日报》的报道就可以看出，1975—1980 年间，中国高等教育代表团不断访问除苏联外的许多西方国家，如美国、英国、法国、西德、加拿大等。

专业训练的农业技术人员只占农业劳动力总数的0.05%。① 全国职工人数中，受过高等教育的不到4%。② 在科技队伍中，根据1982年对参加中国科协第二次代表大会科学家代表的年龄统计，35岁以上的科学家只有13人，占0.9%，56岁以上的有898人，占59.5%。③ 而同时期的美国，成年职工中，有1300万至少完成四年大学教育，占职工总数的18%，有5200万人高中毕业，占职工总数的74%。以每万人中接受高等教育的人数来看，1979年我国每万人口中在校大学生只有10.5人，而1970年，美国每万人口中大学生为427人，日本为172人，在这方面，我们甚至不如印度等发展中国家。④ 建设现代化，必须有一支高水平的管理队伍和专业人才队伍，因此，大力发展高等教育就成为迫切的需求。

另一方面，由于高等教育资源有限，高考竞争非常激烈，我国高等学校的升学率在20世纪80年代初期一直在4%以下，很多渴望接受高等教育的青年，苦于求学无门。因此，如果现在不去着手改变，不积极设法逐步扩大高等学校招生人数，那么，不仅到1985年专门人才奇缺的情形不会得到多少缓和，甚至到1990年还会感到专门人才严重不足。⑤

针对高等教育总体规模小，发展滞后的局面，人们开始反思原有的高等教育体系，并普遍地认识到，“文化大革命”后高等教育体系基本上是重建“文化大革命”前17年的教育模式。沿着这一思路的“教育复兴”，同时也重复了产品经济下旧教育体制的弊病。⑥ 20世纪80年代初期，围绕高等教育如何适应现代化建设的要求，《人民日报》发起了专门的讨论，希望进行变革的呼声非常强烈。这些变革的要求既是对原有教育

① 郝克明，陈学飞. 改革高等教育结构单一化的状况[N]. 人民日报 1980-10-25.

② 吴明瑜，鲍彤. 广开学路——谈谈高等教育事业中的一个问题[N]. 人民日报，1980-06-03.

③ 曹智武. 发展高等教育事业刻不容缓——关于教育工作的讨论[N]. 人民日报，1980-06-05.

④ 郝克明，陈学飞. 改革高等教育结构单一化的状况[N]. 人民日报，1980-10-25.

⑤ 吴明瑜，鲍彤. 广开学路——谈谈高等教育事业中的一个问题[N]. 人民日报，1980-06-03.

⑥ 罗荣兴，周庆，毕全忠，萧关根. 迎接商品经济的洗礼——中国高等教育改革的困惑、思考与选择[N]. 人民日报，1989-03-19.

体系的反思，也是对建构新的教育体系的有益探索，主要体现在以下几个方面：

其一，改变办学主体单一的局面，鼓励各方的办学积极性

“文化大革命”后重建的教育秩序，基本上是五十年代根据当时的经济状况形成的，国家统一计划、统一管理，①高等学校基本上是教育部“独家经营”。在国家人口多、底子薄的情况下，单独依靠中央政府直接举办和管理高等学校显然难以适应经济发展对大规模人才的需求。因此，必须改革现行的高等教育管理体制，充分发挥中央和地方“两个积极性”，允许有国立大学、省立大学和市立大学等多种形式。现在，有的省、市有办大学的积极性，广大青年也有这种强烈的要求，但由于现行体制的限制，地方办学的积极性受到了抑制。②

其二，改变办学模式单一的做法，实现教育结构和层次的多元化

从五十年代以来，我国的高等教育制度基本上是按照一种模式在办：全日制；全住校；统招统配；学制也比较长，大多数是四年和五年制。虽然其间也办过大学专科、函授学校、电视大学等，但规模不大，又时办时辍。这就使扩大高等教育规模受到了限制，因此，应当改革高等教育结构单一化的状况，实行多种形式办学。高等学校可以有以下几种形式：（1）四年制或五年制大学；（2）短期大学和高等专科学校（学制可为两

① 毕全忠.教育改革要力争与经济改革同步——中国人民大学副校长谢韬谈高等教育的改革[N].人民日报,1984-08-05.

② 以浙江为例,全省科技人员仅占总人口的万分之一点一五(全国是万分之三点二八)。浙江工学院分校所在的宁波市,包括镇海县,共八十万人口,现有工厂五百四十九家,工人十万人,年产值十一亿元。但技术力量十分薄弱,拥有近二万工人的纺织系统,工程技术人员(包括中专毕业生)仅占百分之零点八。有的工厂至今没有一个技术人员。一九五九年,宁波市曾办过一所工学院,一九六一年调整时下马了。一九七八年,扩大招生时办起了浙江工学院宁波分校,开设了机电、电子、化工、纺织等四个专业,现有专职教师二十二名。两年的实践表明,教学质量是有一定保证的。但是,由于教育部的干涉,目前又面临办不下去的危险。在这种教育体制下面,省、市各级领导纵然提高了对教育重要性的认识,想发展一下本地的高等教育事业,也无能为力了。曹智武.发展高等教育事业刻不容缓,关于教育工作的讨论[N].人民日报,1980-06-05.

年）；（3）研究生院；（4）业余大学和广播电视大学、夜大学、函授大学、暑期大学等；（5）在高等学校附设进修班、研究班。除了应积极办好和发展中央直属的高等学校、特别是一部分重点大学外，应当大力支持和推动各部门、各地方、各行各业根据自己的实际需要，举办各种类型的高等教育。要承认各种类型高等学校培养人才的规格和教育计划的差异，允许不同水平的高等教育的发展，不能搞一刀切。①

其三，改变政府对高等学校的直接控制，扩大高校办学自主权

1949 年之后，高等学校就在政府和教育管理部门的直接管理之下运行，高校的人事、财务、招生、分配都由教育部门直接管理，高等学校的主要任务就是贯彻、执行上级的政策、决定，对自身事务没有多少决定权，实际上成为政府的一个附属行政部门，抑制和削弱了高校适应社会经济发展需要的主动性和积极性，直接影响到高等教育的发展。1977 年，复旦大学校长苏步青，华东师范大学（以前为上海师范大学）校长刘弗年等呼吁"给高校一点自主权"。中国人民大学副校长谢韬指出："现在改革的当务之急是上级领导部门要下放权力给学校。改革是牵一发而动全身，全身不动，一发难移。学校没有相当大的自主权，要改革真是一发难移。"②改革高等教育，国家要调动学校的积极性，这就涉及整个高等教育管理体制的改革。在一个大变动时期，新的事物层出不穷，国家应当给学校一点自主权，鼓励下面大胆试验，改革创新。一个具有中国特点的社会主义高等教育管理体制终将建立并完善起来。③

针对社会对高校自主权的呼吁，在 1988 年全国高等教育工作会议上，国家教委副主任朱开轩也指出，高校作为基本的办学实体，应当具有充分的自主管理权。"改革高等教育管理体制，加强中央和地方两级教育部门的宏观管理职能，扩大高等学校的办学自主权应当作为第一个方面。"④但是，高校自主权的实现却是一个漫长的过程。

---

① 郝克明，陈学飞. 改革高等教育结构单一化的状况[N]. 人民日报，1980-10-25.

② 毕全忠. 教育改革要力争与经济改革同步——中国人民大学副校长谢韬谈高等教育的改革[N]. 人民日报，1984-08-05.

③ 邓旭初. 按照"三个面向"改革高等教育[N]. 人民日报，1984-05-06.

④ 毕全忠. 研究加快高等教育改革：全国高教工作会议在京开幕[N]. 人民日报，1988-01-28.

其四，改变高等教育国家包办的做法，实行有偿培养

新中国成立以来，我国高等教育基本上实行由国家包办：上学免费，毕业包分配。这一举措存在诸多弊端，其中关键的是在教育经费有限的情况下，全部包办占用了很大一部分经费，既不利于调动学生的学习积极性，也限制了高等教育的发展。为此，有偿培养就作为一个问题提了出来。① 关于有偿培养主要有两种主张：第一种观点认为，由用人单位对培养经费给予一定的资助或补偿，主要采取委托培养和合同培养的形式；第二种观点认为，高等学校向所有学生收取学费和杂费，生活费要自理，毕业生择优分配，对困难学生给予一定的补助，对品学兼优者给予奖励等。② 1980 年，上海开始进行高等教育改革的尝试，高等学校招收了一批自费走读生，学生需要交纳一定的费用，同时政府对毕业生不再实行“统购包销”。③在支持者看来，实施有偿培养不仅能够使智力投资成倍增加，扩大人才供给，同时有利于高校扩大自主权，实现人才培养的多样化和个性化，从而能推动我国高等教育事业以更快的速度发展。④

① 徐强. 高等教育不宜包得太多[N]. 人民日报，1980-08-09.

② 反对“国家包得过多”，要求改变这种局面的主张是：(1) 高等学校一律收学杂费。住宿生收少量宿费。膳费、书籍费等一般自理。(2) 家庭经济确有困难的，可申请助学金。但也只能部分贴补，不能全包。(3) 品学兼优，成绩特别突出者，发给奖学金。(4) 鼓励学生勤工俭学。在求学期间适当参加劳动，用其收入贴补学习费用。(5) 学生毕业时，不保证全部分配工作。或由需要单位择优录用，或由学校择优统一分配。(6) 高校除办好本科外，大办专科、函授大学、夜大学等。(7) 提高教学人员、教室、实验室的利用率。改变不管利用率高低，学校经费一概由国家“包下来”的办法。例如，学生人数与教职员工人数的比例应规定最低限额，低于限额的减少教育经费，高于限额而质量又较好的学校，增加教育经费并给予适当奖励。见徐强. 高等教育不宜包得太多[N]. 人民日报，1980-08-09.

③ 上海市的改革尝试主要是：收费走读生纳入了地方计划，但政府不实行“统购包销”。收费走读生学的专业一般都是社会上比较短缺的专业，而且专修科比较多，周转快，既解决了学生的就业问题，也满足社会对人才的急需。同时，招收自费走读生还实现了学校办学经费来源的多样化：办收费走读班主要靠主办院校提供师资、校舍、设备条件，办学经费来自三方面：一是学生学费，本科生每人每学期缴 25 元，专科 20 元；二是用人单位投资一部分；三是地方财政补贴一部分。见肖关根. 高等教育改革的一种尝试——上海高等学校收费走读生教学情况的调查[N]. 人民日报，1981-07-12.

④ 张玉川. 有偿培养——我国高等教育改革的一个设想[N]. 人民日报，1984-07-22.

20世纪80年代初关于高等教育发展的讨论目的在于广开学路，扩大高等教育规模，以满足人们接受高等教育的急切愿望和适应经济发展对人才的迫切需求。当时的这些主张同世界银行的建议不谋而合。世界银行顾问一再敦促中国政府扩大高等教育规模，朝着大众化高等教育的方向发展。1986年，世界银行向中国提出了一个到2000年扩大高等教育规模的三级方案。低级方案为10%的适龄青年，即520万能接受正规高等教育，3.7%的适龄青年能够接受成人高等教育；中级方案为12.5%的适龄青年即600万进入正规高校，500万接受成人高等教育；高级方案为15%的适龄青年，即760万进入正规高等学校，560万接受成人高等教育。①

作为对这些呼吁的回应，政府在高考恢复后，也一直致力于改变高等教育的结构，扩大高等教育规模。在1978年全国教育工作会议上，就提出高等教育要实行多种学制，在办好四年或五年制普通高等学校的同时，大力发展两年和三年制的高等专科学校，加快建设新的高等学校，做到每个省、市、自治区都建立起各有特点的高等教育体系，同时充分发挥现有普通高等学校的办学潜力，通过招收走读生（走读生在校期间和毕业后的待遇与住读生相同。②）和开设分校的方式，扩大招生规模。③同年，国务院转批教育部《关于高等学校扩大招生问题的意见》，决定扩大招生规模，该年高校招生规模达到40余万，比1977年，增加32%。④1983年，为了落实党的十二大报告中提出的实现工农业生产总值翻两番的战略目标，尽快扭转教育与国民经济和社会发展不相适应的局面，国务院转批教育部和国家计委《关于加速发展高等教育的报告》，提出1983年到1987年高等教育事业的发展计划和设想，要求全日制高等学校挖掘潜力，扩大招生规模，多办专科，采取"下蛋"的办法多办分校和夜校等等。除此之

① ［加］许美德. 中国大学1895—1995——一个文化冲突的世纪［M］. 张晓军译. 北京：教育科学出版社，2002. 292－293.

② 余立. 中国高等教育史（下册）［M］. 上海：华东师范大学出版社，1994. 142.

③ 刘西尧. 在全国教育工作会议上的报告（摘要）［M］. 人民教育，1978，（6）：3－9.

④ 张健. 中国教育年鉴（1949—1981）［M］. 北京：中国大百科全书出版社，1984. 969.

外，还大力提倡多种形式办学，积极发展成人高等教育事业。① 经过以上的举措，我国高等教育的规模有了很大的发展。见表 5 – 1。

表 5-1 1978—1985 年高等学校在校生人数和招生人数

年份	高等学校数(所)	在校生人数(万人)	招生人数(万人)
1978	598	85. 6	40. 0
1979	633	102. 0	27. 5
1980	675	114. 4	28. 1
1981	704	127. 9	27. 9
1982	715	115. 3	31. 5
1983	805	120. 7	36. 0
1985	1016	170. 3	61. 9

资料来源：

1. 张健. 中国教育年鉴(1949—1981)[M]. 北京：中国大百科全书出版社，1984. 965，969.

2. 刘英杰. 中国教育大事典 1949—1990(上)[M]. 杭州：浙江教育出版社，1993. 49，1114.

3. 邬大光. 中国高等教育大众化问题研究[M]. 北京：高等教育出版社，2004. 55.

4. 国务院批转教育部、国家计委关于加速发展高等教育的报告的通知(1983 年 4 月 28 日)[EB/OL]. http://www. bl. hl. cn/flfg/91/30. htm. 2007 – 04 – 20.

然而，无论是 1978 年还是 1983 年的扩招举措在指导思想上都要求贯彻“调整、改革、整顿、提高”的方针，要使教育事业的发展必须和国民经济发展的需要和可能相适应，有计划、按比例发展，中心环节是提高教育质量，集中力量办好一批重点学校。② 这就使高等教育规模扩张与当时

① 关于 1983—1987 年全日制普通高等学校发展的设想主要是：五年内全日制高等学校年度招生人数，由 1982 年的 31. 5 万人，增加到 1987 的 55 万人，增长 75%，1987 年的在校学生数将增加到 176 万人，比 1982 年的 115. 3 万人增长 53%，平均每年增加在校生 12. 1 万人。今年的招生人数拟安排 36 万人，比 1982 年增加 4. 5 万人，增长 14%，在实际执行时，还应力争多招一些。见国务院批转教育部、国家计委关于加速发展高等教育的报告的通知(1983 年 4 月 28 日)[EB/OL]. http://www. bl. hl. cn/flfg/91/30. htm. 2007-04-20.

② 刘西尧. 在全国教育工作会议上的报告(摘要)[M]. 人民教育，1978，(6)：3 – 9. 刘英杰. 中国教育大事典 1949—1990(上)[M]. 杭州：浙江教育出版社，1993. 1114.

的政策导向存在一定的矛盾，由此引发了80年代中期关于高等教育该如何发展的又一次论争。

一种观点主张严格控制高等教育的规模。周贝隆根据对专门人才的调查发现，当时有三分之一的大学毕业生没有起到应有的作用，他从规模和效益的角度指出，我国高校的增长速度每年6%—7%就够了，如果不控制规模，就会影响办学条件，牺牲效益、牺牲质量，整个教育的协调发展就会受到影响。①

另一种观点则认为，我国高等教育不能缩小规模，而要在改革中发展，到1990年后还要适当地加快发展，才能满足社会经济的需要。袁连生通过与其他国家相比较指出，我国大学入学率在1960年仅为1.2%，1986年为1.9%，20年仅增加了0.7%，而其他经济发展水平相类似的国家在同期大学入学率的平均水平从2.7%增加到6.7%，增加了4%。在80年代中期，25岁以上的男劳力中，我国具有大专以上文化程度的仅占1%，而亚洲临近国家中，日本为14.3%、南朝鲜为8.9%、印度为2.5%、巴基斯坦为1.9%，泰国2.9%，高等教育发展水平比印度、巴基斯坦、斯里兰卡等经济发展水平相近的国家还要低。②由于当时“控制派”的主张与国家教委和国务院负责人的观点不谋而合，③导致1985年以后的高等教育规模发展受到遏制。④从普通高中升学率来看，也证明了这

① 周贝隆.关于制定教育规划的原则[J].高等工程教育研究,1986,(2):30－37.

② 袁连生.我国的高等教育发展是否速度太快、规模过大?[J].高等教育研究,1988,(3):19－23.

③ 1988年,国家教委召开全国教育工作会议,指出,今后一段时期主要的不是再追求数量上的发展,而是要把工作精力更多地集中到搞好教育改革,提高人才的培养质量,提高办学效益上来。1989年,时任国务院总理的李鹏在会见“面向21世纪教育国际研讨会”中外代表时指出,我国高等学校的数量已经够了,主要是提高教学质量的问题,使毕业生能够适应社会的需要。同年,国家教委主任李铁映在七届全国人大常委会第11次会议上做《关于我国教育工作若干问题的汇报》中也指出,今后十年内,我国教育事业的发展规模、速度上,应避免大起大落,努力做到持续稳定协调发展……我国高等教育的重点是结构优化,提高水平。见刘英杰.中国教育大事典1949—1990(上)[M].杭州:浙江教育出版社,1993.1115.

④ 邬大光.中国高等教育大众化问题研究[M].北京:高等教育出版社,2004.55－56.

一点。1985 年后，普通高中升学率从 31.6%，下降到 1989 年的 24.4%。见图 5－3。

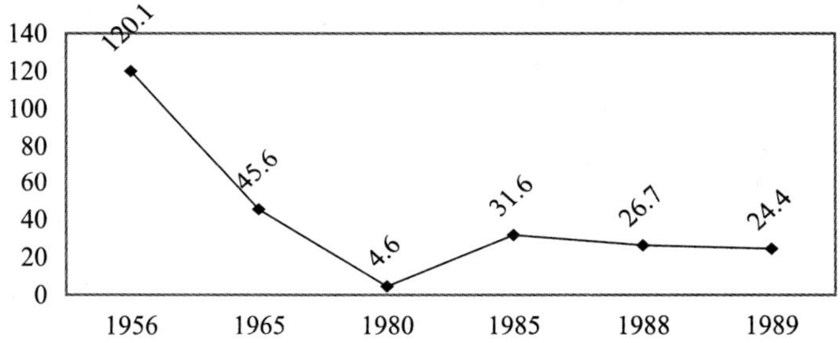

图 5-3　1956—1989 年普通高中升学率(%)

资料来源:根据刘英杰.中国教育大事典 1949—1990(上)[M].杭州:浙江教育出版社,1993.49 页整理.

注释:普通高中升学率是根据当年普通高中毕业生人数与当年普通高校招生人数之比计算而得。

但是，考虑 1985 年后高等教育发展规模增速减缓的原因还应注意到这样一个信息：在 1987 年，几乎全国高校都出现了毕业分配退生现象，有 5000 多人不得不进行第二、第三次分配。这虽然是个不大的数字，但在一个人才匮乏的国度，在“包分配”的体制下，这也可说是一叶知秋，传递的是不同寻常的信息。① 这就促使我们思考我国的高校毕业生分配制度，即国家统一分配，每个毕业生都能获得一个干部职位。② 如果这一制度不改革，高校的招生（特别是正规高等学校）就必须受到严格的控制，正如许美德指出，如果这种分配制度不改革，进一步扩大正规高等教育的招生规模就很困难。③ 不过，这还不是问题的关键，如果抛开对与错、是与非的评判，两种争论的核心与目的在于高等教育如何才能与经济和社会

① 罗荣兴,周庆,毕全忠,萧关根.迎接商品经济的洗礼——中国高等教育改革的困惑、思考与选择[N].人民日报,1989-03-19.

② 毕全忠.高校毕业生分配供需信息交流会透露,今年高校毕业生有五十多万,凡合格者国家均负责安排工作[N].人民日报,1989-01-17.

③ [加]许美德.中国大学 1895—1995 ——一个文化冲突的世纪[M].张晓军译.北京:教育科学出版社,2002.244.

发展相适应。① 这事实上存在两种基本的政策选择，其一是不触动现有的教育体制，增强国家的“计划性”，通过对高等教育结构和层次的调整进行应对；其二是变革现有的教育体制，通过扩大高校自主权，进行包括招生分配、劳动人事制度等方面的改革，让高校主动应对经济和社会发展带来的挑战。在20世纪90年代之前，基本选择了第一种策略。邓小平在1978年全国教育工作会议上指出，我国教育事业的计划应成为国民经济计划的一个重要组成部分。② 1989年，李铁映在谈到教育工作的重点时指出，要严格计划招生，严格控制增设新的高等学校，鼓励各学校在所有层次办出特色和水平。③ 这一策略是在人才短缺的情况下，实现人才有效配置的重要手段，但是其弊端是，由于国家的包办，使得高等学校具有高度的封闭型，导致人才培养与社会需求严重脱节。④ 同时，由于实行计划招生和计划分配，招生规模受到严格的限制，高等学校实际上成为一个培养精英的机构。⑤ 如果不改变国家对高等教育包办的局面，高等教育规模的扩张就难以实现，高等教育与经济发展相适应的目的也难以达成。因此，后一种策略则成为进一步改革的方向。这实质就触及到政府控制与高校自主权之间的关系，涉及政府责任和权限的问题。

三、构建适应经济社会发展需要的新的教育体系的探索

教育体制改革的根本目的就在于适应经济和社会发展的需要。自十一届三中全会确定把党的工作重心转移到经济建设和现代化建设上之后，教育就被摆在日益突出的位置。（见下专栏）

教育是经济发展的战略重点。　——党的十二大报告

① 王善迈.关于教育产业化的争论[M].北京师范大学学报,2000,(1):12－16.

② 邓小平文选(第二卷)[M].北京,人民出版社,1996.108.

③ 刘英杰.中国教育大事典1949—1990(上)[M].杭州:浙江教育出版社,1993.1115.需要指出的是,学校的特色和水平应当是学校自主发展的结果而不是政府干预的结果.

④ 邬大光.21世纪初中国高等教育体制改革研究,教育部人文社会科学重点研究基地重大项目(项目批准号:2000ZDXM880011),2006,31.

⑤ 萧今.转型时期的中国教育改革转向何方[A].吴敬琏,江平.洪范评论[C].北京:中国政法大学出版社,2006,(2):156.

把发展科技和教育事业放在首位，使经济建设转移到依靠科技进步和提高劳动者素质的轨道上来。

——党的十三大报告

必须把教育摆在优先发展的战略地位，这是实现我国现代化的根本大计。

——党的十四大报告

切实把教育摆在优先发展的战略地位，把发展教育和科学作为文化建设的基础工程。

——党的十五大报告

教育在现代化建设中具有先导性和全局性作用，必须摆在优先发展的战略地位。

——党的十六大报告

优先发展教育，建设人力资源强国。

——党的十七大报告

但是，正如前所述，“文化大革命”后教育秩序的整顿基本上是之前“十七年”教育体制的复制和延续，这种体制是以公有制的经济所有制为基础，学校主要是由国家的教育行政部门和业务部门开办，强调的是国家的集中统一领导。① 国家包办了几乎全部的办学经费，统领了学校的招生、教学、分配等各个环节，学校基本上成为政府的附属部门。这不仅使高等教育的发展受到限制，同时导致学校与社会需求隔离。随着政治、经济体制改革的不断深入，随着对经济建设的不断强调，对教育体制的改革也提到了议事日程。

“文化大革命”结束后，经济体制改革就从农村开始，形成了农业生产责任制，给农村以一定的自主权。党的十二大召开后，改革开始全面展开，经济体制改革从农村转向城市，1984 年，党的十二届三中全会通过了《关于经济体制改革的决定》（以下简称《决定》），②《决定》明确指

① 金一鸣. 中国社会主义教育的轨迹[M]. 上海：华东师范大学出版社，2000. 480.

② 中共中央关于经济体制改革的决定（中国共产党第十二届中央委员会第三次全体会议 1984 年 10 月 20 通过）[N]. 人民日报，1984-10-21.

出，过去建立的高度集中统一的管理体制已成为一种僵化的模式，抑制了企业的积极性，导致了生产关系和上层建筑之间的矛盾，因此，为了解放生产力，必须增强和扩大企业自主权，以期建立充满生机的社会主义经济体制。十三大提出社会主义有计划商品经济的体制应该是计划与市场内在统一的体制；十三届四中全会后，提出建立适应有计划商品经济发展的计划经济与市场调节相结合的经济体制和运行机制。1992 年邓小平南巡讲话指出，计划经济不等于社会主义，资本主义也有计划；市场经济不等于资本主义，社会主义也有市场。计划和市场都是经济手段。计划多一点还是市场多一点，不是社会主义与资本主义的本质区别。① 十四大报告提出，为了有利于进一步解放和发展生产力，我国经济体制改革的目标是建立社会主义市场经济体制。② 党的十六届中央委员会第三次全体会议通过了《中共中央关于完善社会主义市场经济体制若干问题的决定》，中国的经济体制改革正逐步完善。

经济体制的改革推动了政治体制改革，邓小平在 1986 年就指出，政治体制不改革，经济体制改革就难以贯彻，同时提出政治体制改革的主要内容是：党政分开，权力下放，精简机构。③ 十六大报告提出要改革阻碍经济发展的政治体制部分。在十七大报告中提出要“深化政治体制改革”，甄小英认为，在政治体制改革方面，以前的提法是“积极稳妥地推进”，十七大报告中表述方式的变化反映了执政党推进政治体制改革的决心。④

政治、经济体制的改革推动了教育体制的变革，1985 颁布的《中共中央关于教育体制改革的决定》，其内容既包括中央与地方、政府与学校之间关系的调整，也涉及招生、分配等方面的改革，内容广泛，影响深远。它的颁布正式开启了对教育体制改革的大门。不过，1985 年的改革仅仅是一个开始，国家包办的局面并没有真正打破。在形式上，高等学校仍然是“国家全额拨款事业单位”，与其主管的教育行政部门之间构成一种以隶

① 邓小平文选(第三卷)[M].北京:人民出版社,1996.373.

② 江泽民.加快改革开放和现代化建设步伐,夺取有中国特色社会主义事业的更大胜利(1992 年 10 月 12 日)

③ 邓小平文选(第三卷)[M].北京:人民出版社,1996.177.

④ 半月谈.权威解读十七大报告的十八个新亮点[EB/OL].http://news.sohu.com/20071029/n252922480.shtml.2007-10-29.

属性为基本特征、以命令与服从为基本内容的纵向型法律关系。① 因此，在1992年高等教育发展与体制改革研讨会上，与会专家们认为，我国高等教育目前的办学体制、管理体制、运行机制基本上仍是适应计划经济体制的模式，1985年中共中央《关于教育体制改革的决定》中指出的政府有关部门“对高等学校统得过死，使学校缺乏应有的活力”这种状况，至今没有很大改变；《决定》要求的“扩大学校的办学自主权”仍未充分实现；高校仍缺乏主动适应国民经济建设和社会发展的活力。这种状况，越来越不适应社会主义市场经济发展的趋势。②

随着十四大提出建立社会主义市场经济，教育体制改革进入实质性阶段。以1993年《中国教育改革和发展纲要》（以下简称《纲要》）的颁布为标志，中国教育体制改革走向的轮廓逐渐显现。

其一，高等学校自主权逐步确立

《中共中央关于教育体制改革的决定》中明确规定了体现高校自主权的6项权利。③ 在《纲要》中提出要使高等学校真正成为面向社会自主办学的法人实体。而这一点在《高等教育法》中得到了明确地体现：《高等教育法》第30条明确规定：“高等学校自批准设立之日起取得法人资格，高等学校的校长为高等学校的法定代表人。高等学校在民事活动中依法享有民事权利，承担民事责任。”在第31—38条对办学自主权做出了明确的规定，其中包括高等学校可以根据社会需求、办学条件和国家核定的办学规模，制定招生方案，自主调节系科招生比例。不过，有学者指出，从严格意义上讲，法人只是一个民法上的一个概念。高等学校法人也

① 劳凯胜.教育体制改革中的高等学校法律地位变迁[J].北京师范大学学报(社会科学版),2007,(2):5-16.

② 毕全忠.高等教育面临新问题,数十位专家探讨改革与发展思路[N].人民日报,1992-09-21.

③ (1)在执行国家的政策、法令、计划的前提下,高等学校有权在计划外接受委托培养学生和招收自费生;(2)有权调整专业的服务方向,制订教学计划和教学大纲,编写和选用教材;(3)有权接受委托或与外单位合作,进行科学研究和技术开发,建立教学、科研、生产联合体;(4)有权提名任免副校长和任免其他各级干部;(5)有权具体安排国家拨发的基建投资和经费;(6)有权利用自筹资金,开展国际的教育和学术交流,等等.

只是民法上的一般法人，仅仅具有民事主体的资格，法人制度只能解决高等学校的民事权利问题，而不能解决高等学校与政府的关系。①《高等教育法》中对高等学校自主权的规定在某些方面并没有如法律规定的那样得到充分的行使，政府的教育行政机构仍然在一些法律规定的由高等学校行使自主权的领域通过行政命令等方式直接干预着学校的办学活动。例如，中国的公立高等学校一般都具有相应的行政级别，与政府的行政隶属关系依然没有得到有效地解决。由于政府与学校之间权力配置的目标不清晰，导致出现公共教育权力行使失范的现象。② 因此，要保障高等院校自主权的真正落实，必须对高等院校的法人地位以及学校与政府之间的关系进行重新界定。

其二，办学体制逐步走向多元化

《中共中央关于教育体制改革的决定》改变了先前的两级办学格局，形成了中央、省（自治区、直辖市）、中心城市三级办学体制，但是，尚未打开社会力量办学的渠道，因此，基本没有动摇旧体制的根基。1993 年《纲要》提出，要逐步建立以政府办学为主体、社会各界共同办学的体制，之后，社会力量办学有了很大的发展。截至 2003 年，中国共有民办高等学校 1377 所，在校生 150 万人。③ 民办学校的兴起使得市场开始介入教育领域，改变了教育由国家垄断供给的局面。本书限于篇幅，不对民办教育进行讨论，但是，市场力量介入教育供给引发争议的是关于公立学校“一校两制”的市场化运作方式所引起的争论。主要形式有公立学校下设的非独立二级学院。不可否认，这一办学形式是应当时扩招所需而出现的，对实现高等教育大众化、深化高等教育改革发挥了重要作用。但同样不可回避的是，它是在体制转轨过程中出现的，④利用了较多的制度空

---

① 申素平.谈政府与高校的法律监督和行政指导关系[J].中国高等教育,2003,(8):12－13.

② 中国教育与人力资源问题报告课题组.从人口大国迈向人力资源强国[R].北京:高等教育出版社,2003.348.

③ 邬大光.21 世纪初中国高等教育体制改革研究,教育部人文社会科学重点研究基地重大项目(项目批准号:2000ZDXM880011),2006.31.

④ 独立学院起源于 1993 年至 1995 年产生的一些公立高校内部以民办机制运行的二级学院,形成规模于 1999 年起的高校持续扩招,命名定位于 2003 年的教育部文件颁布。见新华网.我国独立学院发展现状及未来前景分析[EB/OL].http://www.hb.xinhuanet.com/newscenter/2006－04/18/content_6792183.htm.2006-04-18.

缺，在与民办学校的竞争中，甚至与公办学校的竞争中都享有着不公平的竞争优势。① 例如，二级学院依托名牌大学，在招生和就业方面较其他“民办”高校更具有竞争优势；利用“一校两制”的办学新机制，在收费上采取“双轨制”等。2003 年教育部印发《关于规范并加强普通高校以新的机制和模式试办独立学院管理的若干意见》中提出了“独立学院”的新理念，②开始对这一新的办学机制进行规范。根据 2007 年教育事业统计，全国共有独立学院 318 所，在校生 186.6 万人，占全国民办高等教育在校生总数的 53.4%；其中，独立学院本科在校生 165.7 万人，占全国民办本科高等教育在校生总数的 88.7%。③ 尽管 2008 年颁布的《独立学院设置与管理办法》明确了独立学院的“民办”性质和“公益”性质，并规定高校独立学院必须自授学士学位，削弱了独立学院的“母校光环”，使独立学院真正走向“独立”，不过，独立学院对真正私立民办学校的影响仍需拭目以待。它所关涉教育产业化的争论也仍将继续。

其三，高等学校多样化的层次和类型结构初步形成

我国高等教育由于受计划经济体制形成的“包得过多，统得过死”的束缚，再加上中央集权的政治传统和“读书做官”的文化传统的长期影响，“过分一律”一直是高等教育的一个顽症。④ 这主要体现在高等教育层次、科类、形式、地区、管理隶属以及培养目标、教学模式等诸多方面。本书主要关注高等教育的层次结构，因为它更多关涉高等教育的机会选择。《学会生存》一书中指出：“当教育一旦成为一个连续不断的过程，人们对于成功与失败的看法也就不同了，如果一个人在他一生的教育过程中在一定年龄和一定阶段上失败了，他还会有别的机会。他再也不会终身被驱逐到失败的深渊中去了”。弗兰斯 · F. 范富格特认为“多样化高等教育系统的稳定的关键，也许在于不同类型的院校的作用的任务的合

① 周海涛.双重使命与二难选择，独立学院政策解读[EB/OB].http://www.eduol.com.cn.2008.4.20.

② 《关于规范并加强普通高校以新的机制和模式试办独立学院管理的若干意见》中指出，所谓独立学院是指“由普通高校以新的机制、新的模式建立的二级学院”，是相对独立的二级学院.

③ 周济.加强规范管理促进我国独立学院健康发展[N].中国教育报，2008-03-01.

④ 王义遒.多样化：我国高等教育大众化的关键[M].北京大学教育评论，2003，(4)：17－22.

法性。合法性的问题至少有两个方面：一是有关各院校从集中备用的有限的资源库利益分布的背景中的自我利益，另一个是关于不同类型院校之间的界线的渗透性。”斯塔德特曼为高等教育的多样化列举六点好处：（1）多样化增加学习者可以享受的选择范围；（2）它使每一个人实质上都享受高等教育；（3）它使教育和各个学生的需要和能力相配；（4）它使院校能够选择它们自己的使命并限制它们的活动；（5）它回应一个（本身复杂和多样化）社会的压力；（6）它成为学院和大学自由和自主权的一个先决条件。①

自1993年《纲要》颁布后，高等教育的层次结构逐步分化：一方面，专科层次和高等职业教育得到了很大发展。2002年全国有1374所高职高专学校，这还不包括本科院校办的高职，而我国高等学校数量(包括普通高校和成人高校)是2003所，高职高专院校占68.6%，达到2/3之多，高职高专学生数量也占了54%。② 2005年具有高等学历教育招生资格普通高等学校名单中，普通本科院校共700所，高职高专院校达到1078所（不含独立学院和分校办学点），在2004年9月，教育部等七部委联合发出通知，今后在高等教育中，高职应占招生规模的一半以上。③

另一方面，以“211”工程和“985”工程为代表的重点高校建设正在稳步推进。因此，有研究者称，中国的改革采取了西方高等教育精英体系和大众化并存的模式。④ 不过，导致不同类型高等学校办学目标趋同，互相“攀升”的制度性障碍（学校对政府的行政依附性，高校的评估指标体系比较单一等）依然存在。例如，在“扩招”期间，一些专科学校纷纷

---

① 联合国教科文组织，国际教育发展委员会. 学会生存——教育世界的今天和明天[M]. 北京：教育科学出版社，1997. 107；弗兰斯·F. 范富格特. 国际高等教育政策比较研究[M]. 王承绪等译. 杭州：浙江教育出版社 2003. 401. 399.

② 此处2003年高职高专院校包括民办和成人院校，见潘懋元. 我对高等职教的看法[J]. 职业技术教育，2004，本文转摘自：http://www.tech.net.cn/research/system/expand/7771.shtml. 2008-03-25.（中国高职高专教育网）

③ http://education.163.com/edu2004/editor_2004/gaokao/050203/050203_177532.html. 2007-01-25.

④ 萧今. 转型时期的中国教育改革转向何方[A]. 吴敬琏，江平. 洪范评论[C]. 北京：中国政法大学出版社，2006，(2)：157.

“升格”为本科院校，而一些知名大学纷纷“降格”办职业学院、二级学院等，导致高校同质化的现象更加突出，因而引发的大众与精英、规模和质量之间的矛盾，以及有关教育公平问题的争论对高等教育入学机会的获得产生了深刻的影响。

其四，高等学校招生分配制度改革逐步深入

自恢复高考后，依据学术标准招录高校新生的原则基本确立起来。不过，在 20 世纪 90 年代之前，统一招生、统一分配的制度使高等学校成为培养精英的机构，招生受到严格的限制，学生基本上免费上学，毕业后人人能够获得一个干部的职位。随着《纲要》的实施，高等教育被看作非义务阶段的教育，逐步实行收费上学和“自主择业”制度，改变了过去“统包统分”和“包当干部”的就业制度。1996 年，高等学校实行公费生和自费生并轨，普遍实行缴费上学，并着力构建“供需见面、双向选择”的就业制度。

作为非义务教育阶段的高等教育，谁受益、谁付费的市场交易规则使人们对于缴费上学已不存在异议，问题是作为一个发展中国家，家庭应当分担多大的成本比例。我国从 1989 年开始试点实行缴费上学制度，不过在 1999 年之前，这一制度并没有引发像今天这样的争论，究其原因在于当时的学费水平相比于现在较低，1994—1999 年普通高校学费平均为 1000 元、1200 元、2500 元、2000 元、3200 元。① 而扩招后，学费水平大幅度增加，中央和省级公立大学学费的平均水平在 4000—5500 元左右，而一些高职高专院校、独立学院学费平均水平则在 8000—10000 元左右，②有的甚至更高。这样，家庭经济承受力就成为影响高等教育机会分配的一个重要因素。特别是在相关配套制度（如助学贷款、奖学金、助学金等制度）未完善时，这一因素的影响将更加突出。

---

① 康宁. 论教育决策与制度创新——以’99 高校扩招政策为案例的研究[J]. 高等教育研究，2000，(2)：31－38.

② 萧今. 转型时期的中国教育改革转向何方[A]. 吴敬琏，江平. 洪范评论[C]. 北京：中国政法大学出版社，2006，(2)：157.

表 5-2　中国教育体制变迁的政策文本

文件名称和指导思想	学校自主权与办学体制	学校的层次和类型	招生、资助和分配政策
《中共中央关于教育体制改革的决定》(1985-05-27) 教育必须为社会主义建设服务，社会主义建设必须依靠教育。 教育体制改革的根本目的是提高民族素质，多出人才、出好人才。	1. 在执行国家的政策、法令、计划的前提下，高等学校有权在计划外接受委托培养学生和招收自费生。 2. 为了调动各级政府办学的积极性，实行中央、省（自治区、直辖市）、中心城市三级办学的体制。	1. 改变专科、本科比例不合理的状况，着重加快高等专科教育的发展。 2. 根据同行评议、择优扶植的原则，有计划地建设一批重点学科。重点学科比较集中的学校，将自然形成既是教育中心，又是科学研究中心。	1. 要改革人民助学金制度。师范和一些毕业后工作环境特别艰苦的专业的学生，国家供给膳宿并免收学杂费。 2. 对学习成绩优异的学生实行奖学金制度，对确有经济困难的学生给予必要的补助。现已在校的学生，仍按原来的规定办理。
《中国教育改革和发展纲要》和《纲要实施意见》(1994-07-03) 高等教育的发展，要坚持走内涵发展为主的道路，努力提高办学效益。使各种类型的学校合理分工，在各自的层次上办出特色。	1. 建立政府宏观管理、学校面向社会自主办学的体制。要按照政事分开的原则，通过立法，明确高等学校的权利和义务，使高等学校真正成为面向社会自主办学的法人实体。 2. 改革办学体制。改变政府包揽办学的格局，逐步建立以政府办学为主体、社会各界共同办学的体制。 3. 高等教育逐步实行中央和省、自治区、直辖市两级管理，以省级政府为主的体制。	1. 要大力加强和发展地区性的专科教育。特别注重发展面向广大农村、中小企业、乡镇企业和第三产业的专科教育。 2. 实施“211 工程”。 为了迎接世界新技术革命的挑战，要集中中央和地方等各方面的力量办好100所左右重点大学和一批重点学科、专业。	1. 改变全部按国家统一计划招生的体制，实行国家任务计划和调节性计划相结合。 2. 逐步实行收费制度。设立贷学金，对家庭经济有困难的学生提供帮助；国家、企事业单位、社会团体和学校均可设立奖学金，对品学兼优的学生和报考国家重点保证的、特殊的、条件艰苦的专业的学生给予奖励。 3. 改革高等毕业生“统包统分”和“包当干部”的就业制度，实行少数毕业生由国家安排就业，多数由学生“自主择业”的就业制度。

续表

文件名称和指导思想	学校自主权与办学体制	学校的层次和类型	招生、资助和分配政策
《全国教育事业"九五"计划和2010年发展规划》 (1996-04-10) 根据国民经济和社会发展规划和科教兴国战略切实落实教育优先发展的战略地位,深入推进教育体制改革,优化教育结构,提高教育质量和办学效益。	1. 运用立法、规划、拨款、信息服务、政策指导和必要的行政手段等,进行宏观管理,确立和落实学校面向社会自主办学的法人实体地位。 2. 以"共建"和"联合办学"为主要形式,淡化和改变学校单一的隶属关系。加强省级政府统筹和条块结合。到2010年,中央政府只管理少数有代表性的骨干学校,较多的学校要转由地方政府管理或以地方为主管理。 3. 基本形成以政府办学为主,社会各界共同参与的办学体制及公立学校和民办学校共同发展的格局。	1. 在层次结构上,重点发展高等专科层次教育,特别是面向广大农村、中小企业、乡镇企业、城镇第三产业的高等专科教育和专科层次的高等职业教育。 2 认真组织实施"211"工程,重点建设约100所高等学校和一批重点学科。	1. 积极推动高等学校和中等专业学校公费生和自费生并轨,普遍实行学生缴费上学制度,同时建立完善奖学金、贷学金、勤工俭学制度和对家庭经济困难学生实行减免学杂费制度。 2. 积极推动毕业生就业制度改革。近期内以实行"供需见面、双向选择"为主。
《中华人民共和国高等教育法》 (1998-08-29) 为了发展高等教育事业,实施科教兴国战略,促进社会主义物质文明和精神文明。	1. 高等学校自批准设立之日起取得法人资格。高等学校的校长为高等学校的法定代表人。 2. 高等学校根据社会需求、办学条件和国家核定的办学规模,制定招生方案,自主调节系科招生比例。 3. 国务院统一领导和管理全国高等教育事业。省、自治区、直辖市人民政府统筹协调本行政区域内的高等教育事业,管理主要为地方培养人才和国务院授权管理的高等学校。	大学、独立设置的学院主要实施本科及本科以上教育。高等专科学校实施专科教育。	1. 高等学校的学生应当按照国家规定缴纳学费。家庭经济困难的学生,可以申请补助或者减免学费。 2. 国家设立奖学金,学生勤工助学基金和贷学金,并鼓励社会各界按照国家有关规定设立各种形式的奖学金,助学金,对品学兼优的学生、国家规定的专业的学生以及到国家规定的地区工作的学生给予奖励。 3. 获得贷学金及助学金的学生,应当履行相应的义务。

续表

文件名称和指导思想	学校自主权与办学体制	学校的层次和类型	招生、资助和分配政策
《面向21世纪教育振兴行动计划》 (1998-12-24) 高等教育规模有较大扩展,入学率接近15%,若干所高校和一批重点学科进入或接近世界一流水平;基本建立起终身学习体系,为国家知识创新体系以及现代化建设提供充足的人才支持和知识贡献。	1. 切实落实《高等教育法》关于"高等学校应当面向社会,依法自主办学,实行民主管理。"的规定,扩大高校办学自主权。 2. 继续实行"共建、调整、合作、合并"的方针,基本形成中央和省级政府两级管理、分工负责,以省级政府统筹为主的条块有机结合的新体制。要通过试点逐步把高等职业教育的招生计划、入学考试和文凭发放等方面的责权放给省级人民政府和学校。 3. 基本形成以政府办学为主体、社会各界共同参与、公办学校和民办学校共同发展的办学体制。	1. 积极发展高等职业教育,除对现有高等专科学校、职业大学和独立设置的成人高校进行改革、改组和改制,并选择部分符合条件的中专改办(简称"三改一补")发展高等职业教育之外,部分本科院校可以设立高等职业技术学院,基本不搞新建。 2. 继续并加快进行"211工程"建设。建设世界一流大学,今后10—20年,争取若干所大学和一批重点学科进入世界一流水平。	1. 要通过多种形式对高校特困生给予资助。国家继续安排资金资助特困生,地方财政和学校相应配套资助。 2. 积极开展高校学生贷学金等多种助学制度的试点工作,探索社会主义市场经济条件下资助经济困难学生的有效途径。
《中共中央国务院关于深化教育改革全面推进素质教育的决定》 (1999-06-13) 调整现有教育体系结构,扩大高中阶段教育和高等教育的规模,拓宽人才成长的道路,减缓升学压力。通过多种形式积极发展高等教育,到2010年,我国同龄人口的高等教育入学率要从现在的9%提高到15%左右。	1. 扩大学校的招生自主权和考生的选择机会。逐步建立具有多种选择的、更加科学和公正的高等学校招生选拔制度。 2. 形成中央和省级人民政府两级管理、以省级人民政府管理为主的新体制,合理配置教育资源,提高教育质量和办学效益。把发展高等职业教育和大部分高等专科教育的权力以及责任交给省级人民政府。 3. 形成以政府办学为主体、公办学校和民办学校共同发展的格局。	1. 要大力发展高等职业教育,现有的职业大学、独立设置的成人高校和部分高等专科学校要通过改革、改组和改制,逐步调整为职业技术学院(或职业学院)。 2. 支持本科高等学校举办或与企业合作举办职业技术学院(或职业学院)。省、自治区、直辖市人民政府在对当地教育资源的统筹下,可以举办综合性、社区性的职业技术学院(或职业学院)。	1. 认真组织实施教育储蓄、教育保险和助学贷款制度,完善奖学金制度。 2. 积极运用财政、金融和税收政策,继续鼓励社会、个人和企业投资办学和捐(集)资助学,不断完善多渠道筹措教育经费的体制。 3. 坚持实行"先培训、后上岗"的就业制度,继续改革大中专毕业生就业制度,使学生树立正确的择业观。

续表

文件名称和指导思想	学校自主权与办学体制	学校的层次和类型	招生、资助和分配政策
《2003—2007年教育振兴行动计划》 (2004-02-10) 培养数以亿计的高素质劳动者、数以千万计的专门人才和一大批拔尖创新人才，把巨大的人口压力转化为丰富的人力资源优势；加强教育同科技与经济、同文化与社会的结合，为现代化建设提供更大的智力支持和知识贡献。	1. 贯彻《行政许可法》，加快政府职能转变。 2. 完善中央和省级人民政府两级管理、以省级人民政府管理为主的高等教育管理体制。 3. 加大对西部地区、少数民族地区、革命老区和东北地区等老工业基地的教育支持力度，促进东、中、西部地区教育协调发展。	1. 实行多样、灵活、开放的人才培养模式。推广“订单式”“模块式”培养模式；探索针对岗位群需要的、以能力为本位的教学模式；面向市场，不断开发新专业。建设和培育一批示范性职业技术学校。 2. 实施“985工程”和“211工程”，努力建设一批高水平大学和重点学科。	1. 以政府投入为主，进一步健全对家庭经济困难学生的助学体系。在高等学校，切实贯彻国家制定的奖学金、学生贷款、勤工助学、学费减免、特殊困难补助等资助困难学生的政策，大力推进国家助学贷款工作。 2. 继续动员和鼓励社会团体和个人对家庭经济困难学生，开展多种形式的资助活动。
《国家中长期教育改革和发展规划纲要》 (2010—2020) 优先发展教育，建设人力资源强国，为促进教育事业科学发展，全面提高国民素质，加快社会主义现代化进程。	1. 推进政校分开、管办分离。建设依法办学、自主管理、民主监督、社会参与的现代学校制度。 2. 落实和扩大学校办学自主权。 3. 完善中国特色现代大学制度，加强章程建设。	1. 优化结构办出特色。适应国家和区域经济社会发展需要，建立动态调整机制。 2. 引导高校合理定位，克服同质化倾向，形成各自的办学理念和风格促进高校办出特色。 3. 加快建设一流大学和一流学科。 4. 构建灵活开放的终身教育体系。	1. 探索招生与考试相对分离的办法。政府宏观管理，专业机构组织实施，学校依法自主招生。 2. 普通高等学校本科招生以统一入学考试为基本方式，结合学业水平考试和综合素质评价，择优录取。加强信息公开和社会监督。 3. 完善助学贷款体制机制。推进生源地信用助学贷款。建立国家奖助学金标准动态调整机制。

经过30年的改革和发展，适应经济和社会发展的高等教育体制初步形成。反观20世纪80年代初期和中期的争论和1999年高校扩招的政策举措，便可以比较清晰地理解两个阶段由于不同的制度安排导致的政策选择的差异性（20世纪80年代中期采取压缩高教规模，而在20世纪90年代末则采取扩大高教规模）。对于1999年的高校扩招，研究者从不同侧面进行了深入地探讨。① 不过，不能否认的是，20世纪90年代中期的一系列改革（如多元化的办学主体的形成，缴费上学、自主责任的招生分配制度的构建），事实上已经为后来的扩招消除了一定的制度性约束，否则我们就有理由怀疑，关于扩招的争论有可能会重蹈20世纪80年代中期的"覆辙"。尽管关于高校扩招存在多种解释，也存在对质量问题的担忧，不过，高等教育的扩招也的确迎合了大众对高等教育的需求。随着经济建设的发展和劳动力市场的逐步形成，人们越来越认识到，接受一定程度的高等教育将对个人向上流动产生重要的影响。当然，高等教育体制改革的进程一直伴随着批判与争论、探索与反思、冲突与融合。其中最为突出的是经济、政治体制改革以及市场的因素介入对高等教育的供给和个人的利益分配所产生的影响。它所引发的关于政府、市场、高校与个人之间的利益格局的调整成为理解这一阶段高等教育入学机会分配的基本线索。

① 对于1999年高校扩招，多数研究者认同这一举措是出于这样的背景：我国宏观经济出现需求不足，供给有余的局面，政府和学者关注的焦点是如何刺激消费和投资、加大出口以拉动经济增长。在各行各业较普遍地呈现"买方市场"的情况下，教育尤其高等教育是为数不多的"卖方市场"之一，人们的视野转向教育，期望通过教育，主要是高等教育大规模扩张，刺激消费与投资，拉动经济增长。[王善迈.关于教育产业化的讨论[J].北京师范大学学报(人文社会科学版)，2000，(1)：12－16.]按照汤敏的估算，如果高等学校招生三年内扩大一倍(包括电大、成人教育)，从每年200万，增加到400万，新增学生一律收取全额自费，即每人每年平均收取学费10 000元，每年可以收取学费200亿，这部分学生在校增加消费约为40亿，这笔钱带动的相关产业的投资和消费最终可以拉动1000亿元左右的投资与最终消费。(汤敏.教育启动消费呼之欲出[N].经济学消息报，1999-02-09)因此，这一举措被看作"在非常规条件下为解决涉及全局的重大与紧迫问题而做出的一项典型的困境决策"。[康宁.论教育决策与制度创新——以'99高校扩招政策为案例的研究[J].高等教育研究，2000，(2)：31－38.]当然，研究者也从科教兴国战略、实施素质教育等方面去解释。根据扩招政策的主要推动者汤敏陈述，高校扩招的更大意义是对中国的教育甚至对整个社会的发展都是巨大的推动。(杨林林.转型中国：顶级学者访谈[M]，经济日报出版社，2005.395.)

第二节　冲突与融合——改革开放时期高等教育入学机会的分配

一、高等教育规模扩张与办学管理体制变革

“文化大革命”结束后，为了应对工作重心的转移和现代化建设对人才的迫切需要，政府不断扩大高等教育规模，但受政治因素的影响，在不同时期表现出较大的起伏。下表勾勒了不同时期高等教育规模扩张的情况。

表 5-3　20 世纪 70 年代到目前我国高等教育发展规模与同期主要政治事件比照

年份	高等教育规模发展情况	主要的政治事件
1977—1982	高校招生年均递增 7.7%	十一届三中全会以及全国教育工作会议的召开
1982—1985	高校招生年均递增 25.3%	国务院批转《关于加速发展高等教育的报告》印发
1986—1991	1991 年与 1985 年的招生数持平,7 年基本保持不变	《中共中央关于教育体制改革的决定》发布以及 1988 年全国教育工作会议召开,控制规模,提高质量
1992—1993	加快改革,积极发展,年均递增 22.1%	邓小平南巡讲话,强调“经济发展,教育科技先行”
1994—1998	1994 年比上年下降 2.6%,以后低速增长	《中国教育改革和发展纲要》和《纲要实施意见》发布,提出我国高等教育应走以内涵式发展为主的道路
1999—2003	1999 年招生增幅达 47%。此后增幅在 20% 左右	贯彻《面向 21 世纪教育振兴行动计划》和《中共中央国务院关于深化教育体制改革全面推进素质教育的决定》

续表

年份	高等教育规模发展情况	主要的政治事件
2004—	高校招生增幅下降,普通高校招生增幅在 2006 年为 8.2%	2003 年,五年一轮的本科教学工作水平评估实施;2006 年,《国民经济和社会发展第十一个五年规划纲要》颁布,提出把高等教育发展的重点放在提高质量和优化结构上;"教育部提高教学质量、深化教学改革工作研讨会",提出提高高等教育质量,适当控制高校扩招幅度

资料来源:根据邬大光. 中国高等教育大众化问题研究[M]. 北京:高等教育出版社,2004. 69 页的资料进行补充和整理。

在 20 世纪 90 年代初期之前,高等教育基本上属于精英教育,1990 年,高等教育毛入学率仅为 3.4%,从 1999 年扩招开始,中国高等教育开始向高等教育大众化迈进。1999 年普通高校招生数比 1998 年增加了 47.4%,2002 年高等教育毛入学率达到了 15%,2006 年达到了 22%。从普通高中升学率来看,也从 90 年代初的 27%,增加到 2010 年的 83.3%。见图 5-4。

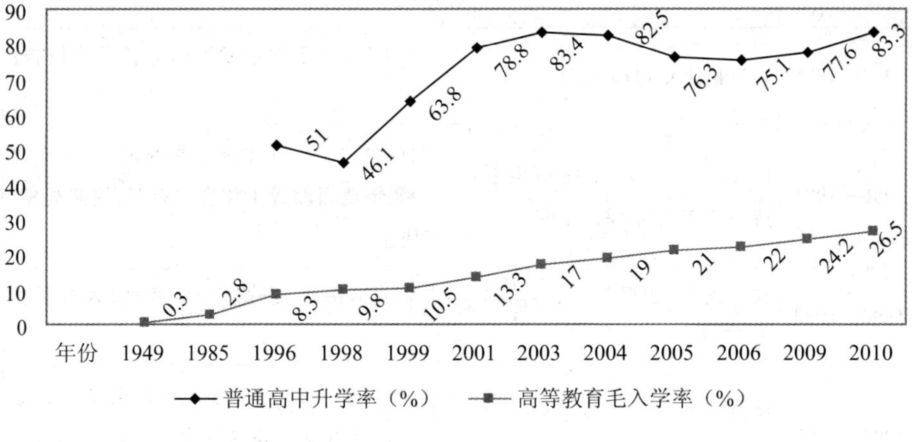

图 5-4　1949—2010 年高等教育毛入学率与普通高中升学率(%)

资料来源:1. 新中国五十年统计资料汇编;2. 中国教育统计年鉴 2003;3. 中国教育与人力资源问题报告课题组. 从人口大国迈向人力资源强国[R]. 北京:高等教育出版社,2003. 23;4. 刘英杰. 中国教育大事典 1949—1990(上)[M]. 杭州:浙江教育出版社,1993. 49. 5. 全国教育事业发展统计公报 1998—2010 年.

注释:普通高中升学率是指普通高校招生数(包括电大普通班)与普通高中毕业生数之比。

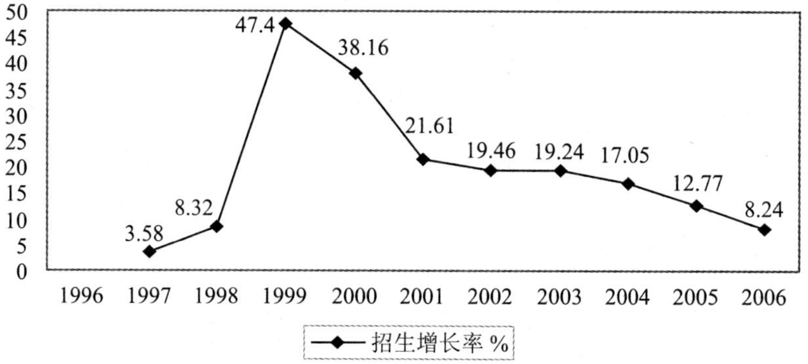

图 5-5 1996—2006 年普通高校招生年增长率(%)

资料来源:中国教育统计年鉴(1996—2006)统计数据

高等教育规模扩张要求高等教育办学和管理体制随之变革，逐步形成了三级办学，以省为主的办学管理体制。

“文化大革命”之后，为了应对经济建设对大规模人才的迫切需求，教育领域重提了“两条腿走路”和“两个积极性”的办学方针。在1978年全国教育工作会议上，教育部部长刘西尧提出，高等教育要实行多种学制，在办好四年或五年制普通高等学校的同时，大力发展两年和三年制的高等专科学校。同时，大力发展电视、广播、函授、夜校等业余学校，在厂矿企业、财贸部门、研究设计机构和农村积极发展业余教育，使大量的在职干部、工农兵群众和上山下乡知识青年，通过这些途径达到中专或大学水平。另外，加快建设新的高等学校，做到每个省、市、自治区都建立起各有特点的高等教育体系。1985年《中共中央关于教育体制改革的决定》规定，为了调动各级政府办学的积极性，实行中央、省（自治区、直辖市）、中心城市三级办学的体制。中央部门和地方办的高等学校，要优先满足主办部门和地方培养人才的需要，同时要发挥潜力，接受委托，为其他部门和单位培养学生，积极倡导部门、地方之间的联合办学。

在20世纪80年代中期以后，中央、省（自治区、直辖市）、中心城市三级办学体制初步形成。为了落实《中共中央关于教育体制改革的决定》中对三级办学体制的规定，国务院颁布了《高等学校管理职责暂行规定》和《普通高等学校设置暂行规定》，同时，一些省（自治区）对下属中心城市如何管理所属高等学校也做出若干规定，初步奠定了三级办学体制的法律基础。在传统上高等教育发达的地区，如东部和中部的部分省份，基本上建立起三级办学体制。以1988年辽宁省普通高校为例，全省共有高等院校63所，中央各部门所属院校25所，占39%；省级各部门所属院校19所，占30%；地市级各部门所属院校19所，占30%；重点高等学校4所，占6%；地市级城市办学，最为典型的就是各个地市基本上都开办了师范专科学校。鼓励地市级中心城市办学，不仅有利于促进高等教育与地方经济建设和社会发展的紧密集合，而且有利于扩大高等教育的供给，在一定程度上弥补了前两级办学体制的不足。不过在西部、边远以及中部的部分省份，如四川、贵州、云南、甘肃、宁夏、青海、海南、山西、内蒙古等，基本上还是中央和省两级办学，并且以省级为主的办学体制。①

在20世纪80年代中后期，办学体制的另外一个特点是条块分割的局面依然突出。从20世纪50年代开始，高等教育领域学习苏联经验建立起来的是一个国家集中计划，中央部门和地方政府分别办学并直接管理的体制，这种办学体制是与当时高度集中的计划经济体制相适应的，它对于迅速接管和改造高等教育，培养社会主义各行业所需的专门人才曾经发挥了积极的作用。在1958年到1960年间，这种办学体制由于被认为抑制了地方的办学积极性而被打破，形成了以地方办学为主的局面。但是，高等教育的“大跃进”使政府重新调整了中央和地方的关系。1963年《关于加强高等学校统一领导、分级管理的决定（试行草案）》的颁布促成了中央和地方分别办学、分别管理的条块分割格局的基本形成。“文化大革命”后，高等教育办学管理体制的重建沿袭了这一体制，到20世纪90年代初基本没有改变。1982年《关于加速发展高等教育的报告》发布后，鼓励各部门、行业（包括大型企业）办学，从中央到地方形成了各个部门、各行业垂直办学的体系。根据对1988年全国普通高校的统计，全国共有高等学校1075所，中央各部委所属院校352所，其中，国家教委所属院校36所，占3%，中央其他部委所属院校316所，占29%；地方所属院校723所，其中，地方教育部门所属院校497所，占46%，地方其他部门所属院

① 数据部分是根据1988年高等学校名录整理而成。

校 226 所，占 21% 。①

中央和地方、行业和部门分别办学、分别管理的体制，曾极大地推动了高等教育的发展。但同时存在的问题是：（1）学校及专业低水平重复设置，办学的规模和效益难以提高，主要体现在：其一，行业阻隔导致培养的人才难以在不同领域有效流动；其二，对于共同需求的专业，却由于不同的行业办学而要重复设置；其三，不同行业由于办学经费有限，办学规模效益低下。根据 1992 年的统计，13. 1% 的本科院校在校生不足 1000 人，15. 2% 的专科院校在校生不足 600 人。② 这相对于我国人口众多，资金短缺的国情而言，是很大的浪费。（2）中央和地方以及部门、行业之间的壁垒不利于政府职能转变和促进高等学校主动适应经济和社会发展的需要，面向社会自主办学、自我发展。教育管理体制改革的目的在于转变政府职能，由先前的直接管理转变为间接管理，充分发挥学校的办学自主性，使高等院校建立起主动适应社会主义市场经济的自我发展和自我约束的机制。但条块分割的办学体制却使学校的管理政出多门，受到多头约束，与政治、经济体制改革的目标相悖。因此，就需要改革以往的“条块分割”的办学和管理体制，逐步走向“条块有机结合”的发展道路，以优化高等教育的结构和布局，促进高等学校的自主发展。

到 20 世纪 90 年代中后期，教育体制与经济体制改革的不对称性日益突出，因此，1993 年的《纲要》针对计划经济体制下政府对教育包得过多、统得过死等弊端，提出了对办学体制、管理体制进行改革的途径和方向。此后，《全国教育事业“九五”计划和 2010 年发展规划》和《面向 21 世纪教育振兴行动计划》提出，逐步推行“共建、调整、合作、合并”的方针，淡化和改变学校单一的隶属关系，加强省级政府统筹和条块结合，基本形成中央和省级政府两级管理、分工负责，以省级政府统筹为主的条块有机结合的新体制。同时要求通过试点逐步把高等职业教育的招生计划、入学考试和文凭发放等方面的责权放给省级人民政府和学校。根据对 2007 年全国普通高校名录（截止到 2007 年 5 月 18 日）的统计，全国共有普通高校 1909 所，其中中央部委所属院校约为 110 余所，占 5% 左右。

① 其中数据是根据中国教育年鉴 1989 年中的数据进行整理而成。

② 李国钧，王炳照. 中国教育制度通史（第八卷）[M]. 济南：山东教育出版社，2000. 214.

还以辽宁省为例，全省共有高校 79 所，其中中央部委所属院校 5 所，占 6%；省属院校 74 所，占 94%。① 这就表明，中央和省级政府两级管理、分工负责，以省级政府统筹为主的条块有机结合的新体制初步形成。

新的办学体制的形成，极大地促进了高等教育的区域布局，特别是高职高专院校在其中发挥了重要的作用。从下图可以看出，不同省份在高校扩招之后，普通高中升学率普遍提升，当然，区域不均衡的问题依然突出。北京、上海的学生接受高等教育的机会明显多于其他省份的学生。

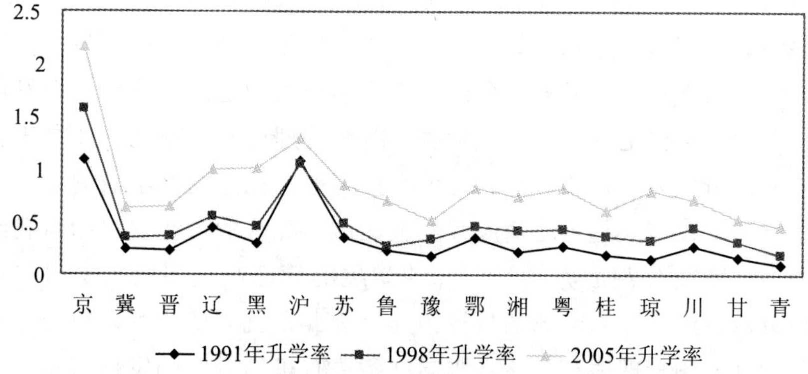

图 5-6　1991、1998、2005 年各省普通高中升学率(%)

资料来源：根据中国教育统计年鉴 1991、1998、2005 年的数据整理

与此同时，由于市场的介入，高等教育由政府垄断供给的局面被打破，形成了政府和社会力量共同承担的格局。民办高等教育的兴起自不待言，公立高等教育也出现了种种市场化的运作形式。如独立学院、大学城、公立学校转制等。这些学校的出现客观上扩大了高等教育的入学机会，并给予了人们更多的选择机会。但同时其高额的学费引发的对入学机会的影响，是否对这类学校的学生给予资助（包括提供国家助学贷款）依然有待进一步的评估。

另外，我国一直在执行对少数民族各方面的扶植和优惠政策。新中国成立后，就开办高等民族院校，在“教育革命”时期通过下放和内迁，使内地、西部高等教育有了进一步的发展。改革开放，特别是西部开发战略

① 数据部分是根据教育部公布的 2007 年普通高校名录整理而成。

实施，对少数民族地区高等教育入学机会的分配产生了重要的影响。就已经升入高中的学生而言，升入中央部属院校机会最多的省份是西藏、青海和宁夏。① 这充分体现了国家战略安排对高等教育布局，进而对高等教育入学机会分配的影响。

高等教育规模扩张还导致对高等教育层次和结构的冲击。“文化大革命”后，高等教育规模的扩张主要是在中央行政指令下通过大规模发展正规教育体系而实现的。② 我国的正规高等学校基本划分为两类，普通本科和普通专科院校，后来发展起来的高职高专院校由于在发展定位上与专科院校基本相似，本书中将其划分为后一类。

高等专科院校在前两个时期的发展一直受到抑制，往往成为保障质量的“牺牲品”。“文化大革命”后，为了培养经济发展急需的专门人才，高等专科院校重新受到重视，作为“两条腿”走路的举措之一，1982 年，《关于加速发展高等教育的报告》指出，高等教育要千方百计克服困难加速发展，调整高等教育内部层次结构，增加专科和短线专业的比重。同时，鼓励有条件的本科院校办专科，积极提倡大城市、经济发展较快的中等城市和大企业举办高等专科学校和短期职业大学。然而，到了 20 世纪 80 年代中期，在高等教育快速发展的同时，出现了片面追求数量，盲目追求高等层次，学校及专业重复设置等问题。为此，当时的国家教委主任李铁映在 1989 年指出，全国高等学校的总数不再增加，对高等学校从低层次向高层次升格，原则上也不再批准，鼓励各学校、各专业在所在层次上办出特色和水平。③

进入 20 世纪 90 年代之后，本专科发展不均衡的问题已日益突出。1993 年的《纲要》和《纲要实施意见》提出，要着重加快高等专科教育的发展，发展地区性的专科教育，特别注重发展面向广大农村、中小企业、乡镇企业和第三产业的专科教育。在发展专科教育的同时，高等职业教育

① 钟秉林. 合理配置资源，促进高等教育入学机会均等. 教育部社政司课题成果.

② 萧今. 转型时期的中国教育改革转向何方[A]. 吴敬琏，江平. 洪范评论[C]. 北京：中国政法大学出版社，2006，(2)：157.

③ 刘英杰. 中国教育大事典 1949—1990(上)[M]. 杭州：浙江教育出版社，1993. 1114 - 1115.

的发展也越来越受到重视，1998 年颁布的《面向 21 世纪教育振兴行动计划》提出，要积极发展高等职业教育，除对现有高等专科学校、职业大学和独立设置的成人高校进行改革、改组和改制，并选择部分符合条件的中专改办（简称“三改一补”）发展高等职业教育之外，部分本科院校可以设立高等职业技术学院。此后，高等职业院校开始快速发展。不过，制约高职高专院校发展的制度性因素依然突出，主要体现在：其一，由于高职院校归地方管理，并由地方财政负担学校的运转，但地方又没有足够的财力给予支撑，导致这类学校只能通过高收费进行维持；其二，由于高职院校定位模糊，加之就业市场的不成熟，使得他们的发展举步维艰。

高等院校层次结构的不均衡一方面会抑制高等教育的规模发展；另一方面，在高等教育规模扩张时则会加剧高等教育内部的紧张，导致质量与规模之间的矛盾，影响高等教育的健康发展。① 在我国高等院校扩招初期，普通本科院校承担了很大一部分扩招的任务。这固然有原来的专科院校升级，高校合并等方面的原因，但同时也说明，我国的高等职业教育发展缓慢。这种局面直到在 2003 年后才开始有所改观。见下图 5－7、5－8。

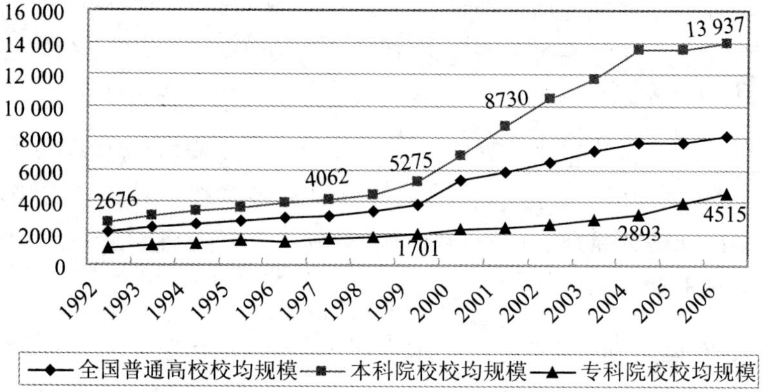

图 5-7　1992—2006 年普通高校校均规模变化曲线(单位:人)

资料来源:2006 年教育统计年鉴

① 普通高校招生的独大,会加重社会对这一途径的进一步依赖,近年来,高考之后有近 300 万之众的考生,选择复读参加来年的高考,表明除普通高校外,其他类型高等教育的生存空间,以及不上大学的选择空间,日益狭窄。如果不给其他形式高等教育以平等的待遇,不为学生提供高考考场之外成才的可能性,解决高中毕业生的出路的唯一通道,就是持续扩大招生规模,普通高等教育就始终面临扩招的压力。

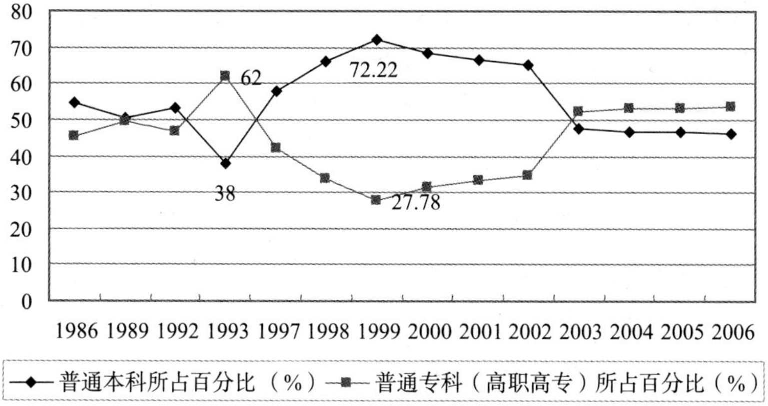

图 5-8 1986—2006 年普通高校本、专科招生比例(%)

资料来源:1. 中国教育年鉴 1985—1986;2. 中国教育年鉴 1989;3. 中国教育统计年鉴 1991—1992;4. 中国教育综合统计年鉴 1993;5. 中国教育事业统计年鉴 1997;6. 1998—2006 年全国教育事业发展统计公报;7. 中国教育统计年鉴 1998—2006

到目前为止，我国高等教育体系大致可划分为三个层次：第一层次是国家和地方重点建设的“211”院校和“985”院校；第二层次是地方政府办的普通本科院校；第三是地方政府开办的高职高专院校。但是这三类院校自成体系，在一定程度上还存在着竞相攀比的趋势。因此，还面临着对三类院校进行进一步规范和均衡的问题。

二、学术标准的变奏与政府的干预

“文化大革命”结束后，统一招生高考制度于 1977 年恢复，重建了依据学术标准（主要以通过考试体现出来的分数为判据）招录高校新生的原则。通过考试成绩体现出来的学术标准，取代了强制性的政治出身和政治表现，成为分配高等教育入学机会的重要依据。① 它把获得高等教育入学机会建立在依据个人的成绩和努力程度上，这在一定程度上为所有阶层、所有群体进入高等院校提供了可能，避免了以政治出身、政治表现为

① 虽然这一阶段,个人的政治表现与身份,如“优秀团干部、优秀班干部、优秀三好学生”仍可以通过加分或免试的方式获得进入高等院校的机会,但是这一部分人在高等院校录取新生中所占的比例微小,并不会影响到我们对分配标准的基本判断。另外,由于在改革开放初期实行人民助学金制度,使得对机会的分配摆脱了来自个人经济体条件和政治方面的制约。

分配标准所带来的对其他群体接受高等教育机会的绝对的剥夺。正因如此，1977 年高考恢复被看作“伟大的转折”，使得“分数面前人人平等”成为一个划时代的新概念。①

学术标准的建立实际上是重建了一种分配社会身份和地位的机制。由于高等教育制度与社会地位、职业阶层、经济收入、晋升等各种个人利益直接相关。在计划经济体制下，高等院校是培养国家干部的机构，一旦获得高等教育机会，就意味着能够成为“国家干部”，获得各种福利和待遇。

在市场经济条件下，情况虽有所改变，但是劳动力市场的竞争已使得获得一定的高等教育机会成为个体向上流动的重要条件。因此，人人都想进入高等学校接受社会地位与社会身份的预分配。高考制度虽然在表层看来是大学入学机会的问题,但从社会深层意义看则是一种“选与被选”机制,是决定一个人一生在社会阶梯中的位置与资格的机制。在中国，特别是在农村地区和城市的底层，社会流动空间相对狭小和封闭，获得高等教育还几乎是人们“唯一”向上流动的机会。这就强化了人们对学术标准（高考分数）的倚重。即使在高等教育大众化阶段，由于精英高校（研究型、综合型大学）学费低且对个人在未来的竞争更有利，因此，并没有减弱人们对高考分数的竞争。而这也一直成为教育改革，推进素质教育的难点问题。②

但是，学术标准是一种“非历史”性的分配标准，③它没有考虑个人过去的历史因素对资源、机会获得的影响，在保证人人表面平等的同时，却强化了个人在政治、经济、文化方面的不平等。事实上，学术标准的建立还暗含着在整个教育资源的享受和教育机会的竞争性分配中存在着“适者生存”“优胜劣汰”的原则。④ 那些在竞争中处于不利的阶层和群体必

① 陶钧.伟大的转折——《恢复高考二十年回顾》征文综述[N].人民日报 1997-11-21.

② 我国建立的从小学到高中的重点中学制度也起到推波助澜的作用。

③ 诺齐克认为,依据个人能力建立起来的社会分配标准是一种“模式化”的“非历史”性的分配标准,它没有考虑个人过去的历史原因。见江宜桦.自由民主的理路[M].北京:新星出版社,2006.166.

④ 金生鈜.高等教育入学体制与社会身份——对教育机会分配的教育哲学分析[J].高等师范教育研究,2001,(6):1－7.

然会被排除在高等院校的大门之外。高等教育入学机会的城乡、阶层、区域差异尽管原因复杂，但是他们之间的差异却能够通过学术能力的差异非常真实地体现出来。这是因为，个人的知识和能力不仅取决于个人的意愿和努力程度，而且还受制于其所处的社会条件、家庭背景等外在因素，甚至个人的意愿与努力程度本身也受这种外在因素的制约。

关于学术标准对我国不同群体高等教育入学机会差异的影响已经有诸多的实证研究。研究的结果显示：中国社会阶层地位与子女高等教育机会成正比，即受教育者的高等教育入学机会，受到家庭社会地位的影响。较高社会地位的资源优势，使其在高等教育入学机会的获得过程中更容易成功，从而获得较多的高等教育机会；而来自于社会地位低的家庭的受教育者，实现高等教育机会的选择能力受到各种不利的影响，处于教育机会竞争的劣势地位，其受教育机会实现的比例较小。另外，研究表明，学生家庭职业所代表的社会地位，对其在学校分层系统中的机会选择具有一定的影响。教师、工人和公务员等家庭职业背景的学生，就读部属院校的机会要远远高于就读专科院校的机会，而农民子弟就读专科院校的机会却是就读部属院校的两倍。见图 5－9。

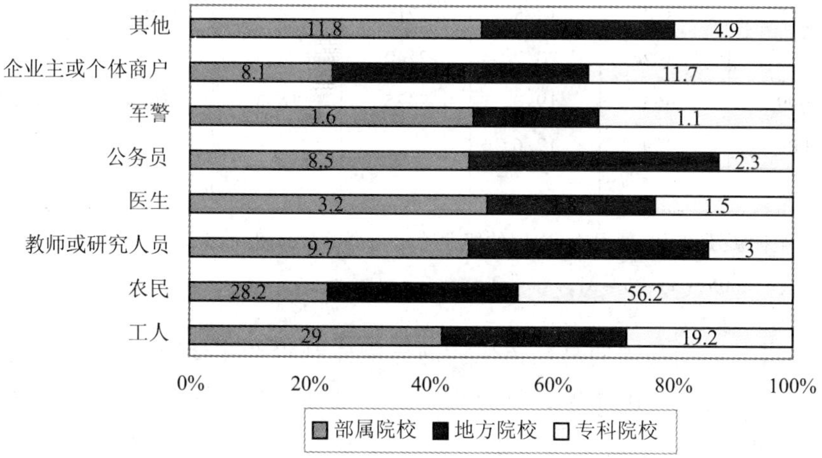

图 5-9　学生家庭职业背景在就读学校层次方面的分布情况（%）

资料来源：刘慧珍，姜星海 2005 年对高校学生课程需求情况调查；2005 年中国教育发展报告：高等教育的发展、问题与对策[R]附录二.

同样，从农村学生获得高等教育机会的情况也可以得到进一步印证。（见表5－4）从下表可以看出，在三所学校中，农村学生占全体学生比重在1/4—1/3之间，所占份额与其人口构成极不相称。并且可以看出，在1999年后，这一比例还在逐步降低。而在唐山学院、华北煤炭学院等非重点大学，2002年农村学生的比例高达63.3%，比2001年增加7.9%。①

表5-4　1990年以来清华大学、北京大学、北京师范大学新生中农村学生的比例（%）

年度	清华大学		北京大学		北京师范大学	
	招生数（人）	农村学生比例（%）	招生数（人）	农村学生比例（%）	招生数（人）	农村学生比例（%）
1990	1994	21.7			1260	28
1991	2031	19.0		18.8	1358	40
1992	2080	18.3	1810	22.3	1358	33
1993	2210	15.9	910	18.5	1403	36
1994	2203	18.5		20.1	1330	35
1995	2241	20.1	2089	20.9	1470	
1996	2298	18.8	2164	19.6	1495	29
1997	2320	19.5	2211	19.0	1504	
1998	2462	20.7	2240	18.5	1472	30.9
1999	2663	19.0	2425	16.3	1686	28.7
2000	2929	17.6			2001	
2002					2105	22.3

资料来源：张玉林，刘保军. 中国的职业阶层与高等教育机会[J]. 北京师范大学学报（社会科学版），2005，（3）：25－31.

不过，由于我国的高校招生计划分配体制沿袭了20世纪50年代建立起来的统一招生分配制度，具有高度的计划性。现在执行的高等学校招生制度是1996年国家教委颁布的《普通高等学校本、专科招生计划管理意见》中所规定的“分省定额、划线录取”的办法，国家根据经济、社会需求、毕业生就业趋势及普通高等学校办学条件、基础教育发展程度以及国家宏观政策（西部开发战略、对少数民族地区给予扶植）等因素，综合研

① 施芳. 我国高等教育城乡差距在缩小[N]. 人民日报，2005-07-16.

究确定各省市、部门年度普通高等学校招生规模。由于各地区经济和社会发展情况以及教育资源存在很大差异，导致“分数面前人人平等”这一高校招录原则在一定程度上被“扭曲”，各地之间录取率、录取分数线存在着极大差异。（见表5－5）高等教育资源发达的地区如直辖市，以及基础教育比较落后而被安排较多招生计划的地区，如西部和边远地区省份一般分数线低且录取率高。最为典型的如海南省，2006年、2007年的录取率分别为88.00%、85.10%，①位居全国之首。

表5-5　历年三类地区普通本科分批次录取分数线

	2002年		2003年		2004年		2005年		2006年	
	第一批	第二批	第一批	第二批	第一批	第二批	第一批	第二批	第一批	第二批
西部地区	473	423	450	383	507	436	512	434	515	445
教育发达地区	568	508	533	490	577	530	556	517	550	533
直辖市	462	439	455	415	498	444	477	430	497	451

资料来源：刘传江，朱劲松．公平与效率视野下的高考移民观[J]．人口研究，2006，(6)：55－62.

注释：西部地区包括新疆、西藏、宁夏、青海、甘肃、云南和贵州七个省份；教育发达地区包括山东、河南、浙江、湖南、湖北和江西6个省；直辖市包括北京、天津、上海。以上三类地区历年的高考录取分数线按年份和普通本科批次进行分类汇总，计算其算术平均数，得到的结果。由于很多省份实行分省命题，这种比较具有一定的局限性。

正是由于不同地区的高考存在“分数差”和不同的录取率，导致“高考移民”现象的出现。②这一现象的出现促使人们“拷问”现存的招生计划分配制度。批评者指出，这一制度带有典型的计划性特征。他们质疑，同等水平的两个考生，只因为属地不同，甲学生可以上名牌大学，乙学生

① 2007年全国各省市高考录取率排行，2007年各地高考录取分数线排名[EB/OL]. http://learning.sohu.com/s2007/gklql/2008-03-08.

② 海南省由于“一多一高二低”（招生计划多，录取比例高，录取分数低、报考条件要求低）的现状，成为“高考移民”向往之地。数据显示，省外考生将户口迁入海南报名的人数在逐年增加，1999年198人，2000年293人，2001年586人，2002年增至1875人，来自24个省份，占全省考生总数的9.5%。而2005年海南省高考状元李洋“梦断清华”，引发关于“高考移民”的大讨论。

只能上专科学校，这是不是一种教育机会不公？现代高等教育只能以考察学生的能力为本位，而不应给它添加对某一类人必须额外照顾的属性，在真正公平的意义上，它应当对所有的学生一视同仁。① 不过，如果把现在的招生计划分配制度看作对学术标准“非历史”性的修正的话，那么它的合理性就能得到辩护。公共政策的目的并不仅仅是为了多数人的利益，处境不利群体的利益必须得到政府的有效保护。在我国，考试公平与区域公平之间长期存在着两难选择。高考实行分省区定额录取的模式，从自由竞争的角度来看，与考试的公平原则有矛盾之处，但从调动边远省区学生的学习积极性、促进当地人文教育水平的提升的角度来看，则有其合理之处。②

为了解决“高考移民”问题，目前的政策举措主要有两个方面：其一是“堵”。2005 年，教育部公安部联合严查高考移民现象。凭虚假材料报名、在不同省份重复报名或通过办理非正常户口迁移手续后报名的考生，经查实后将被取消考试或录取资格，已入学的将被取消学籍。③ 其二是“疏”。日前，教育部下发《关于下达 2008 年部属高校普通高等教育招生计划的通知》指出，为缩小区域间高等教育发展差距，促进入学机会公平，各校要积极扩大面向应届普通高中毕业生升学率较低的西部、民族和边疆地区以及中部生源数量较大省份的招生规模。各校 2008 年面向中西部地区的招生计划不得低于 2007 年，增量全部要投放到上述中西部地区，在属地的招生计划比例一律不得提高，超过 30% 的应逐步回调至 30% 以内。当然，加大对教育的投入，包括人才投人与财力投入，提高教育水平，促进区域教育的均衡发展才是最为根本的解决之道。但这一目标的实现是一个漫长的历史过程。

与此相关的问题是中央部属院校招生的本地化倾向。这种基于教育资源分布状况而进行的入学机会分配方式，同样会导致“高考分数线的倾

① 滕朝阳.“高考移民”的体制性基础[J].瞭望新闻周刊,2003,(18):49.

② 刘海峰,樊本富.论西部地区的“高考移民”问题——兼论科举时代的“冒籍”现象[J].教育研究,2004,(10):76－80.

③ 温红彦.教育部公安部联合严查高考移民现象:“移民”高考,录取无效[N].人民日报,2005-10-14.

斜”，加剧地区和城乡之间原已存在的教育机会不平等。据统计，2006年，同济大学、上海交大、复旦大学、华东师范大学在上海市的招生比例分别是40.7%、44.2%、49.7%，48.9%；南开大学和天津大学在天津的招生比例分别是23.3%、27.1%；浙江大学在浙江的招生比例为47.1%；山东大学在山东的招生比例为54.6%；武汉大学和华中科技大学在湖北的招生比例分别为40.2%、46.3%；清华大学、北京大学、中国人民大学、北京师范大学在北京的招生比例分别为9.8%、9.3%、8.4%、5.9%。①

中央部属院校招生的本地化倾向有很多原因，既是历史的沿袭，也有现实的困境。根据对1963—1964年招生计划的统计，可发现当时部属高校招生本地化的倾向就非常明显：例如：复旦大学1964年在上海招生比例72%，华东师范大学为63%，南开大学在河北招生比例为44%，南京大学在江苏招生比例为68%，中山大学在广东招生比例为77%。并且，部属高校招生呈现明显区域化的特征。例如四川大学主要在西南地区招生，兰州大学的招生计划则主要集中在西北地区等。② 这主要与当时的计划体制安排有关。而现在，部属院校招生本地化的问题除了历史原因外，还在于20世纪90年代开始的高等院校的“共建、合并”。一方面，由于部属院校通过“共建”获得地方政府在土地、资金等方面的支持，必然要对地方政府扩大本地招生计划分配的要求做出回应；另一方面，由于部属院校与当地院校合并，它们也必然被要求承担起被兼并的地方院校在本地的招生任务。这就导致部属院校在招生中存在所谓“地域性歧视”，使得其所在地考生与其他地区考生形成“不平等”的竞争。例如，中国社会科学院的报告得出，北京考生上北大的概率是河南考生的60倍。③

作为主要由中央财政支持的部属院校，自然被呼吁消除“地域性歧视”，面向全国择优“平等”招考，但这事实上涉及如何协调中央和地方利益的问题。作为中央政府，负有统筹协调的责任和义务，作为地方政府

---

① 钟秉林.合理分担教育成本,缩小区域配置差异,促进高等教育入学机会均等.教育部社政司课题成果.

② 1964年中央各部门所属院校分省、市、自治区招取新生调配方案,北京师范大学档案馆,1964年,第24卷(长期卷).

③ 新华网.地域歧视:北京学生上北大的概率是河南60倍[EB/OL].http://learning.sohu.com/20080402/n256063733.shtml.2008-04-02.

则同样需要维护自身的利益。这就需要在两者之间寻求平衡。教育部在刚刚颁布的《关于下达2008年部属高校普通高等教育招生计划的通知》中提出的属地招生计划比例一律不得超过30%的要求，就是均衡双方利益的选择。

除了中央政府的直接干预外，高校自主招生也是消除“地域性歧视”的主要手段之一。这是因为，高等学校无论采取何种方式“自主招生”，只要它是在追求自身的合理利益（如对高校自主权的诉求，对优秀人才的选拔），就无需顾及地域的限制，也无需关乎“公平”的考虑。但前提是高校自身的利益需要得到尊重。2003年教育部办公厅发出《关于做好高等学校自主招生选拔录取改革试点工作的通知》，北大、清华等22所高校被赋予5%的自主招生权。2006年，自主招生的高校扩大到了53所。①这一规定实际上是对过去一直把教育看作政治、经济的工具的修正，也是对高校自身利益的一种认可。

但是，高校在维护自身利益的同时必须平衡它与中央政府和地方政府之间的关系。如果其自身陷入“谁有黄金，谁统治”的境地的话，那么，与其说是它在通过自主权实现了自身的利益，不如说它是通过自主权而导致自身的“沦落”。例如，招生本地化倾向和学校为弥补办学经费短缺而招收的“议价生”在一定意义上都不是高校自身利益的“真正”的“有效”的实现。尽管它通过招收“议价生”，招收“本地学生”能够改善学校的财政状况，但却既违反了“社会公平原则”，又与国家的利益相悖，不仅不利于改进中央与地方政府之间的利益均衡，而且加剧了三者利益之间的紧张和冲突。

高校的自主招生应当坚持两个基本原则：其一是独立性，即高校自身的利益不应当受到外在的影响，如来自地方政府的压力，以及来自国家对公平问题的追求；②其二是公平性，这一公平性是基于学校自身利益的立场，即根据“分数—能力面前人人平等的原则”选择适合自己的学生，不

① 普通高考2003年大事记：来源于教育部考试中心中国教育考试网站。

② 如果是学校自身自愿承担起推进公平的责任，另当别论。例如自从2006年以来，中国政法大学实行按人口比例、考生数量、生源质量、历史原因等分配招生计划。由于实行了新的招生计划配置方案，山东、河南、四川等省份的招生计划历史性地突破100人，而北京的招生计划却相应减了不少。不过这一举措却应者寥寥。

应当屈服于办学经费的压力。不过，在受到诸多利益缠绕和诸多限制的情况下，这仅仅是一种理想化的预设。另外，高校自主招生在实施过程中仍然面临诸多问题：一方面，5% 的招生名额并不能实现高校选拔“特殊人才”的初衷，也不会从根本上改变“地域性歧视”的问题；另一方面，社会诚信制度的不完善，招录过程的高成本也使得高校对于这一“自主权”左右为难。① 学校自主权的实现、自主招生政策的完善，以及通过自主招生实现消除“地域性歧视”问题仍需假以时日。

如果说“分省定额录取”和部属院校招生“本地化”所导致的“分数面前人人平等”这一原则被“扭曲”，在一定程度上可以为其“合理性”进行辩护的话，那么因高考舞弊和教育腐败（如特长生、保送生、定向生、调剂生等特殊政策在现实中已逐渐变质）导致的“扭曲”则应该从根本上进行治理和铲除。

三、经济因素的介入与政府的调节

经济因素相对于政治标准、学术标准而言，并不是一种直接关涉入学机会分配的标准。但是，随着高等教育成本分担机制的实施，个人或家庭的经济负担力已经成为影响高等教育入学机会获得的重要因素，正是在这个意义上，本书把它作为一种与其他标准对等的“标准”进行分析。

我国普通高等教育在“文化大革命”结束后的一段时期内普遍实行免费受教育制度，同时，国家还为在读学生提供助学金（生活费）和免费医疗、住宿和部分交通费。它是在计划经济体制下，国家包办教育（政府是唯一的投资主体，学生接受政府的全部资助，毕业后接受政府的安排）的必然结果。在人力资源有限，高等教育规模较小，劳动力市场尚未形成，个人利益还未分化的情况下，这一制度设计如果说还有存在的理由的话，那么，随着工作重心的转移和现代化建设对大规模人才的迫切需求，教育经费短缺日益成为制约教育发展的瓶颈，这就要求对政府包办教育的投资体制进行改革。

---

① 新华网.透视 5% 高校自主招生：能带来 100% 的公平吗？[EB/OL]. http://news.xinhuanet.com/newscenter/2004-08/10/content_1752750_1.htm. 2004-08-10.

改革开放以来，特别是20世纪90年代，在市场经济体制改革的推动下，中国开始着力改变投资主体单一，教育经费短缺的局面，大力推行筹资渠道多元化的高等教育财政改革。改革的主要内容包括四个方面：一是建立公立高等学校的学费制度，大幅度提高学费水平。二是高等学校后勤社会化，向学生收取住宿费和其他生活设施费。三是鼓励高等学校通过科研和社会服务获取收入。四是大力发展民办高校，允许民办高校按全额成本收费。① 这就导致经济标准——家庭经济负担能力日益成为影响高等教育入学机会的重要因素。

20世纪80年代初，一些高校开始试点招收少量不包分配的自费生和急需人才单位的委托培养生，收取较高的学费或委托培养费。② 1985年，《中共中央关于教育体制改革的决定》明确规定高校在执行国家政策前提下，有权招收计划外委托培养生和自费生，实行国家计划招生、用人单位委托招生、招收少数自费生三种招生办法。公立高校普遍收取学费开始于1989年。1989年国家教委(1998年改为教育部)、物价局、财政部联合制定《普通高等学校收取学杂费和住宿费的规定》，提出从1989年度开始，对高等学校计划内新生收取学杂费和住宿费，学杂费每年100元，住宿费每年20元。1993年中共中央、国务院颁发的《中国教育改革和发展纲要》提出："改革上大学由国家包下来的做法，逐步实行收费制度。"进一步明确了高等学校要实行缴费上学制度。但是在20世纪80年代中期到20世纪90年代初期，高校在收取学费时存在明显的"双轨制"，自费生和计划内学生的学费水平存在很大差距。由于高校办学经费有限，因此不断扩大招收自费生的比例，③导致出现以金钱分配入学资格，学生身份

① 袁连生.中国高等教育大众化进程中的财政政策选择[J].教育与经济,2002,(2):19－23.

② 肖关根.高等教育改革的一种尝试——上海高等学校收费走读生教学情况的调查[N].人民日报,1981-07-12.

③ 1988年春,正当"两会"(七届全国人大、七届全会政协会议)代表在会上大声疾呼教育经费不足时,几乎全国高校都卷进了"社会有偿服务"的酸甜苦辣之中。大学校长们的日子的确不好过:按国家拨款,1988年清华大学亏空800万元,北京大学亏空1000万元,北京航空航天大学亏空700万元,广州大学亏空60万元……被财政赤字困扰的大学校长,不得不去抓"经济收入"。见罗荣兴,周庆,毕全忠,萧关根.迎接商品经济的洗礼——中国高等教育改革的困惑、思考与选择[N].人民日报,1989-03-19.

不同、质量参差不齐等诸多弊端。为了改变这种状况，从1993年开始，进行取消自费生的收费并轨改革。1996年，国家教委、财政部、国家计委发布了《高等学校收费管理暂行办法》，对高等学校的收费进行了规范。到1998年，全部公立高校完成了学费并轨，①基本确立了个人缴费上学的成本分担机制。

除此之外，在《纲要》颁布之后，政府陆续通过《民办高等学校设置暂行规定》和《社会力量办学条例》，对社会团体和个人办学采取“积极鼓励、大力支持、正确引导、加强管理”的“十六字”方针，逐步建立起与社会主义市场经济相适应的教育投资体制，由政府单一投资体制转变为多元化投资体制的形成。

根据1996—2005年的统计数据，在中国高等教育经费结构中，国家财政性教育经费的比例从1996年的78.56%降到2005年的42.46%，学费和杂费的比例从15.06%提高为31.53%；从分担比例结构来看，现行高等教育成本分担体系中社会分担能力太弱，社会团体和公民办学经费、社会捐资和集资办学经费占高等教育经费的比例都低于5%，大大低于西方发达国家的水平，如加拿大达到了10%，美国高达30%。② 由于社会分担能力不足，使得国家财政与个人分担的份额压力越来越大。

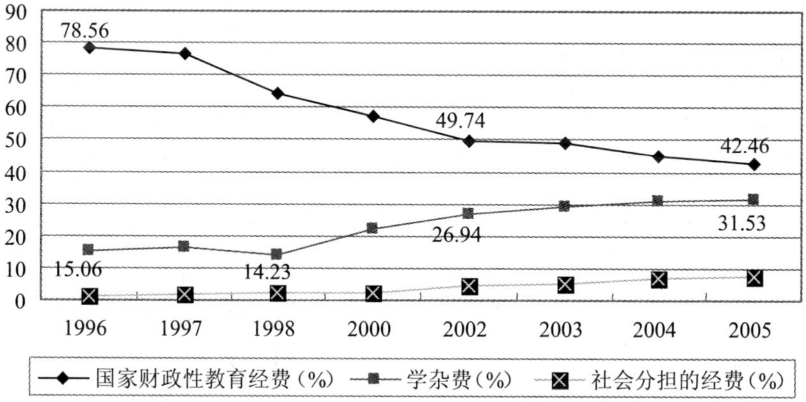

图5-10　1996—2005年高等学校经费构成情况(%)

资料来源:中国统计年鉴1996—2005,含成人高等学校.

注释:社会分担的经费包括社会团体和公民个人办学经费以及社会捐资和集资办学经费。

① 袁连生.中国高等教育大众化进程中的财政政策选择[J].教育与经济,2002,(2):19－23.

② 钟秉林.合理配置资源,促进高等教育入学机会均等.教育部社政司课题成果.

对于高等教育收取一定的学费，实行成本分担机制的辩护主要立足于以下几个方面。①

其一，基于应对经费短缺的局面。由于高等教育规模扩大，公共财政投入不足，急需增加非政府投入。而收取学费相比与其他筹资渠道具有不增加新的支出，也不会让教师偏离其核心的教育责任的独特优势。

其二，基于公平的原则。在高等教育学龄人口中，只有或大或少的一部分人可以受到高等教育，并且这部分人群多来自中等、中上等、上等收入的家庭。如果高等教育的经费全部由政府财政负担，就意味着公共财富转移支付给了中等或中上等家庭，有失高等教育的公平。另外收取部分的学费，能够为经济状况不良的学生提供补助所需要的资金，而这些补助从理论上讲有利于保持和提高高等教育入学率。

其三，基于效率的考量。实行成本分担有利于将市场的优点引入高等教育领域，它会使学生和家长成为更有鉴别力的消费者，同时也会敦促生产者（高等学校）更有责任感，向消费者提供更加优良的教育服务。

其四，基于对高等教育准公共产品属性的判断。接受高等教育被看作不仅对社会有利，而且个人从中也能获益（见表 5－6）。因此，需要遵循谁受益，谁付费的原则。

表 5-6　高等教育个人收益和社会收益

高等教育的个人收益和社会收益		
	个人收益	社会收益
经济	经济流动性更强 终生收入更高 就业率更高 个人储蓄水平更高	经济更均衡 失业率更低 生产力水平更高 劳动力更具弹性 社会福利救济更少

① ［美］D. B. 约翰斯通. 高等教育财政：问题与出路［M］. 沈红等译. 北京：人民出版社，2006. 315－321；王善迈：论高等教育的学费［J］. 北京师范大学学报（人文社会科学版），2000，（6）：24－28. 杨东平. 艰难的日出——中国现代教育的20世纪［M］. 上海：文汇出版社，2003. 26. 304.

续表

高等教育的个人收益和社会收益		
	个人收益	社会收益
社会	社会流动性更强 健康水平更高/寿命更长 子女的经济水平/身体素质更高 消费水平更高	社会更公平 社会更宽容 公民参与公共事务更积极 慈善捐助更多 犯罪率更低 下一代接受教育的比例更高

资料来源：John Aubrey Douglass：The Conditions for Admission - Access，Equity，and the Social Contract of Public Universities［M］. Stanford，California：Stanford University Press，2007，281.

其五，基于教育资源公平配置的考虑。我国教育投资水平总体较低，即使在2006年，国家财政性教育经费占国内生产总值比例仅为3.01%，远低于世界4.2%的平均水平。① 但投到高等教育的经费比例达到了60%，②远高于世界水平。③ 长期以来，我国教育投资一直偏向于高等教育，大学由国家包办，免交学费，而义务教育投入一直不足，④名为免费，实际上还要交纳各种费用。⑤ 从国际比较看，免费义务教育是大多数国家的共性选择。当教育经费有限时，国家应当首先倾向于保障义务教育的经费投入。

① 谢泳. 学费猛于虎［J］. 新闻周刊，2004，(27)：35.

② 张玲. 新国家助学贷款能走多远？［J］. 中国大学生就业，2004，(18)：11 - 13.

③ 资料来源于杨林林对汤敏的访谈，见杨林林. 中国转型：顶级学者访谈［M］. 北京：经济日报出版社，2005. 400.

④ 我国政府义务教育长期投入不足，2001年，义务教育总投入中财政性投入占77.23%，预算内教育拨款占63.3%。而OECD国家1998年对义务教育为主体的初等、中等教育财政性教育经费占总投入的平均比例已达90.9%，在1995—1996年，美国初等、中等教育经费的97.6%来自政府的投入。我国义务教育的政府投入远远低于这些国家20世纪末的平均水平。见中国教育与人力资源问题报告课题组. 从人口大国到人力资源强国［R］. 北京：高等教育出版社，2003. 313.

⑤ 谢泳. 学费猛于虎［J］. 新闻周刊，2004，(27)：35.

当然，批评和忧虑的声音依然存在，批判者指责实行成本分担机制会使得处境不利的群体在获得高等教育机会方面更加不利，使教育的公益性受到挑战，同时，这一机制也会侵蚀高等学校的自主权。① 不过批判者的声音几乎被支持者的声音所掩盖，人们越来越相信，通过实施成本分担机制并加上对困难学生的补助比其他方式更有利于达成平等的目的。

目前，对高等教育是否应当实行成本分担机制的争论已经平息，无论是研究者还是政府层面，逐步把关注点放在这一机制是如何影响高等教育入学机会分配的。

1993 年收费并轨之后，我国高等教育的学费标准逐年提高，1993—1997 年学费增长率为 27.65% 。② 在高等教育扩张期间，学费增长更加迅速，并且在不同地区、不同学校、不同专业之间存在较大的差异，居民支付高等教育学费的负担沉重。（见表 5-7、5-8）

表 5-7　北京地区本专科学费最高标准

	重点院校	一般院校	高职
一般专业	5000 元	4200 元	6000 元
理工科专业	5500 元	4600 元	
外语、医科专业	6000 元	5000 元	7500 元
艺术专业	10 000 元	10 000 元	19 000 元

资料来源：朱剑红. 中央部属高校学费标准公布[N]. 人民日报，2007-07-07.

表 5-8　1996—2007 年城镇与农村居民对高等教育学费的经济承受能力

年　份	全国普通高校平均学费(元)	城镇居民人均可支配收入(元)	学费占城镇居民可支配收入的比例(%)	农村居民人均年纯收入(元)	学费占农村居民人均年纯收入的比例(%)
1996	2000	4839	41. 3	1926	107. 3
1997	2000	5160	38. 8	2090	95. 7

① [美]伯顿·克拉克. 高等教育新论——多学科的研究[M] 王承绪等译. 杭州：浙江教育出版社，2001. 93.

② 王善迈. 论高等教育的学费[J]. 北京师范大学学报(人文社会科学版)，2000，(6)：24－28.

续表

年　份	全国普通高校平均学费（元）	城镇居民人均可支配收入（元）	学费占城镇居民可支配收入的比例（%）	农村居民人均年纯收入（元）	学费占农村居民人均年纯收入的比例（%）
1998	3500	5425	64.5	2162	161.9
1999	3200	5854	54.7	2210	144.8
2000—2007	4500	13786	32.7	4140	108.7

资料来源：

1. 康宁.论教育决策与制度创新：以1999年高校扩招政策为案例的研究[A].袁振国.中国教育政策评论.北京：教育科学出版社，2000.9－36.

2.《中国统计年鉴》1997—2001年.

3. 教育部官员.高校学费标准平均4500元已稳定7年[EB/OL].中国新闻网 http://www.chinanews.com.cn/edu/zcdt/news/2007/07-02/969981.shtml. 2007-07-02.

4. 中华人民共和国国家统计局：2007年国民经济和社会发展统计公报2008年2月28日.

注释：城镇居民人均可支配收入和农村居民人均年纯收入2002—2007年，采用的是2007年的数据。

除学费外，学生尚需支付住宿费（年均1200元）、生活费等费用，一个学生一年全部的支出费用基本在8000—10000元左右。① 袁连生对我国居民高等教育支付能力的分析指出，我国居民的高等教育支付能力有两个显著特点：第一，支付能力较低。从全国平均数看，1999年，80%的农村居民户、40%的城镇居民户支付能力在8000元以下。按农村人口占69%计算，全国约有65%的家庭支付能力在8000元以下。第二，支付能力差异大。与收入分配差异相联系，居民高等教育支付能力在不同阶层、地区、城乡之间存在巨大差异。如上海，90%以上的城镇家庭、70%以上的

① 教育部官员.高校学费标准平均4500元已稳定7年[EB/OL].中国新闻网 http://www.chinanews.com.cn/edu/zcdt/news/2007/07-02/969981.shtml. 2007-07-02；北京航空航天大学高等教育研究所.北京部分高校调查结果显示：大学生年均消费7300元[N].中国青年报，1999-11-20. 袁连生.我国居民高等教育支付能力分析[J].清华大学教育研究，2001，(3)：162－169.

农村家庭支付能力在8000元以上；而甘肃只有10%的农村家庭、40%的城镇家庭支付能力在8000元以上。① 刘奕等对我国城镇和农村居民高等教育收费的承受能力的分析结果也表明，在1999年，全国有40%的城镇居民、51.11%的农村居民（在维持极端贫困的生活水平下）支付不起当年的高等教育学费和生活费；2001年学费增加后，这两个指标分别达到60%和72.54%。② 可见，目前高等教育的费用支出（学费、生活费等）已经超出大多数家庭的支付能力。

学费水平的提高以及生活成本的提高对贫困阶层子女接受高等教育的机会会产生消极影响。③ 雷斯利、布林科曼的研究结果是，学费上涨10%，有6.2%的中学毕业生会做出不上大学的决定。陈晓宇的研究表明，在我国的大学中，学费水平的提高伴随着来自低收入家庭学生比重的下降。④ 另外，研究者还进一步研究了收费政策对不同社会阶层子女获得高等教育机会的影响，研究结果表明，学费水平对不同阶层子女的择校选择具有显著差异。学费水平是政治、经济、文化方面处于不利地位的阶层的子女选择报考学校的主要因素之一。一般而言，他们倾向于选择收费低廉的公办一般本科院校或公办高职高专院校，同时，在择校方面，他们还更看重学校的知名度。这一方面是由于这些学校在以后的就业或求学上更

① 袁连生.我国居民高等教育支付能力分析[J].清华大学教育研究,2001,(3):162－169.

② 刘奕,张帆.我国居民高等教育支付能力及学费政策的实证研究[J].中国软科学,2004,(2).转载自钟秉林.合理配置资源,促进高等教育入学机会均等.教育部社政司课题成果.

③ 近年来,"愁儿学费父自杀"的悲剧频频上演,且大多发生在农村和农民身上。2002年,福建的××收到了复旦大学的录取通知书,其父因惭愧于无力替儿凑齐7000元学费从七楼跳下;2003年,陕西榆林市景××考上东北师范大学后,其父因无力缴纳学费绝望自杀;2006年6月19日夜,山西省榆社县××的父亲因儿子高考后估了600分,他怕付不起儿子的大学费用服农药身亡。摘自:高福生."愁儿学费父自杀"缘何频频上演?[EB/OL].http://news.qq.com/a/20060712/000219.htm.2006-07-12.

④ 张民选.理想与抉择——大学生资助政策的国际比较[M].北京:人民教育出版社,1999.140;魏新.教育财政学简明教程[M].北京:高等教育出版社,2000.213.转载自袁连生.我国居民高等教育支付能力分析[J].清华大学教育研究,2001,(3)162－169.

有竞争力；另一方面也是由于这类学校的学费和资助体系比较完备。根据一项全国性的抽样调查研究表明，不同类型院校在收取学费和对学生进行资助方面也存在很大差异。“985”和“211”高校的学费水平明显低于一般院校，净支付也明显少于一般院校；而在来自中低收入群体的学生占多数的一般院校中，实行的实际是相对“高收费 + 低资助”的政策。在高等教育私人成本分担比例较高的情况下，较低收入家庭实际上承受了比较重的高等教育个人费用。在对高等教育入学机会的总体影响上，学费水平的负面效果要大于学生资助的正面促进作用。①

因此，高额的教育费用不仅影响到人们能否获得教育机会，而且还影响到其接受什么样的高等教育机会。当经济标准（个人、家庭支付高等教育费用的能力）成为影响高等教育入学机会的重要因素时，就需要考察政府的相应资助体系，因为，这一举措是减少和削弱经济障碍对高等教育入学机会影响的主要保障。

我国的学生资助体系是随着经济体制改革和收费制度的发展而逐步发展起来的。在新中国成立之初，主要实行人民助学金制度。1983 年，教育部印发《关于颁发〈普通高等学校本、专科学生人民助学金试行办法〉和〈普通高等学校本、专科人民奖学金试行办法〉的通知》，明确提出资助制度的改革方向是“由助学金制度逐步改为以奖学金为主”。1985 年，国务院转批教育部、财政部《关于改革普通高等学校人民助学金制度的报告》，提出取消人民助学金制度，增加奖学金和奖励范围；实行学生贷款制度，家庭经济困难的学生可以申请贷学金，贷学金是由政府提供的无息贷款。此后奖学金制度和学生贷款制度逐步展开。这就表明政府试图改变过去计划经济体制下财政平均分配的价值取向，追求效率主义的激励式奖励制度。②

自高校并轨收费开始，特别是在高校扩招、学费增加后，由于学生资助体系不完善，尤其是对普通本科高校、高等职业学校和中等职业学校家

---

① 李文利. 高等教育财政政策对入学机会和资源分配公平的促进[J]. 北大教育评论，2006,(2):34－46.

② 李文长. 弱势群体高等教育权益研究——理念、政策与制度[M]. 人民教育出版社，2007. 128－129.

庭经济困难学生资助面偏窄、资助标准偏低，导致家庭经济困难学生的就学问题日益突出。据2004年统计，全国普通高校全日制在校生中贫困生占20%，人数在270万左右，其中，特困生约为5%—10%，人数在70—135万。为此，国务院于2007年发出《关于建立健全普通本科高校高等职业学校和中等职业学校家庭经济困难学生资助政策体系的意见》（以下简称《意见》），实行“加大财政投入、经费合理分担、政策导向明确、多元混合资助、各方责任清晰”的基本原则，着力构建以政府为主导的新的国家学生资助体系。① 新的资助体系的显著特征是初步界定了中央政府、地方政府、高校之间的责任，加大了财政投入，扩大了受助学生的资助面，提高了资助标准。每年用于助学的中央和地方财政投入、学校安排的助学经费将达500亿元，受助学生约为2000万人，其中包括400万大学生和1600万中职学生。②

我国的学生资助体系主要包括奖、贷、勤、助、减、免等，《意见》颁布后，学生资助体系有了进一步完善，主要体现在以下几个方面。

奖。国家建立有各种形式的奖学金制度。既有政府设立的国家奖学金、优秀学生奖学金、专业奖学金、定向奖学金、研究生奖学金，也有学校自行设立的各种奖学金，还有社会企事业单位或个人在学校设立的各种专项奖学金。据统计，2003年全国高校各类奖学金发放总金额约为33亿元，接受资助的学生达450万人次。2004年中央财政除继续安排2亿元国家奖学金对品学兼优的贫困学生进行奖励资助外，还出台了国家助学奖学

① 该原则的具体内容为：(1)加大财政投入。按照建立公共财政体制的要求，大幅度增加财政投入，建立以政府为主导的家庭经济困难学生资助政策体系。(2)经费合理分担。国家励志奖学金和国家助学金由中央与地方按比例分担。中央对中西部地区给予倾斜。(3)政策导向明确。在努力使家庭经济困难学生公平享有受教育机会的同时，鼓励学生刻苦学习，接受职业教育，学习国家最需要的专业，到艰苦地区基层单位就业；鼓励学校面向经济欠发达地区扩大招生规模。(4)多元混合资助。统筹政府、社会等不同资助渠道，对家庭经济困难学生采取奖、贷、助、补、减等多种方式进行资助。(5)各方责任清晰。中央与地方、各相关部门及学校明确分工、各司其职、落实责任、完善制度，操作办法简便易行，并接受社会各界群众监督，确保各项政策措施顺利实施。见促进教育公平的又一项重要决策[N]. 人民日报，2007-05-18.

② 周济. 创新能力不足是教育的一个致命问题[N]. 科技日报，2007-09-13.

金政策，重点补助普通高校特困生的日常伙食费，标准为每生每月150元，每年补助10个月。2007年《意见》颁布后，国家奖学金的资助标准和资助面有了进一步的提高。国家设立的奖学金，每年奖励5万名学生，奖励标准为每生每年8000元，所需资金由中央负担。另外，中央与地方共同设立国家励志奖学金，用于奖励资助普通本科高校和高等职业学校全日制本专科在校生中品学兼优的家庭经济困难学生，资助面平均约占全国高校在校生的3%，资助标准为每生每年5000元。国家励志奖学金适当向国家最需要的农、林、水、地、矿、油、核等专业的学生倾斜。另外，从2007年起，对教育部直属师范大学新招收的师范生，实行免费教育。

贷。积极推行学生贷款制度。主要有三种贷款形式：国家助学贷款；高校利用国家财政资金对学生办理的无息借款；一般性商业助学贷款。据统计，到2004年6月底，国家助学贷款累计发放总额已达52亿元，贷款学生为83万人；高校对学生的无息借款金额约为6亿元，借款学生约为23万人；商业贷款总额达21亿元。① 2004年下半年后实行了新的学生贷款机制，这一点在下文中将继续分析。

勤。实施勤工助学制度。高校通过组织贫困家庭学生在校参加适当的劳动，取得一定的补助生活的费用。勤工助学岗位主要有校内的助教、助研、助管岗位，以及参加学校的其他服务性劳动。2003年高校通过勤工助学制度，资助学生约150万人次。

助。开展特殊困难补助。特殊困难补助，是各级政府和高校针对贫困家庭学生遇到一些特殊性、突发性困难而给予的临时性、一次性的无偿资助。在1994年至2001年内，中央财政每年均动用总理预备金，专项用于资助中央部门所属高校中贫困家庭学生。期间，许多地方人民政府也拨出专款或设立专门基金用于资助贫困家庭学生。据统计，2003年各方面支出的特殊困难补助总金额约为4亿元，补助学生约90万人次。

2007年的《意见》中，进一步完善了国家助学金制度。中央与地方共同设立国家助学金，国家助学金资助面平均约占全国普通本科高校和高等

---

① 到2004年年末，国家助学贷款已达到65亿元，实际受益学生近200万人。田俊荣.央行银监会要求加快落实助学贷款新政策[N].人民日报，2005-03-01.

职业学校在校生总数的 20% 。财政部、教育部根据生源情况、平均生活费用、院校类别等因素综合确定各省资助面。平均资助标准为每生每年 2000 元，具体标准由各地根据实际情况在每生每年 1000—3000 元范围内确定。

减、免。推广学费减、免制度。对普通高校中部分经济特别困难的学生，实行学费减、免，具体减免对象和额度由学校确定。自这项政策实施以来，每年都有一定数量的学生获得学费减、免。2003 年全国高校共减、免学费金额约为 4 亿元，享受减、免的学生达 20 万人。

绿色通道。提倡“绿色通道”制度。为保证刚考入大学的贫困家庭学生能够顺利入学，近几年，教育部规定各普通高校都必须建立“绿色通道”制度，即对被录取入学、经济困难的新生，一律先办理入学手续，然后再根据核实后的情况，分别采取不同办法予以资助。2003 年全国通过“绿色通道”办理入学手续的高校学生约为 28 万人。

此外，2007 年的《意见》还要求学校要按照国家有关规定从事业收入中足额提取一定比例的经费（大约 4% —6% ），用于学费减免、国家助学贷款风险补偿、勤工助学、校内无息借款、校内奖助学金和特殊困难补助等。

在各种措施中，国家助学贷款覆盖面广，是保障高等教育入学的主渠道。但是，1999 年颁布的《关于助学贷款管理的若干意见》没有有效地规范和平衡各方的利益，导致国家助学贷款的开展步履维艰。原因如下。

其一，作为商业银行，首要考虑的是风险和成本。国家助学贷款由于贷款金额小，操作成本高，①且回收风险大，而国家又没有对银行存在的风险给予一定的保障和补偿，导致银行推动助学贷款的积极性不高。

根据中国人民银行、教育部、财政部颁布的《关于助学贷款管理的若干意见》中规定，在校学生可以申请信用方式的国家助学贷款。但是，从银行的角度来看，学生作为贷款对象存在一定的特殊性，如毕业后的流动

① 根据对银行人员的调查发现，助学贷款的金额小、数量大，开学时投入好多人，花不少时间，贷款总额也不过千万元，而平日他们一个业务员对企业有时一笔就可做出几千万元的项目；再加上跟踪、贷后管理等工作，相对于所承担的风险，助学贷款的推行成本也实在太大。

性强，未来收入难以预测等，这些都是助学贷款的风险，①尤其是在社会信用制度尚未健全的情况下，风险更加难以控制。②

为了控制风险，银行在发放贷款上采取了提高门槛，加强审核，限制发放贷款总额，对不同地区、不同类型院校、不同专业学生区别对待的方式发放贷款。一般而言，中央部属院校的贷款发放好于地方院校，就业前景好的学校或专业的学生较其他学校或就业前景不太好的专业的学生更容易获得贷款，贫困学生由于还款风险大反而不易获得贷款。③ 这是由于中央部属院校由中央财政贴息，并且这类院校多属重点院校，学生就业有保障，还款能力较好；而地方院校由于是地方政府财政贴息，贴息金难以保障，并且地方院校，特别是一般公立院校、高职院校实力一般，学生就业难度相对较大，偿还能力不足，对银行的吸引力极其有限。例如，清华大学的学生能够 100% 获得贷款，而华中科技大学等部属院校仅有 1/3 的申请人能够获得贷款，而一些地方大学如福州大学、华南农大获得贷款的学生比例则更低。④ 山东经济学院 2002 年有 2100 多人申请贷款，金额达 2700 多万元，最后仅批准了 128 人、128 万元金额。⑤

根据 2001 年的统计，全国共有 53.4 万名学生申请国家助学贷款，申请金额 33.37 亿元。其中 16.9 万名学生已与银行签订贷款合同，仅占申请人数的 31%；贷款合同金额 12.62 亿元，仅占申请金额的 37%。换言之，近 70% 的申请者拿不到国家助学贷款。⑥ 2002 年，全国累计申请贷款学

---

① 贷款上学让贫困生圆了大学梦，然而贷款风险也呼唤信用制度——助学贷款：一路走好[N]. 人民日报，2000-09-19.

② 广东省某高校最近对去年申请助学贷款的学生进行了一次调查，结果有 30% 的被调查者表示没听说过“个人资信制度”，近 20% 的学生甚至没有考虑过还款问题，7% 的学生表示“是否还款还很难说”。王淑军. 助学贷款为何推行难[N]. 人民日报，2001-12-12.

③ 翁淑贤，刘伯饶. 广东：助学贷款遭遇尴尬[N]. 人民日报，2004-04-28.

④ 南方周末. 2000-12-07，转摘自钟秉林. 合理配置资源，促进高等教育入学机会均等. 教育部社政司课题成果.

⑤ 何勇. 山东：助学贷款缘何遭遇寒流[N]. 人民日报，2003-01-17.

⑥ 尹鸿祝. 国家助学贷款工作会议在京召开，李岚清在批示中指出，开展国家助学贷款工作，是实施科教兴国战略，加速人才培养的一项重要政策[N]. 人民日报，2001-06-23.

生数 112.5 万人，占全部在校生数的 12.5%；银行已审批贷款人数累计 35.1 万人，也仅占申请学生数的 31%。①

其二，除银行出于控制风险的考虑，限制贷款发放外，学校和地方政府出于利益考虑，也使得国家助学贷款的发放受到影响。根据现行的有关规定，学校要对申请贷款的学生进行资格初审，当学生转学、休学、退学、出国、被开除、伤亡时，学校有义务及时通知贷款银行。同时还需在学生违约或无力还款的情况下，对银行进行一定的补偿。如根据《关于助学贷款管理的若干意见》的规定，特困生贷款到期无法收回部分，由提出建议的学校和学生贷款管理中心共同负责偿还（其中：学校偿还 60%，学生贷款管理中心偿还 40%）。因此，一些高校以经费紧张，承担不起赔偿责任等种种理由放弃银行贷款。② 地方政府由于财政等因素，贴息不到位，也影响助学贷款的发放。例如，山东省 2002 年 600 万贴息仅仅投入 30 万，导致 2002 年有 8.5 万名贫困大学生中的 5 万多人申请了助学贷款，申请总额为 4 亿多元，银行仅给其中的 1.6 万名大学生发放了 7639 万元。③

其三，从学生角度讲，由于还款时间短（毕业工作四年内还清），还款压力大。④ 因此，一方面学生不敢贷款，另一方面学生贷款后，还贷能力不足，导致违约率比较高。对此一般认为是缺乏诚信的问题，而银行也

---

① 王淑军. 逾三十五万大学生获助学贷款三十亿元国家助学贷款工作稳步推进[N]. 人民日报,2002-08-28.

② 2000 年，当工行黑龙江省分行与哈尔滨的一些省属高校签订协议，指出学校的义务并明确赔偿责任时，这些学校竟然以“经费紧张，承担不起赔偿责任”为由，撂挑子不干了，致使 1.6 万名特困生无法得到贷款。中央部属院校存在同样的问题，一些院校因办贷款手续烦琐，或担心出问题，到 2001 年，仍有 50 多所尚未开展助学贷款业务。田俊荣. 新学年来临，家境清贫的学子渴望国家的支持，但目前的发放并不尽如人意，70% 的申请者拿不到贷款——缘何难牵你的手[N]. 人民日报,2001-08-20；王淑军. 助学贷款为何推行难[N]. 人民日报,2001-12-12.

③ 何勇. 山东：助学贷款缘何遭遇寒流[N]. 人民日报,2003-01-17.

④ 如果以每年 6000 元贷款计算，四年共贷 2.4 万元，如果毕业后开始还贷，加上利息，平均月还贷在 500—600 元左右。如果以本科生平均月工资 2000 元计算，还贷款金额将占其全部收入的 1/4—1/3。当然，前提是其能找到一份稳定的工作.

不断以此为理由限制贷款的发放，但这仅是问题的原因之一，并不能解释全部。例如，工商银行贵阳中西支行 2003 年曾作过一次统计，数据显示，贵阳中医学院的学生违约率高达 95% 以上，后经学校调查，真正恶意违约的不到 5 人，其余均是因为不合理的合同规定所致。如银行强行规定学生必须按月或按季度在指定的地方归还贷款，这对于大多数刚刚参加工作的毕业生无疑是沉重的负担，“迫使”一些学生不得不“违约”。①

由于以上诸多方面的原因，国家助学贷款帮贫扶困的初衷并没有有效地实现，而银行因“学生还贷违约率太高”开始停发助学贷款，2004 年，全国只有几所名牌大学和贵州省的助学贷款能正常开展，助学贷款面临崩盘的危险。

面对这样的情况，国家于 2004 年出台助学贷款管理新办法，主要规定包括：还款年限延长至 6 年，如果借款学生毕业后自愿到国家需要的艰苦地区、艰苦行业工作，服务期达到一定年限后，经批准可以奖学金方式代偿其贷款本息；建立风险补偿机制，风险补偿专项资金由财政和高校各承担一半；加强贷后跟踪管理，推动生源地贷款等等。② 新的助学贷款机制出台后，国家助学贷款的发放有了明显的改善。

但是，问题依然存在：其一，新机制尽管在一定程度上缓解了银行的风险负担，但对银行的预期收益并不高，贷款金额小、操作成本高的问题依然存在。一些银行更热衷于放出风险更大的大额贷款，看中的是贷款过程中发生的利益关系，而像助学贷款这样面对学生的小额信用贷款，没有办法提供这样的收益，因此，银行的积极性不会有根本改观。其二，新机制一定程度上化解了银行风险，但却把这种风险转嫁到学校的身上（对经费本身就紧张的地方公立高校造成不小的压力）。同时，由于学校与学生之间不存在相应的制约关系，因此导致一些学校推动助学贷款积极性不高。例如，西安航空技术高等专科学校 2005、2006 级 8000 多名学生中，有 70% 的人有 3 级贫困证明，但只有 420 余名经批准获得了国家助学贷

① 工商银行贵阳中西支行 2003 年曾作过一次统计，数据显示贵阳中医学院的学生违约率高达 95% 以上，后经学校调查，真正恶意违约的不到 5 人，其余均是因为不合理的合同规定所致。如银行强行规定学生必须按月或按季度在指定的地方归还贷款，这对于大多数刚刚参加工作的毕业生无疑是沉重的负担，“迫使”一些学生不得不“违约”。

② 丁伟，施芳，张保庆. 国家助学贷款新规定新在哪儿？［N］. 人民日报，2004-09-01.

款，比例约为5%，远远低于国家政策允许的20%的比例。① 其三，尽管“生源地贷款”的举措把学生家长纳入了借款人中，与学生共同履行还款义务，有利于降低银行风险。但是，贫困学生多来自贫困地区，生源县财力有限，当违约率较高时，县财政将为之“埋单”，因而相当一部分的地区对开展此项工作的热情不够。② 其四，诚信制度的建设和完善依然任重而道远。

因此，加强银校合作，通过校方在助学贷款经办银行开设基本账户的方式以获取银行更多的支持，为更多的贫困学生提供帮助，这一点对于地方高校尤为重要。其次，国家应通过加大中央财政转移支付的形式，鼓励各省（自治区、直辖市）政府出台优惠措施，支持金融机构扩大生源地贷款。同时，还应采取措施减轻学校因学生还款不力产生的赔偿压力。

作为政府而言，应当充分尊重利益主体合理的利益需求，因为在市场经济体制下，政府不再能够通过计划或命令来强行实现自己的意图，而应当在规避风险和压力的过程中承担起更多的责任，从而调动各方的积极性，推进国家助学贷款的发放，以保障不利群体不会因经济障碍而失去接受高等教育的机会。

尚需指出的是，政府对学生的资助，无论是提供助学金，还是提供助学贷款，其作用更多的是保障不利群体接受高等教育的机会不致受阻，但根本而言，这样的资助方式在缩短不同阶层或群体之间在获得入学机会差距方面的作用是有限的。因为，导致他们之间差距的真正原因在于能力。阿马蒂亚·森认为，要转变平等主义关怀的视野，③不利群体之所以处于不利地位，在于他们获取更好生活质量的能力被剥夺。因此，对他们处境的改善在于恢复和增强他们的能力。具体而言，政府的资助不应仅仅限于那些已经取得高等教育入学资格的学生，而且要关注那些因贫穷而在早期（初中或高中阶段）就丧失竞争能力的学生。对学生的资助应当逐步下移。正如前文所述，高等教育入学机会的不均等更多的是基础教育不均等的延续。

---

① 杨彦.西安航专2005、2006级8000多名学生中，只有420余名获得国家助学贷款，高校为何处境尴尬[N].人民日报，2007-11-30.

② 同上.

③ 徐向东.自由主义、社会契约与政治辩护[M].北京：北京大学出版社，2006.152.

第三节 走向协调——对政府角色的评述

“文化大革命”的结束意味着中国重新开启了中断多年的现代化建设之路，这一过程中依然可以看到斯科特的所谓国家权力“规划”的影子。如果教育在“革命”时期是作为“无产阶级专政的工具”的话，那么它现在则转向“服务于经济建设”。为了顺利实现这一历史性转变，它就需要被纳入国家的计划经济体制之中，接受一个超经济的政治体制控制。① 伯顿·克拉克把国家权力分为政治权力和官僚权力（政府行政权力）两个方面。政治权力对高等教育的卷入在于不断提升高等教育的政治优势（Ascending Political Priority），如高等教育在提供公平的入学机会、提升科学生产率和提供有用的人力等方面的作用会使得政府部门、立法者、大众传媒等把高等教育看作一个值得注意的问题的程度会不断增加。②

随着经济建设的恢复和发展，以及“四个现代化”目标被重提，一场涉及工农业、文化教育科技等各个方面的整顿随之展开。教育领域的整顿是从批判和清理“两个凡是”和“两个估计”的极左思想开启的，其最终目的是确立教育、科技在实现“现代化”过程中的关键地位，从而使科学技术是生产力，科教兴国成为一种新的意识形态。因此，当高等教育的政治优势被提升后，政治权力的卷入便具有了“合法性”。和之前一样，教育功能的转变仍然是建立在经济基础与上层建筑保持一致的认识之上，它被要求在任何时候都要为“无产阶级政治服务（现阶段是为社会主义建设服务），与生产劳动相结合”，并没有在根本上改变教育对政府的依附属性，只是从一极走向另一极。

尽管不同国家存在一定的差异，但政治权力总是和行政权力在一定程度上如影随形，二者通过两重的或相互渗透的方式对教育这样的公共部门

① 劳凯声．面临挑战的教育公益性[J]．中国教育法制评论（第二辑），2003：1－12.

② [美]伯顿·克拉克．高等教育系统：学术组织的跨国研究[M]．王承绪等译．杭州：杭州大学出版社，1993. 167.

进行控制。行政权力对高等教育的卷入与其责任相关。在任何时候，只要政府想对高等教育负起某些责任，某些机构和制度就会相应生成。“文化大革命”后作为教育秩序整顿的结果是政府包揽了办学的一系列权力，集举办者、办学者、管理者于一身，而政府之外的其他力量对办学的介入实际上非常有限。教育由政府全额拨款，无偿提供，个体免费接受教育。作为“代价”，个体必须无条件接受政府统一的计划安排。因此，“文化大革命”后重建的教育体系具有高度的集中性和统一性，实际上是“文化大革命”前教育制度的复制和延续。

“文化大革命”后，直到20世纪90年代初之前，中国的高等教育体制基本上延续着这样的状况。政府（中央和地方）是高等教育几乎唯一的供给者，高等学校依然被看作培养自己干部的机构。① 为应对经济建设对人才的需求而重建的学术标准实际上成为选拔干部的工具。高等学校招生受到严格的限制（不仅要求学习成绩好，政审、体检都是按照干部的标准进行的）入学后免学费，公费医疗，毕业后包分配，当干部。这使得高等学校实际上成为政府的附属部门，是一个封闭的，与市场无涉的社会领域。②

当然，为适应“文化大革命”后经济建设对大批建设人才的迫切需求，“两个积极性”被重提，同时，政府各部门、各行业的办学得到了鼓励。不过，这一阶段高等教育规模扩张主要是在中央政府的行政指令下通过大规模发展正规教育而实现的。③ 地方和部门办学尽管在扩大高等教育规模中发挥了积极的作用，但是在整个计划经济体制下，却形成了“条块分割”的办学局面。中央、地方、部门、行业办学相对封闭，各成系统，导致学校、专业重复设置，办学规模和效益低下。

到20世纪90年代以后，社会主义市场经济体制改革的发展使得教育体制现状与经济体制改革的不对称性日益突出。“文化大革命”后，鼓励

① 杨学为. 高考文献（下）1977—1999［M］. 北京：高等教育出版社，2003. 640.

② 劳凯声. 教育体制改革中的高等学校法律地位变迁［J］. 北京师范大学学报（社会科学版），2007，(2)：5－16.

③ 萧今. 转型时期的中国教育改革转向何方［A］. 吴敬琏，江平. 洪范评论［C］. 北京：中国政法大学出版社，2006，(2)：171.

一部分地区、一部分人先富起来的经济政策随着经济体制改革的发展已经深入人心。① 1993 年，十四届三中全会通过《关于建立社会主义市场经济体制若干问题的决定》，其中提出收入分配要“体现效率优先、兼顾公平的原则”。② 相应地在市场中，经济的运作基础和方式已经变成企业自主经营，民众自由择业，劳动力对人才的需求主要由市场调节。反之，教育改革仍然延续着计划经济时代的国家权力特征，决策权高度集中，管理方式单一，培养目标单一，教育内容全国统一，院校层次结构单一。这个高度一致的教育行政管理体制难以顾及到中国各地区、各行业、各种社会人群的文化和教育需要。③ 导致经济体制与教育体制在社会里的运行本质上不相吻合。④ 1993 年颁布的《纲要》指出，要改革政府对教育包得过多、统得过死的体制，初步建立起与社会主义市场经济体制和政治体制、科技体制改革相适应的教育新体制。增强教育主动适应经济和社会发展的活力。《纲要》对政府与学校、中央与地方之间的关系进行了厘定，进行了包括办学管理体制，招生就业分配体制等方面的改革。尽管我国高等教育体制变革是自上而下由政府实施的，在很大程度上是政府自我革命的过程，既是改革的对象又是改革的推动者的政府行为往往是自相矛盾的特征⑤。但是，随着教育体制改革的深入，市场的介入，各种利益的分化已不可避免，随之各种矛盾和冲突便接踵而来，并在高校扩招后变得突出起

---

① 邓小平 1978 年在中共中央工作会议闭幕会上关于“解放思想，实事求是，团结一致向前看”的讲话中指出，在经济政策中，要允许一部分地区、一部分企业、一部分工人农民，由于辛勤努力成绩大而收入先多一些，生活先好起来。一部人生活先好起来，就必然产生极大的示范力量，影响左邻右舍，带动其他地区、其他单位的人们向他们学习。这样，就会使整个国民经济不断地波浪式地向前发展，使全国各族人民都能比较快地富裕起来。这是一个大政策，一个能够影响和带动整个国民经济的政策。见邓小平文选（第二卷）[M]. 北京：人民出版社，1996. 152.

② 马国川. “效率优先，兼顾公平”原则的回顾与思考：《学习时报》总编辑周为民教授访谈录[J]. 中国改革，2006，(9)：60 – 63.

③ 在 20 世纪 80 年代中后期，出现了一方面高等学校毕业生难以就业的情形，另一方面许多地方、特别是乡镇企业则难以分配到大学毕业生。见袁连生. 我国的高等教育发展是否速度太快、规模过大？[J]. 高等教育研究，1988，(3)：19 – 23.

④ 萧今. 转型时期的中国教育改革转向何方[A]. 吴敬琏，江平. 洪范评论[C]. 北京：中国政法大学出版社，2006，(2)：172 – 173.

⑤ 陈振明. 公共管理学[M]. 北京：中国人民大学出版社，1999. 185.

来，主要体现在中央与地方；政府与学校；不同群体、机构之间，等等，正如孙立平所指出的，现在进入了一个利益博弈的时代。①

首先，办学和管理体制改革导致中央与地方，以及地方之间的利益分化，典型体现在高校招生的本地化倾向方面。主要包括两个层面的问题：其一，地方举办的公立高校招收本地学生的倾向；其二是部属院校招生本地化倾向。由于办学和管理权下放到地方，各地需要依据经济发展水平从当地公共财政中自行筹资兴办高等学校，因此自然要着眼于本地区的人群。不同地区由于经济发展水平不同，兴办高等教育的能力也就存在很大差异，由此在一定程度上导致区域高等教育入学机会的不均衡。对于地方院校招生本地化问题，尚无太大的争议，对于后者则不然，人们期待主要由中央财政投入的部属院校打破"地域性歧视"，更多地面向全国开放。但是，面对在"共建、合作"体制下地方政府对部属院校的财政投入，中央政府就不能不考虑地方利益。

其次，政府与学校以及学校之间的利益分化。尽管高校自主权在法律和现实中都缺乏有效的保障，公立高校在一定程度上仍然是政府的一个附属部门，或准行政部门，典型体现在现在的公立学校都具有相应的行政级别，但政府与学校以及学校之间依然存在着利益分化的问题，学校"自主"与"放权"问题，背后实际都潜含着对利益的诉求。在市场经济背景下，高等教育中的经济主义倾向已经非常明显。②这其中既有被动的原因，也有主动的诉求。如高等学校（特别是地方高职高专院校）由于办学经费局促，总是不断通过违背政府意愿的"非规范"途径向学生收取各种费用，并试图抬高学费标准。而政府限制收费标准的举措由于其投入不足而显得颇为尴尬。另一方面，在市场经济体制下，资源的配置主要通过市场调配，这就导致不同学校为争夺生源、经费等展开竞争。尽管在目前，政府还在相当程度上掌握着资源配置的权力，并在一定程度上是依照院校的行政级别进行分配，但不同学校为争夺资源（如招生名额、新专业设置等）展开的竞争依然激烈。由此导致的结果是部属院校、地方大学、高职

① 笑蜀.用新的思维重建社会秩序——孙立平访谈录[N].南方周末,2007-12-13.

② 周作宇.论高等教育中的经济主义倾向[J].北京师范大学学报(社会科学版),2008,(2):5-15.

院校差异格局的基本形成，但办学目标、办学定位趋同的情况依然严重，加剧了高等教育规模和质量、平等与优秀之间的矛盾。

另外，需要指出的是，当高校招生自主权不断扩大后，高等学校是否应当承担起公平的责任——即出于公平的愿望招收不符合其自身标准的学生——是一个需要讨论的问题。如果假设高校自主权是真实的，其依据自己的标准择优录取是合理的，那么高校本身并没有必须的义务去以“公平”的名义招收不符合标准的学生。如果推进公平的责任应当是政府的，那么政府就需要在确保公共利益的前提下尊重高校自身的利益。而这种尊重意味着，如果高校承担起推进公平的责任，那么他们的举措应当得到补偿。

最后，不同群体利益的分化。在高等教育入学机会分配标准中，无论是学术标准还是经济标准，都使个体在一定程度上摆脱了（家庭出身）等先赋性因素的影响，使高等教育机会的获得更多地借助于个人的能力和努力。但这些入学标准潜在地暗含着“优胜劣汰，适者生存”的竞争原则，因此，必将导致不同群体在获得高等教育机会方面差距的扩大，尤其是当这种标准被权力和金钱腐蚀后，将更是如此。还有一点不容忽视的是政府与其他团体、机构利益的分化。例如在发放国家助学贷款过程中，银行的利益就需要国家给予考虑。

在利益分化的情况下，就需要建立一种利益均衡的机制。政府要在尊重相关利益主体合理利益诉求的前提下，承担起自己责任。然而，如何划分政府责任是一个难题。一个政府卷入高等教育的实际情况由于不同的政治经济、历史和文化传统存在很大的差别。高德格伯勒等区分了两种政府作用的极端形式：一种是“起促进作用的国家”，即政府赞同高等教育作为为那些具有正式资格进入高等教育的人提供一个机会，不实际指挥或干预高等教育的核心；另外一种是“起干预作用的国家”，即政府积极地卷入试图影响诸如学生产品的性质、学校内部事务、一所大学和它的环境之间的关系等方面的工作。① 不过，高等教育不断上升的政治优势使得无论

① ［荷］弗兰斯·F. 范富格特. 国际高等教育政策比较研究［M］. 王承绪等译. 杭州：浙江教育出版社，2003. 6.

是行政权力抑或是政治权力都越来越多地卷入进来。世界银行的报告告诫，国家对高等教育过多的控制已经破坏了良好管理的许多重要原则（如学术自由、共享管理、责权明晰等等），导致高等教育政治化、扩大了腐败、裙带主义和政治机会主义的可能性。①

在一个无限复杂的世界，仅仅依靠政治权力和行政权力对高等教育系统进行控制和整合已经不可能，它的另一选择就是市场。正如各种等级的、官僚的和政府的体制由权力关系产生，市场体制由简单的交换关系引起……交换不仅是改变事物所有权的方法，也是控制行为和组织人与人合作的方法。各国高等教育系统在依赖权力和依赖交换之间存在较大差别。②从政府和高等教育之间的关系变化中能够观察到一个国际趋势，即："各国政府，在越来越把高等教育的发展、革新和多样化的责任转移到各高等院校的同时，保留制定广泛的政策特权的趋势。"③

"十七"大报告指出的，政府要统筹城乡发展、区域发展、经济社会发展、统筹中央和地方关系，统筹个人利益和集体利益、局部利益和整体利益、当前利益和长远利益，充分调动各方面积极性；要统筹规划，抓住牵动全局的主要工作、事关群众利益的突出问题，着力推进、重点突破。要实现这一目标，一个政策执行力强，制度有效率高的政府是非常重要的。

---

① 世界银行，联合国教科文组织高等教育与社会特别工作组编著.发展中国家的高等教育：危机与出路[M].北京：教育科学出版社，2001.44.

② [美]伯顿·克拉克.高等教育系统：学术组织的跨国研究[M].王承绪等译.杭州：杭州大学出版社，1993.155.

③ [荷]弗兰斯·F.范富格特.国际高等教育政策比较研究[M].王承绪等译.杭州：浙江教育出版社，2003.1.

结语

本书以高等教育入学机会的分配标准为切入点，对新中国成立以来“三个时期”高等教育入学机会分配情况进行了梳理。正如前述，本书的主要目的不在于建构一种改革方案，也不在于对不同时期的政府角色进行“优劣”的比较。不同时期的政策取向、制度设计、标准选择、机会分配都需要在“当下”的历史场景中进行分析。当然，比较研究依然需要。只不过比较的目的主要是建构一种“参照物”，以此来加深对“实然”情境中政府角色的认知。本书试图通过对历史的描述，勾勒出不同时期政府在高等教育入学机会分配中的“实然”角色。这样做的目的正如哈罗德·珀金所言，历史研究的意义在于，如果你想知道你要去哪儿，它帮助你了解你曾去过哪儿。作为最后结语，本章拟对“三个”时期中政府的角色进行简单的总结。

一、作为高等教育入学机会分配标准制定者的政府角色

当对教育属性的认识建立在经济基础和上层建筑相统一的基础之上时，无论教育是作为无产阶级专政的工具，还是作为服务于经济建设的工具，教育对政府的依附性就已经潜在地内含于其中了。而由此确立的高等教育入学机会分配标准，无论是政治标准，抑或是学术标准，都实际上是这种依附性的体现。最为典型的是教育“革命”时期基于培养无产阶级事业“接班人”的需要而确立的政治标准，自新中国成立初期就已确立的，一直延续到现在的基于培养建设人才需要而确立的学术标准同样体现了教育的这一属性。

不过，当高等教育入学机会的分配标准从“政治”走向“学术”，从“封闭”走向“开放”时，这一具有开放特性的学术标准也被看作实现社会民主和平等的工具，更好地回应了个体、学校和社会的需要，分数面前人人平等的原则由于能够向所有的人提供平等的机会已获得普遍的认可。但是，以考试分数特别是通过全国统一招生考试所确立的分数作为分配高等教育入

学机会的标准，其面临的指责和争议从来就没有中断过。除了在教育“革命”时期对其“分数挂帅”，导致教育与政治、工农和生产相脱离的指责外，毛泽东在20世纪50年代批评的教育考试加重学生负担、影响学生身体健康，把学生当作“敌人”对待的现象到目前依然存在。20世纪八九十年代“黑色七月”的惨痛记忆，①对“片面追求升学率”的指责；②90年代以后素质教育的推行而对应试教育的批判；另外，也有超越于教育领域之外，基于对社会公平的考量而对“倾斜的分数线”“地域性歧视”的批判等。无论哪一次批判、争论和改革的呼声都触及现行的高考制度，根据中国青年报的调查，有高达92.8%的人赞同高考必须改革，③但无论哪一次也没有撼动统一招生考试制度的主导地位。④

当前的高考尽管面临着来自各方面的指责，然而，当统一考试制度被更多地赋予维护社会公平的意义时，它已经超越了教育领域。任何对此的指责或修正都需要首先经历“公平”的拷问。⑤在这种情况下，以“教育”的名义实施的各项改革（素质教育、新课程改革、高校自主招生）便进行得谨慎而艰难，而对更权威性“公平”标准的强化，也导致政府将在一定时间内继续承担起标准制定和解释的责任。

二、作为高等教育入学机会供给者的政府角色

作为高等教育入学机会的供给者包含两个层面的问题：其一是谁来供给，主要涉及高等教育由谁举办的问题；其二，供给了什么，主要涉及高等教育的类型和层次结构。自新中国成立以来到20世纪90年代初期，政府一直垄断着高等教育的供给。高等教育由政府投资、政府办学、政府管

① 1988年,《文汇报》发表的署名为陈冠柏的文章:黑色七月——关于中国高考问题的思考,其中对参加高考学生生存状态的描写引起高考学生的强烈共鸣。

② 1988年《中国青年报》发表署名为全国人大教科文卫委员会、国家教委片面追求升学率倾向调查组的文章:抓住关键 综合治理——论克服片面追求升学率倾向。

③ 资料来源于中国青年报在2007年开展的关于“高考该怎么考?”的调查。

④ 尽管从20世纪80年代开始,上海就开始试点自主命题,后来扩大到北京、天津,2004年,自主命题的省份增加到11个,2005年是14个,2006年达到16个。但分省命题主要是基于风险控制的考虑,并且分省命题只是把全国的统一性和地方的统一性结合在一起。统一性并没有消解。

⑤ 郑若玲. 高考改革必须凸现公平[J],教育研究,2005,(3):36-37.

理，其间虽有几次调整，但主要调整的是中央与地方、中央各个部门之间的关系。即办学主体只是从中央或者划转地方政府，或者从一个部门划转到其他部门。所谓“以省为主的三级办学”格局，在总体上，仍然没有跳出国家（政府）办学的模式。20世纪90年代中期以后，随着政治、经济体制改革的逐步深入，高等教育由政府“独家经营”的局面被逐步打破，市场的介入，高等学校自主权的复兴对现行的公共教育体制构成了极大的挑战。一种新的管理和办学体制在“教育产业化”①的争论中浮出水面，在高等教育大众化的过程中初见雏形，即学校出现市场化运作的若干形式。除了民办高等教育之外，公立学校同样也开始了市场化的运作模式，如二级学院（独立学院）的兴办、公立学校的转制等。②

办学主体的分化，即从中央政府办学到以省为主，三级办学，从政府“独家经营”到社会力量介入、到教育的供给，新的办学机制的形成不仅从量上扩大了高等教育的规模，而且其提供的教育类型的多样化也扩大了人们的选择机会。但市场的介入，必然引发人们对教育公益性的担忧，其中与高等教育入学机会直接相关的问题就是学费会随着办学主体对成本和利润的追逐而不断上涨。

另外一个问题是，高等教育层次单一化的问题依然困扰着高等教育的发展，并加剧了高等教育内部质量与规模之间的紧张与冲突。尽管从目前来看，我国公立高等教育体系在政府主导下初步形成了包括“211”院校、“985”院校、地方普通高校、地方专科学校和高职高专院校在内的层次体系。但各个层次自成体系，发展极不均衡。特别是地方专科学校和高职高专院校，自20世纪50年代起就一直发展缓慢。在高校扩招期间，它们也仅仅是在2003年以后才逐步承担起一半的招生任务。专科院校、

① 劳凯声归纳了教育产业化的三种主要观点，第一种观点认为，教育是一种产业，完全可以进行市场化运作；第二种观点，教育是一种特殊的产业，某些部分可以通过市场化运作；第三种观点认为，虽然教育具有一定的产业属性，但就其基本性质而言，应将其归为公共产品，是不能也不应该产业化的。见劳凯声．变革社会中的教育权与受教育权：教育法学基本问题研究[M]．北京：教育科学出版社，2003. 26.

② 关于公立学校市场化运作的模式见劳凯声．公共教育体制改革中的伦理问题[J]．教育研究，2005，(2)：3－11. 邬大光．21世纪初中国高等教育体制改革研究，教育部人文社会科学重点研究基地重大项目．项目编号：2000ZDXM880011，2006. 18.

高职高专院校的发展关系到高等教育层次结构能否顺利搭建的问题。从现实定位来看，它们主要面临两种选择：其一，立足于现状。但如果没有与普通高校建立起有效的衔接的话，难免会在办学定位上与普通高校形成趋同。其二，实行转制，进行市场化运作。① 事实上，高职高专院校下放到省一级政府后，其办学经费已主要靠收取学费来维持。就当前而言，存在着两种选择并存的局面。高职高专最终将如何定位，高等教育层次结构如何构建，仍然依赖于政府职能的转变。

三、作为高等教育入学机会分配补偿者的政府角色

“文化大革命”之前，政府垄断高等教育的供给，高等学校作为培养无产阶级干部的机构，入学机会主要在“阶级内分配”。一旦进入高等学校，则成为准干部，享受免费教育。其他阶级的子女在新中国成立初期尚能凭借学术上的优势获得高等教育的机会，但在“文化大革命”期间，他们作为被“专政”的对象则几乎被剥夺了受教育的机会。“文化大革命”之后，随着学术标准的重建和“效率优先、兼顾公平”政策的提出，高等教育入学机会的获得伴随着社会阶层、区域、城乡的分化而分化，政府对高等教育入学机会的分配从直接针对阶级、区域的结构性分配逐渐转到了纠正机会获得不平等上面。目前，作为高等教育入学机会分配补偿者的政府主要采取两方面的措施以调节高等教育机会获得不均衡的局面：其一，针对特定人群和特定地区（少数民族地区和中西部地区、边远省份）采取计划调节方式。分省定额，划线录取的措施可以看作这一举措的体现；其二，针对低收入家庭的子女，采取国家资助和提供助学贷款的方式给予保障。不过，提升基础教育阶段的质量，把资助、补偿与相应的能力提升结合起来政府依然要走很长的路。

然而，无论采取那种措施，在利益分化的今天，政府都需要在尊重各利益主体（地方、学校、学生、银行等等）的前提下，建立一种利益均衡的机制。

---

① 浙江万里学院是公立大学转制的一种尝试。其前身是浙江农村技术师范专科学校，在市场经济的冲击下，面临诸多办学的困难。后经教育部原则同意，浙江省政府决定，将浙江农技师专交由浙江万里集团办学，所有权与办学权分离，学院的国有性质不变，但改变了投资主体，适度引进市场或民营机制，实行董事会领导下的院长负责制。

纵观新中国成立以来60多年的历史，政府在高等教育入学机会分配中的角色总体趋势是逐渐从控制走向协调（见表5－9）。当然这一过程伴随着踯躅与徘徊、矛盾与冲突，既有被认为是乌托邦式的尝试，也有“摸着石头过河”的探索。在这个过程中，政府的角色不断被调整和修正，每一次都面临着对权力的重新界定，对责任的重新划分。在面对现实和未来不确定的矛盾和冲突过程中，政府角色的调整和修正将会一直持续下去。

表5－9　高等教育入学机会分配中的政府角色变迁

时期 / 特征 / 角色	新中国成立初期 教育“革命”时期 （改革开放早期）	改革开放时期 （市场经济体制深化时期）
	控制性	协调性
作为标准制定者	直接制定标准，包括学术标准和政治标准	政府不是唯一的标准制定者，而是逐步转换成一个监督与均衡者 （学校自主招生，高考分省命题）
作为供给者	主要或唯一的供给者	政府只是诸多供给者中的一个 （社会力量办学，公立学校转制）
作为资助和补偿者	直接提供免费的教育，并是资助的主要或唯一提供者	政府只是诸多资助中的一个 （银行、地方政府、学校分担助学贷款风险）

主要参考文献

[1] [法]E. 迪尔凯姆. 社会学方法的准则[M]. 狄玉明译. 北京:商务印书馆,2004.

[2] [法]皮埃尔·布迪厄,[美]华康德. 实践与反思:反思社会学导引[M]. 李猛译. 北京:中央编译出版社,2004.

[3] [荷]弗兰斯·F. 范富格特. 国际高等教育政政策比较研究[M]. 王承绪等译. 杭州:浙江教育出版社,2003.

[4] [加]约翰·范德格拉夫等. 学术权力——七国高等教育管理体制比较[M]. 王承绪等译. 杭州:浙江教育出版社,2003.

[5] [美]詹姆斯·C. 斯科特. 国家的视角:那些试图改善人类状况的项目是如何失败的[M]. 王晓毅译. 北京:社会文献科学出版社,2004.

[6] [美]奥尔森. 国家兴衰探源:经济增长、滞胀与社会僵化[M]. 吕应中译. 北京:商务印书馆,1993.

[7] [美]伯顿·克拉克. 高等教育新论——多学科的研究[M]. 王承绪等译. 杭州:浙江教育出版社,2002.

[8] [美]费正清. 伟大的中国革命(1800—1985)[M]. 刘尊棋译. 北京:世界知识出版社,2003.

[9] [美]弗兰克·费希尔. 公共政策评估[M]. 吴爱明等译. 北京:中国人民大学出版社,2003.

[10] [美]弗朗西斯·福山. 国家建构:21世纪的国家治理与世界秩序[M]. 黄胜强等译. 北京:中国社会科学出版社,2007.

[11] [美]克拉克·克尔. 高等教育不能回避历史——21世纪的问题[M]. 王承绪等译. 杭州:浙江教育出版社,2003.

[12] [美]罗伯特·诺奇克. 无政府、国家和乌托邦[M]. 姚大志译. 北京:中国社会科学出版社,2008.

[13] [美]迈克尔·J. 桑德尔. 自由主义与正义的局限[M]. 万俊人等译. 南京:译林出版社,2011.

[14] [美]莫里斯·迈斯纳.毛泽东的中国及后毛泽东的中国[M].杜蒲等译.成都:四川人民出版社,1989.
[15] [美]莫琳·T.哈里楠.教育社会学手册[C].傅松涛等译.上海:华东师范大学出版社,2004.
[16] [美]约翰·奥伯利·道格拉斯.加利福尼亚思想与美国高等教育1850—1960年的总体规划[M].周作宇译.北京:教育科学出版社,2008.
[17] [美]约翰·罗尔斯.正义论[M].何怀宏译.北京:中国社会科学出版社,1988.
[18] [匈]卢卡奇.历史与阶级意识[M].杜章智等译.北京:商务印书馆,2004.
[19] [英]E.H.卡尔.历史是什么?[M].陈恒译.北京:商务印书馆,2007.
[20] [英]阿什比.科技发达时代的大学教育[M].滕大春等译.北京:人民教育出版社,1983.
[21] [英]安东尼·德·雅赛.重申自由主义[M].陈茅等译.北京:中国社会科学出版社,1997.
[22] [英]弗里德里希·奥古斯特·冯·哈耶克.通往奴役之路[M].王明毅等译.北京:中国社会科学出版社,2007.
[23] [英]卡尔·波普尔.开放社会及其敌人(第一、二卷)[M].郑一明等译.北京:中国社会科学出版社,2007.
[24] [英]纳拉纳拉扬·达斯.中国的反右运动[M].欣文等译.西安:华岳文艺出版社,1989.
[25] 薄一波.若干重大决策与事件的回顾(上、下卷)[M].北京:中共中央党校出版社,1993.
[26] 邓小平文选(第二卷、第三卷)[M].北京,人民出版社,1996.
[27] 甘阳.通三统[M].北京:生活·读书·新知三联书店,2007.
[28] 高奇.新中国教育历程[M].石家庄:河北教育出版社,1996.
[29] 何东昌.中华人民共和国重要教育文献(1949—1975)[Z].海口:海南出版社,1998.
[30] 胡绳.中国共产党的七十年[M].北京:中共党史出版社,1991.
[31] 江宜桦.自由民主的理路[M].北京:新星出版社,2006.

[32] 金铁宽.中华人民共和国教育大事记(I)[M].济南:山东教育出版社,1995.
[33] 金一鸣.中国社会主义教育的轨迹[M].上海:华东师范大学出版社,2000,193.
[34] 瞿葆奎.中国教育改革[C].北京:人民教育出版社,1991.
[35] 李国钧,王炳照.中国教育制度通史(第八卷)[M].济南:山东教育出版社,2000.
[36] 联合国教科文组织,国际教育发展委员会.学会生存——教育世界的今天和明天[M].北京:教育科学出版社,1997.
[37] 联合国教科文组织世界报告.从信息社会迈向知识社会[M].联合国教育、科学及文化组织出版,该书为网络版,2005.
[38] 刘英杰.中国教育大事典1949—1990(上、下)[M].杭州:浙江教育出版社,1993.
[39] 毛泽东论教育工作[M].北京:人民教育出版社,1958.
[40] 毛泽东选集(第四卷)[M].北京:人民出版社,1977.
[41] 世界银行.变革世界中的政府[R].北京:中国财政经济出版社,1997.
[42] 王英杰,刘慧珍.2005年中国教育发展报告:高等教育的发展、问题与对策[R].北京:北京师范大学出版社,2005.
[43] 邬大光.21世纪初中国高等教育体制改革研究,教育部人文社会科学重点研究基地重大项目(项目批准号:2000ZDXM880011),2006.
[44] 邬大光.中国高等教育大众化问题研究[M].北京:高等教育出版社,2004.
[45] 吴惕安,俞可平.当代西方国家理论辨析[M].西安:陕西人民出版社,1994.
[46] 徐向东.自由主义、社会契约与政治辩护[M].北京:北京大学出版社,2006.
[47] 杨东平.艰难的日出——中国现代教育的20世纪[M].上海:文汇出版社,2003.
[48] 杨林林.中国转型:顶级学者访谈[M].北京:经济日报出版社,2005.
[49] 杨学为.高考文献(上)1949—1976[M].北京:高等教育出版社,2003.
[50] 杨学为.高考文献(下)1977—1999 [M].北京:高等教育出版社,2003.

[51] 姚若冰.中国教育 1949—1982[M].台北:华风书局,1986.
[52] 余立.中国高等教育史(下册)[M].上海:华东师范大学出版社,1994.
[53] 张民选.理想与抉择——大学生资助政策的国际比较[M].北京:人民教育出版社,1999.
[54] 张千帆,曲相霏.大学招生与宪法平等:国际经验与中国问题[M].南京:译林出版社,2011.
[55] 张人杰.国外教育社会学基本文选[C].上海:华东师范大学出版社,1989.
[56] 中国教育与人力资源问题报告课题组.从人口大国到人力资源强国[R].北京:高等教育出版社,2003.
[57] 周恩来教育文选[M].北京:教育科学出版社,1984.
[58] 周全华."文化大革命"中的"教育革命"[M].广州:广东教育出版社,1999.
[59] 转型期中国重大教育政策案例研究课题组.缩小差距——中国教育政策的重大命题[R].北京:人民教育出版社,2005.
[60] [美]艾伦·伍德.马克思对正义的批判[J].马克思主义与现实,2010,(6).
[61] [美]罗伯特·罗兹,张燕军.新自由主义影响下的加州公立高等教育危机[J].江苏高教,2011,(1).
[62] 常桐善.大学招生的卓越性与公平性——美国加州大学的理念及实践[J].考试研究,2010,(3).
[63] 丁小浩.对中国高等院校不同收入学生群体的调查报告[J].清华大学教育研究,2000,(2).
[64] 丁小浩.规模扩大与高等教育入学机会均等化[J].北京大学教育评论,2006,(2).
[65] 杜屏,李宝元.中国高等教育的成本分担与机会均等[J].北京师范大学学报(社会科学版),2007,(1).
[66] 冯友兰.对于中国近五十年教育思想进展的体会[J].人民教育,1950,(4).
[67] 高国希.机会公平与政府责任[J].上海财经大学学报,2006,(6).
[68] 顾海兵.中国高考制度批判:计划经济式的高考可以休矣![J].中国改革,2001,(10).
[69] 郭从斌.家庭经济和文化资本对子女教育机会获得的影响[J].高等教

育研究,2006,(11).
[70] 胡锡奎.中国人民大学学习苏联经验的总结[J].人民教育,1954,(10).
[71] 黄万盛.革命不是一种原罪——读弗朗索瓦·傅勒《思考法国大革命》[J].开放时代,2004,(5).
[72] 黄艳.胡绳晚年对毛泽东一生两件大事的再评价[J].江汉论坛,2005,(6).
[73] 蒋南翔.谈谈当前的教育形式[J].人民教育,1980,(10).
[74] 康宁.论教育决策与制度创新——以'99高校扩招政策为案例的研究[J].高等教育研究,2000,(2).
[75] 劳凯声.教育体制改革中的高等学校法律地位变迁[J].北京师范大学学报(社会科学版),2007,(2).
[76] 雷弢,戴建中.当今中国社会阶层研究构想[J].北京社会科学,1986,(4).
[77] 雷万鹏,钟宇平.中国高等教育需求中的城乡差异——人力资本与社会资本理论的视角[J].北京大学教育评论,2005,(7).
[78] 李春玲.社会政治变迁与教育机会不平等——家庭背景及制度因素对教育获得的影响(1940—2001)[J].中国社会科学,2003,(3).
[79] 李琦.建国初期全国高等学校院系调整述评[J].党的文献,2002,(6).
[80] 李庆刚.十年来“大跃进”研究若干问题综述[J].当代中国史研究,2006,(2).
[81] 李文利.高等教育财政政策对入学机会和资源分配公平的促进[J].北大教育评论,2006,(2).
[82] 李煜.制度变迁与教育不平等的产生机制——中国城市子女的教育获得(1966—2003)[J].中国社会科学,2006,(4).
[83] 林枫.大搞文化革命,实现工农群众知识化,知识分子劳动化——1960年6月1日在全国教育和文化、卫生、体育、新闻方面社会主义建设先进单位和先进工作者代表大会上的报告[J].人民教育,1960,(6).
[84] 刘海峰,樊本富.论西部地区的“高考移民”问题——兼论科举时代的“冒籍”现象[J].教育研究,2004,(10).
[85] 刘海峰.1977年高考:一次空前的招生考试[J].教育发展研究,2007,(7—8A).
[86] 刘海峰.为什么必须坚持统一高考[J].上海高教研究,1997,(5).

[87] 刘精明.我国教育不平等的历时性变化研究[J].社会学,2000,(6).
[88] 刘奕,张帆.我国居民高等教育支付能力及学费政策的实证研究[J].中国软科学,2004,(2).
[89] 陆定一同志谈教育方针问题[N].光明日报,1980-03-04.
[90] 马叙伦.关于第一次全国工农教育会议的报告[J].人民教育,1950,(1).
[91] 齐霁:八十年代以来"大跃进"运动研究若干问题述评[J].北京党史,1999,(6).
[92] 钱俊瑞.高等教育改革的关键[J].人民教育,1951,(12).
[93] 秦晖.权力、责任与宪政——关于政府"大小"问题的理论与历史考查[J].社会科学论坛,2005,(2).
[94] 申素平.谈政府与高校的法律监督和行政指导关系[J].中国高等教育,2003,(8).
[95] 汤敏.关于扩招的几个问题[J].北京大学教育评论,2006,(2).
[96] 天野郁夫.日本高等教育大众化的过程与结构[J].国际高等教育研究,2003,(3).
[97] 王善迈.论高等教育的学费[J].北京师范大学学报(人文社会科学版),2000,(6).
[98] 王义遒.多样化:我国高等教育大众化的关键[J].北京大学教育评论,2003,(4).
[99] 魏小萍.契约原则是否带来了自由和平等——雅克·比岱的元结构与罗尔斯的正义理论[J].哲学研究,2002,(3).
[100] 邬大光:高等教育大众化理论的内涵与价值——与马丁·特罗教授的对话[J].高等教育研究,2003,(6).
[101] 谢春涛."大跃进"运动研究述评[J].当代中国史研究,1995,(2).
[102] 谢作栩,陈小伟.中国大陆高校学费对不同社会阶层子女的影响——实证调查与分析[J].教育与经济,2007,(2).
[103] 谢作栩,王伟宜.高等教育大众化视野下我国社会各阶层子女高等教育入学机会差异的研究[J].教育学报,2006,(2).
[104] 许纪霖.高考制度:迫不得已的荒谬[J].中国新闻周刊,2005,(27).
[105] 杨东平.高等教育入学机会:扩大之中的阶层差距[J].清华大学教育研究2006,(1).

[106] 杨秀峰.我国教育事业的大革命和大发展[J].人民教育,1959,(11).
[107] 姚大志.反契约论——评诺奇克的新自由主义[J].哲学研究,1997,(9).
[108] 袁连生.我国的高等教育发展是否速度太快、规模过大?[J].高等教育研究,1988,(3).
[109] 袁连生.中国高等教育大众化进程中的财政政策选择[J].教育与经济,2002,(2).
[110] 曾荣光.教育政策研究.议论批判的视域[J].北京大学教育评论,2007,(4).
[111] 曾昭森.新学制的优越性[J].人民教育,1951,(10).
[112] 张斌贤.我国高等学校内部管理体制的变迁[J].教育学报,2005,(1).
[113] 张纯厚.当代西方两种新自由主义——政治新自由主义与新保守主义的对立[J].政治学研究,2010(3).
[114] 张建新,陈学飞:英国高等教育改革法述评[J].清华大学教育研究,2004,(2).
[115] 张健.学习苏联经验的成绩不是主要的吗[J].人民教育,1957,(8).
[116] 张玲.新国家助学贷款能走多远?[J].中国大学生就业,2004,(18).
[117] 张凌光.有的放矢:老解放区教育经验介绍之一[J].人民教育,1950,(2).
[118] 张奚若.目前国民教育方面的情况和问题[J].人民教育,1956,(7).
[119] 张玉林,刘保军.中国的职业阶层与高等教育机会[J].北京师范大学学报(社会科学版),2005,(3).
[120] 张宗麟.迎接第一次全国高等教育会议[J].人民教育,1950,(1).
[121] 赵安东.对五十年代学习苏联高教经验进行教学改革的初步看法[J].上海高教研究丛刊,1981,(1).
[122] 郑若玲.高考改革必须凸现公平[J],教育研究,2005,(3).
[123] 政务院关于举办工农速成中学和工农干部文化补习学校的指示[J].人民教育,1951,(1).
[124] 中共中央关于经济体制改革的决定(中国共产党第十二届中央委员会第三次全体会议 1984 年 10 月 20 通过)[N].人民日报,1984-10- 21.
[125] 周贝隆.关于制定教育规划的原则[J].高等工程教育研究,1986,(2).
[126] 周恩来.关于教育改革问题[N].人民日报,1957-06-27.

[127] 周恩来总理在三届人大首次会议上作的政府工作报告[J]. 人民教育,1965,(3).

[128] 周培源. 从高等学校的院系调整谈肃清崇美思想[N]. 人民日报,1951-12-02.

[129] 周作宇. 论高等教育中的经济主义倾向[J]. 北京师范大学学报(人文社会科学版),2008,(3).

[130] Access Deney-Restoring the Nation's Commitment to Equal Educational Opportunity [R]. A Report of the Advisory Committee on Student Financial Assistance Washington, D. C. February 2001.

[131] Brian Pusser. The Comtemporary Polics of Access Policy: California after Propositon 209 [A]. Edited by Donald E. Heller. Affordability Access and Accountability [C]. Baltimore: The John Hopkins University Press, 2001.

[132] Christopher James Rasmussn. Effective Cost-sharing Models in Higher Education: Insights from Low-income Students in Australian Universities[J]. Higher Education (2006).

[133] Jan-Ingvar Löfstedt. Author(s) of Review: Michael Sheringham. Reviewed Work(s): Chinese Educational Policy. Changes and Contradictions 1949—1979[J]. Comparative Education. 1983.

[134] John Aubrey Douglass. The Conditions For Admission: Access, Equity, and the Social Contract of Public Universities[M]. Stanford, California Stanford University Press, 2007.

[135] Mark Sidel. University Enrolment in the People's Republic of China, 1977—1981: The Examination Model Returns[J]. Comparative Education (1982).

[136] Michael Sheringham. Popularisation Policies in Chinese Education from the 1950s to the 1970s[J]. Comparative Education (1984).

[137] Renato H. L. Pedrosa. Master Planning in Brazilian Higher Education: Expanding the 3-Year Public College System in the State of São Paulo. Research & Occasional Paper Series: CSHE. 2010. 10.

[138] Robert Taylor. China's Intellectual Dilemma. Politics and University

Enrolment, 1949—1978 [M]. University of British Columbia Press. Vancouver, London. 1981.

[139] Suzanne Pepper. Radicalism and Education Reform in 20th-century China: The Search for an Ideal Development Model[M]. Cambridge University Press 1996.

[140] Theodire His-en Chen. Chinese Education since 1949. Academic and Revolutionary Models[M]. New York: Pergamon Press, 1981.

[141] Tristan Mccowan. Expansion without Equity: An Analysis of Current on Policy to Access to Higher Education in Brazil[J]. Higher Education, 2007.

[142] U. S. Department of Education. A Test of Leadership—Charting the Future of U. S. Higher Education. A Report of the Commission Appointed by Secretary of Education Margaret Spellings.

统计年鉴及档案资料

1. 中国教育年鉴 1949—1981
2. 中国教育年鉴 1985—1986
3. 中国教育年鉴 1989
4. 中国教育统计年鉴 1991—1992
5. 中国教育综合统计年鉴 1993
6. 中国统计年鉴 1997—2006
7. 新中国五十年统计资料汇编
8. 中国教育统计年鉴 1996—2006
9. 中国教育事业统计年鉴 1997
10. 全国教育事业发展统计公报 1998—2006

北京师范大学档案资料

1951 年第 8 卷；1953 年第 7 卷；1954 年第 15、16 卷；
1955 年第 34、35 卷；1956 年第 25、28 卷；1957 年第 17、21 卷；
1958 年第 26、27、30 卷；1959 年第 31、39、55 卷；1960 年第 37、42 卷；
1961 年第 32、33 卷；1962 年第 32、34 卷；1963 年第 34、35 卷；

1964 年第 24、26 卷； 1965 年第 8、9、10 卷； 1966 年第 8 卷；
1973 年第 14、15 卷； 1974 年第 11、12、14、15 卷；
1975 年第 14、16、17 卷； 1976 年第 11、12、14 卷；
1977 年第 21、22 卷； 1978 年第 21、23、24、27、31、32、33 卷；
1979 年第 12、14、22 卷； 1980 年第 13、23 卷；
1981 年第 11、12、31 卷

后记

本书是在我的博士论文基础上修改而成的。这本书的写作对我而言是一个与自己不断对话的过程，几经否定、质疑，几次挣扎、蹒跚，不仅在于探究问题本身，也在探究自身的意义。自博士论文答辩至今已然四年，时光悄然滑过，我却未从这场对话中获得一种令自己满意的结果。也许结果并非自己迷恋的那般重要，过程未尝不是另外一种形式的存在。

关注高等教育入学机会分配问题既是一个偶然的事件，但更多地又是来自内心深处不安与不确定的困扰。在一定意义上而言，我本身就是“高考”改变命运的“幸运者”，但时至今日，“高考”的梦魇依然萦绕不去，总会毫无征兆地在某些深夜把我揪回到当年，撕开惶恐、无助甚至是绝望的记忆。当我大汗淋漓地从梦境中惊醒，在黑暗中抓住现实时，便有一种油然而生的庆幸感。

曾经坚定地相信“成功和失败在你自己”。“努力就能成功”的意思是“如果你努力去干，就会成功，如果得不到成功，就是你努力不够”。然而，拉斯韦尔的批判让我反思，在努力与成功之间并非简单的线性联系，其中充满太多的“偶然性”。个人获得的微不足道的机会与其认为是努力的结果，更大程度上不如说是“幸运”的垂怜，因为还有很多极具天赋和努力意愿的人却并没有获得同样的机会。

个人并非自己命运的主宰者，自身背后有一个强大的“利维坦”——国家，它既可以保护你，给予你想要的公平、机会和成功，也可以剥夺你的一切。它以何种方式存在，决定着谁将成为令人艳羡的“幸运儿”，而谁又将成为让人扼腕的“牺牲者”。人性的缺陷，使得它不可能被完全消灭。潘恩称之为“必要的邪恶”。千百年来，人类一直谋求与它的相处之道，让所有人“平等地”，而不是“幸运地”获得他所亟待的机会。

从自由主义者到马克思主义者，思想巨擘不断丰富和启迪着人类的思考，政治家们实践着他们的理想，而人民被卷入其中。世界是一个大舞台，不同时间、不同地点上映着不同的历史剧，观察者从不同角度进行着自己的比较与解读，而他们自身也在不停地被解读。观察中国，更具体而言从某一视角观察中国不仅在于我生于斯长于斯。中国的舞台浓墨重彩，有过在地上建立天国（注：顾准语）的尝试，也曾拥有过知识改变命运的豪情，是我们选择了舞台，还是舞台选择了我们？

观察并非易事，在场与不在场的身份转换，文本中概念与事实的分辨等，我试图做得好一些，但文字一旦脱离书写者，便总是执拗地以它自己的方式显示着存在，所谓言不及义即是我常常纠结之处，非为自己托辞，实叹自己之不能。

尽管纠结，文字的确是另外一种个人的存在。它作为一种标识，需要有来自自我不断的诘问，如果能有机会获得前辈和老师们的点拨，则是本书之幸。今天，它能以这样的方式呈现出来，得益于导师、亲人和挚友的指导、关心和帮助，当然，它的所有不当之处由作者本人承担。

导师周作宇教授的学识与为人潜移默化，让我获益匪浅。不抱怨是我从导师身上学到的，并作为自己的准则努力实践着，让我在面对所有如意或不如意的世事时增添了一份从容与淡定。硕士生导师刘慧珍教授总把学生放在最前面，而又唯恐做得不好。实际上，您的好我已铭记于心，并知道怎样向您一样去做人。感谢周海涛教授、洪成文教授、毛亚庆教授等老师给予的悉心指导，感谢我的同学和同门给予我亲人般的关心。

父母是我的牵挂，然而我确让父母牵挂更多，每每想起这些就愧疚不已。我的岳父母在我最需要的时候过来照顾我的家庭，让我能从容地完成书稿。妻子知我、懂我，能和她在一起是我的幸运。

感谢北京师范大学出版社，感谢本书的编辑何琳女士认真、负责的审校书稿，是你们的努力让本书见之于众。

杜瑞军

2013 年 5 月于北京师范大学